사회체육 지도 방법론

사회체육 지도 방법론

문 병 일 저

전남대학교출판부

머리말

개인의 경제적 소득과 여가시간의 증대에 따라 의·식·주가 해결되면서 건강하게 살고자 하는 마음이 높아질 수밖에 없다. 특히 가정과 직장에서 도전적이고 긴장된 어려운 사회적 분위기 속에서 스트레스 해소와 건강증진을 위한 생활양식의 한 부분으로 운동 및 스포츠 참여는 필수적이라 할 수 있다.

이러한 현실에서 신체적, 정신적 그리고 사회적 건강을 위한 운동 및 스포츠에 대한 관심이 증대되고 있으며 참여 동기가 또한 고조되고 있는데도 불구하고 현실적으로 참여할 만한 여유도 없을뿐더러 더욱이 자신에게 필요로 하는 알맞는 정보가 부족한 실정이다.

따라서 지역사회를 기반으로 한 사회체육서비스의 확산이 요구된다고 할 수 있으며, 주민들의 기대와 욕구에 부응하여 필요한 시간과 행동의 성립조건 들을 충족시키고 다양한 프로그램을 개발·보급하는 담당자로서 사회체육 지도자의 역할이 날로 중요해 지고 있다.

사회체육이란 국민의 건강 및 후생복지 향상을 목적으로 학교의 정규교육과정으로 행하여지는 학교체육 활동 이외의 체육, 스포츠, 레크리에이션 등 모든 이를 대상으로 이루어지는 신체를 통한 모든 활동을 의미한다. 그러므로 지도의 대상은 개인적으로는 유아부터 노년층, 그리고 장애자, 집단적으로는 가족, 지역, 일반 대중 또한 질적인 측면에서는 스포츠 무관심 층으로부터 건강·체력이 저하된 사람들, 참여하고 싶은 마음은 있으나 실제 참여에는 용기가 없는 사람, 스포츠 조직 그룹과 비조직 그룹 등 다양하게 생각할 수 있다. 활동내용은 무용, 놀이, 게임, 조직적인 스포츠 등이고 활동의 장 역시 다양하여 실내·실외·야외 등을 생각할 수 있다.

이러한 다양한 지도대상과 계층에 따라 지도 목표와 내용이 선정되어야 하며 지도방법도 다양해야 할 것이다. 그러나 우선적으로 고려되어야 할 점은 스포츠 활동에 참여하는 학습자가 추구하고자 하는 욕구와 스포츠 활동 자체가 내포하고 있는 가치와 목표의 공통점을 찾아 조화를 이루는 것이다.

또한 일생을 통한 생애체육 측면에서 보면 스포츠 활동의 필요성을 스스로 인식하고 자발적인 참여가 이루어 질 수 있도록 자극과 동기를 부여함으로써 활동 자체에 목표를 두는 자기목적적인 스포츠 활동이 되도록 방향을 제시하여 주어야 한다.

이와 같은 사회적 요구에 부응하여 일선 지도자들뿐만 아니라 장차 유능한 사회체육지도자를 꿈꾸는 젊은 학도들이 이 책을 통하여 사회체육 지도에 관한 제반 지식을 체계적으로 정리하고 사회체육지도의 현장에 적용될 수 있는 지침서로 활용하는데 조금이나마 도움이 되었으면 한다.

본서는 사회체육지도자들이 지도방법을 이해하고 적용할 수 있도록 하는데 목표를 두고 사회체육지도에 기초가 되는 관련 이론과 방법을 전반적으로 수록하고자 노력하였다. 본서의 구성은 서두에서 사회체육지도의 배경, 사회체육지도의 의미와 원리를 이해하는 기본적인 내용을 살펴보았으며, 사회체육지도자의 자질과 유형, 지도의 대상과 영역, 그리고 지도 단계 및 계획 등과 같은 사회체육 지도 방법론에 관한 내용을 다루었으며, 다음으로 사회체육지도를 위한 지도력과 제반 문제를 서술하였고, 마지막으로 지도과정에서 발생할 수 있는 사고와 안전대책을 정리해 보았다.

본서가 다소 충분하지 않게 두서없이 전개되었으나 모쪼록 본서를 통해 미래의 지도자로 성장하게 될 관련 예비지도자들에게 조금이나마 도움이 되기를 바라며, 부족한 부분에 대해서 지속적으로 수정·보완할 수 있도록 독자 여러분의 지적과 조언을 바랍니다.

저자 씀

차례

제 1 장

사회체육 지도의 배경

1. 사회체육의 필요성
2. 사회체육의 의의
3. 사회체육의 목적과 목표
4. 사회체육의 역할과 기능
5. 사회체육의 지도 이념
6. 사회체육의 과제

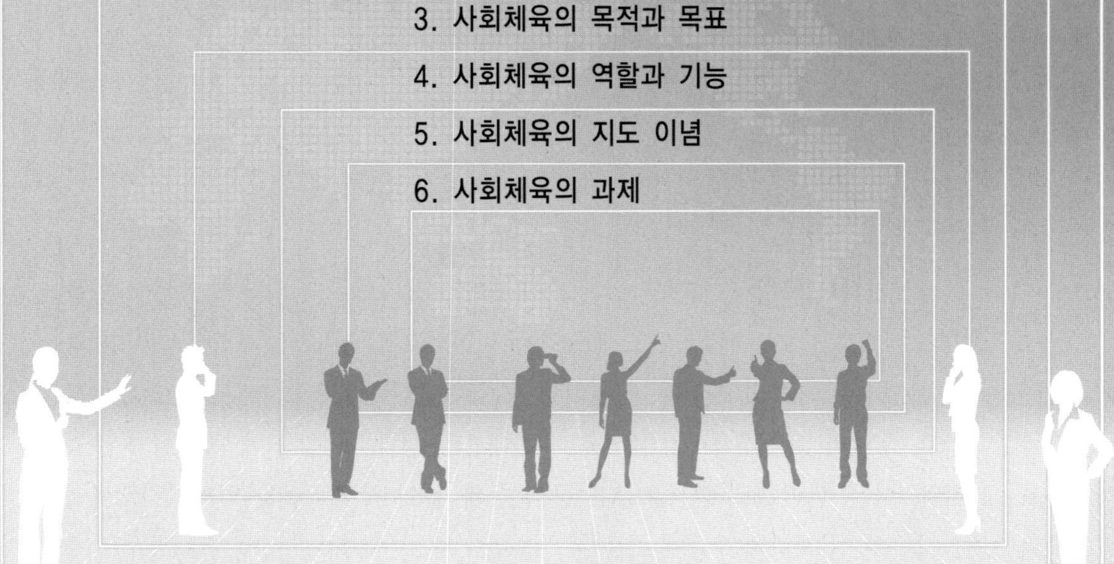

생활수준이 고도화되면서 사회인들의 체육에 대한 관심이 부쩍 증가하고 있다. 규칙적으로 체육활동에 참여하는 사람의 수가 급격하게 늘고 있고, 건강 달리기, 걷기 캠페인, 등반대회 등과 같은 각종 행사들이 그치지 않고 이어지고 있다. 사람들은 체육활동 참가로부터 건강이라든가, 친교, 또는 즐거움의 체험 등과 같은 결과를 기대하고 있으며, 사회체육활동은 분명 이러한 기대를 흡족하게 충족시켜줄 수 있다.

그러나 그러한 기대가 언제나 충족되는 것은 아니어서 잘못된 운동 습관은 오히려 기대와는 상반되는 결과를 유발시킬 수도 있다. 따라서, 사람들로 하여금 체육에 대한 바른 인식과 습관을 형성할 수 있도록 도움을 주는 사회체육의 지도가 필연적으로 요구된다.

1. 사회체육의 필요성

급속한 산업화와 도시화로 특징지울 수 있는 현대사회의 구조변화는 다양한 종류의 사회병리현상을 유발시키고 있다. 이러한 사회병리현상으로 말미암아 현대인의 건강한 생활이 위협받고 있으며, 사회 전체가 심각한 위기상황을 맞고 있다. 현대인의 건강한 생활을 좀먹고, 파괴로 이끌어가는 사회병리 현상을 퇴치하기 위해서는 무엇보다 건강한 생활습관을 형성하는 일이 필요하다. 사회체육은 현대인들에게 건강한 생활습관을 형성시켜주는 사회교육의 일환으로서 산업이 고도화된 사회일수록 그 필요성이 더욱 커진다고 말 할 수 있다.

1) 현대사회의 병리현상

탈산업사회를 향해 치닫고 있는 현대사회는 급속도로 진행되고 있는 산업화와 도시화로 말미암아 그 구조가 급격하게 변하고 있으며, 이 과정에서 여러 가지 문제점이 노출되고 있다. 산업화와 도시화는 한편으로 인간생활을 현대화시키고, 생활조건을 개선시켜 줌으로서 현대인의 생활수준을 크게 향상시켜 주었지만, 다른 한편으로 환경오염과 공해 등과 같이 생활조건을 악화시킴으로써 사회의 생활조건에 많은 문제를 야기시키고 있다. 악화된 사회적 조건은 인간의 신체뿐만 아니라, 정신에도 여러 가지 부정적인 영향을 끼치고 있다.

현대사회에서 심신의 건강을 도모하는 사회체육이 강조되는 이유는 생활조건의 향상과 더불어 수반된 사회적 조건의 악화가 집단과 지역사회 문화는 물론이고 인간 개개인의 심신에도 매우 부정적인 영향을 끼치고 있기 때문이다.

특히 고도로 산업이 발달한 대중사회라고 일컬어지고 있는 현대사회는 지금까지 볼 수 없었던 사회병리 현상을 노출시키고 있으며, 이로 인하여 현대인의 생활이 크게 위협받고 있다. 사회병리현상이란 「개인에서 집단에 이르기까지 사회 혹은 문화의 차원에 있어서의 기능장애에 관계되는 사항」이고, 사회의 구조적 모순과 기능적 부적합의 결과로서 생겨난 여러 현상을 의미하며, 사회의 안전과 통합을 위협하는 원인이다.

이와 같은 사회병리현상에는 개인의 인격·신체적조건·사회적 행동 등 개인을 단위로 해서 발생하는 것, 가족의 해체·반사회적인 집단 등에서 보이는 것 같은 집단을 단위로 해서 발생하는 것, 도시의 공해·인구의 과밀화 등 공동생활이 이루어지는 지역을 단위로 해서 발생하는 것, 정치제도의 부패와 경제제도의 결여 등 소위 제도 또는 체제를 단위로 해서 발생하는 것, 수험경쟁 등의 문화면에서 나타나는 것 등과 같이 매우 다양한 종류가 존재한다.

산업화와 도시화의 진행에 따른 사회구조의 변화는 소득 상승, 노동시간의 단축, 여가의 증대, 생활의 합리화 등 생활 조건의 개선에 큰 영향력을 미쳤지만, 다른 한편으로 환경오염이나 공해와 같은 생활환경의 악화를 초래함으로써 현대인의 사회생활 조건에 악영향을 끼치고 있다.

사회생활 조건의 악화는 먼저 개인에게 부정적인 영향을 미치는 경우가 많다. 즉, 생활 조건의 악화로 정신장애, 신체장애, 비행, 범죄, 자살, 마약중독 등과 같은 병리적 증상이 개인에게 나타난다. 또한 공해에 의한 수질 오염, 농약중독 등은 인간 개개인의 신체적 건강을 위협한다. 교통사고에 의한 신체장애의 다발도 사회생활 조건의 악화가 가져온 부정적인 결과라고 할 수 있다.

사회구조의 변화는 가족제도에도 영향을 미친다. 전통적인 가족제도가 붕괴되었고, 새로운 핵가족 개념을 갖는 가족 제도가 정착되었다. 더욱이, 생활양식이 합리화, 경제생활의 곤란함, 옛 가족제도와 새로운 핵가족 개념의 대립 등에 의해 가족 구성원간에 갈등이 빈번하게 일어나고 있으며, 가족의 해체 현상이 일상화되고 있다. 가족의 해체 현상은 가족이 갖고 있는 사회적 기능과 역할, 사회적 단위로서의 집단의 통일성이 붕괴되는 현상인 것이다.

그 결과 부부간의 불화, 이혼, 자녀의 정서 장애, 가출, 잠적, 비행 등 반사적인 행위와 사회 일탈현상이 눈에 띄게 증가하고 있다. 가족은 사회를 이루는 가장 기본적인 단위이기 때문에 어린이는 말할 것도 없고, 직장과 지역사회에 직·간접으로 관계하고 있는 성인에게도 큰 영향을 주고 있다.

가족 이외의 사회집단을 단위로 해서 발생하는 병리현상으로는 범죄 집단, 과격행동 집단 등 반사적 집단의 폭력적 불법 행위를 들 수 있다.

2) 현대생활과 사회체육의 필요성

사회란 개인, 가족 및 그 밖의 집단, 지역사회, 제도, 문화 등의 영역으로 이루어진다. 이와 같은 분류를 근거로 하여 가족생활, 직장생활 등과 같은 상황에서의 현대생활의 특징과 병리현상을 결부시켜 사회체육의 필요성을 살펴보도록 하자.

(1) 가족의 생활

세대의 규모는 산업화의 진행에 따라 축소하는 경향을 보인다. 일본에서 이루어진 세대 세대규모에 대한 조사에 따르면 1955년부터 1970년까지 15년간에 세대 규모는 5인에서 3.7인으로 1.3인이 감소하였다. 이러한 결과는 일본의 가족이 소가족화 또는 핵가족화하고 있다는 것을 말해준다.

핵가족화의 주요 원인은 출생률의 저하와 도시로의 인구집중이다. 출생률의 저하는 제일 먼저 그 가정의 자녀들에게 영향을 미친다. 출생률이 감소하면서 한 명 또는 두 명의 자녀를 두는 부모들이 늘고 있으며, 자녀가 적은 부모들은 자연히 자신의 자녀 교육에 집중적인 관심을 기울이게 된다. 또한 자녀를 키우는 부모들은 자연히 자신의 자녀 교육에 몰두할 수 있게 된다. 강화된 부모의 교육열은 어린이에게 커다란 스트레스 요인으로 작용하여 수영장이나 테니스장 또는 교양강좌나 레크리에이션 활동에 참가하고 있다. 이와 같은 경향은 대부분의 중상층 가정에서 발견되어 진다.

한편, 하류층 가정의 경우에는 부모와 자식간에 정서적 갈등과 마찰이 생김으로써 가정불화가 일상화되는 수도 있다. 반대로, 상류층에 속해 있는 가족의 경우, 부모의 교육열이 어린이에게 필요 이상의 스트레스를 주기 때문에 어린이들의 심신 발달에 저해가 되기도 한다.

이상에서 살펴보았듯이 오늘날 어린이들은 계층의 상하를 막론하고 많은 스트레스를 받고 있다. 따라서, 이들이 자신에게 부과되는 스트레스를 해소하고 건강하게 발달할 수 있기 위해서는 자연스러운 유희와 신체활동을 포함하는 사회체육이 필수적으로 요구된다.

핵가족제도가 만연하면서 늙은 부모를 부양하는 자녀들이 점차 줄어가고 있다. 그 결과, 노인을 부양하는 부담은 점차 국가와 지방공공단체로 옮겨지고 있다. 즉, 노인부양의 의무가 가족으로부터 사회로 옮겨지고 있는 것이다. 노인부양의 형태가 가족과 친족에 의한 사회적 부양에서 국가와 지방공공단체에 의한 공적 부양으로 이행하는 과정은 사회보장제도가 확립된 선진국에서는 이미 오래 전부터 이루어져 왔다.

일본과 우리나라의 경우는 아직 대부분의 노인들이 자식과 동거하고 있다. 그 비율은 일본의 경우는 80%에 이르고 있다. 이러한 상황하에서 노인들은 커다란 불안감을 느끼고 있다. 일본의 『노인문제조사』에 따르면 노인들이 느끼는 불안감 가운데 「경제에 관한 불안」이 55%, 「건강에 관한 불안」이 37% 그리고 「가족의 인간관계에 관한 불안」이 20%에 이르고 있다고 한다.

건강에 관한 불안을 갖고 있는 사람들을 위해서는 건강에 관한 지식뿐만 아니라, 건강유지의 구체적인 방법을 지도하는 것과 더불어, 인간관계가 원만하지 못한 사람을 위하여 적절한 스포츠와 레크리에이션을 지도할 필요가 있다. 노인 가운데는 건강한 사람도 많다.

일본 후생성 조사에 의하면 60세에서 64세까지의 사람들 가운데 70.3%가, 80세 이상의 사람들 가운데는 52%가 스스로 건강하다고 믿고 있다고 한다. 이와 같은 사람들을 위해서도 적절한 스포츠지도가 필요하다.

이상에서 살펴보았듯이 산업화가 진행됨에 따라 새롭게 구성되고 있는 노령자집단을 대상으로 하는 사회체육이 앞으로 더욱 절실하게 필요할 것으로 추정

된다.

(2) 직장생활

현대인들의 일상시간에서 가정에서 보내는 시간보다 직장이나 일터에서 보내는 시간이 점차 늘고 있다. 직장이란 회사, 공장, 광산 등과 같이 특정 기업 내의 작업장을 의미하며, 물건을 생산하거나 서비스 제공의 업무가 행해지고 있는 물리적 장소를 뜻하고, 주로 경제 활동이 영위되고 있는 장소이다.

직장에는 다음과 같은 3가지 형태가 있다. ① 직장과 가정이 같은 장소이고, 가족도 직장의 일원으로서 참가하는 형태, ② 직장과 가족이 같은 장소이지만, 가족은 반드시 직장의 일원은 아니고, 외부에 살거나 또는 통근하는 것과 같은 형태, ③ 직장이 가정으로부터 완전히 분리되어 있고 통근의 형태로 참가하는 형태.

여기서는 ③의 형태의 직장을 중점적으로 논할 것이다. 일반적으로 이와 같은 직장에는 직장구성원에게 주어지는 수입과 직위가 존재하며, 이와 관련된 임무, 즉 작업과 업무가 직위에 따라 나누어지고 있다.

기능적 관점에서 볼 때 직장은 본래 경제적인 이윤을 추구하는 집단이지 개인의 복지나 여가를 위한 집단이 아니다. 따라서, 직장에서 스포츠나 레크리에이션활동이 절대적으로 필요한 것은 아니다. 그렇지만 많은 직장에서 스포츠와 레크리에이션 활동이 경제적 이윤추구나 직장의 규모와 관계없이 실시되고 있다. 이와 같은 활동은 현실적으로 경제상황이 악화되었을 때 더 이상 일어나지 않게 된다. 그렇다면 스포츠 및 레크리에이션 활동은 어떤 이유에서 직장에서 필요로 하는지를 직장의 경영자과 종업원이라고 하는 두 가지 입장으로 나누어 고찰해 보기로 하자.

① 경영자의 입장

경영자 입장에서 보면 직장은 경제적 이윤을 추구하는 장이고, 거기에 필요한 것은 기본적인 자본과 생산수단과 노동력이다. 옛날에는 노동력이 풍부하였기 때문에 노동력을 확보하기 위하여 복지후생의 시설과 관련하여 스포츠나 레크리에이션 활동에 대하여 직장은 오늘날같이 노력을 하지 않아도 되었다.

그러나 오늘날의 경영자는 종업원의 심신의 건강, 노동에 의한 사고방지, 노동에 의한 생산성 향상, 직장의 사기앙양, 노사간의 마찰 감소 등을 고려하는 동시에, 종업원의 직장에의 의존도를 높이는 수단으로 스포츠와 레크리에이션 활동을 장려하고 있다. 이러한 노력은 모두 간접적인 방식으로 경영자의 입장을 유리하게 만들어준다.

경제 불황은 이러한 경영자의 입장을 역전시킬 수도 있다. 경제적 불황에 의하여 직장은 경제적 기능집단이라는 본래의 모습으로 되돌아가고, 경비절감의 차원에서 각종 복지활동에 대한 투자를 감소시킨다. 그 결과, 직장에서 이루어지던 스포츠와 레크리에이션 활동은 침체되기에 이른다. 경영자는 지금까지 행해 오던 스포츠와 레크리에이션 활동을 지역사회에 맡겨 사회체육에 이양하게 된다.

② 종업원의 입장

산업사회가 고도화됨에 따라 직장에 근무하는 생산직 노동자 중에서 계측감시노동자, 즉 긴장 노동에 종사하는 사람들의 비율이 점점 높아지고 있고, 동시에 화이트칼라로 불리는 사무직 노동자와 고위의 전문직 노동자의 비율이 증가하고 있다.

산업의 기계화와 자동화의 결과로 인해서 단조롭고 무의미한 기계적 작업에 종사하는 사람들이 많아지고 있는데, 단조로운 노동 방식은 3가지 타입으로 나누어 각각의 직무 특성을 설명할 수 있다. 이는 직장체육과 사회체육의 필요성을 이해하는데 도움이 되기에 그 내용을 알아보기로 한다.

단순노동이라도 거기에는 세 종류의 유형이 존재한다. 제1의 X형은 블루칼라라고 말해지지만, 이것은 컨베이어를 사용하는 전자제품이나 자동차의 조립작업 등이 이에 속한다. 이 타입의 노용이 이루어지는 단순 반복 작업에서 작업자는 쉽게 임무를 싫증을 느끼게 되고 흥미를 잃게 된다. 또한, 자신의 능력을 충분하게 발휘할 수 없다고 불만을 나타내는 경우가 많다. 그러므로 작업에 따른 피로도 적지 않고, 정신적인 긴장도 많다.

제2의 Y형은 화이트칼라라고 말해지고, 사무의 기계화 또는 지동화에 의한 작업으로서, 펀치 등 단순 반복 작업이 여기에 포함된다. 이 타입의 작업은 X형과 Z형의 중간적 성격을 갖고 있지만 오히려 X형에 가깝고, 일반적으로 고독감을 안고 있는 사람이 많다.

제3의 Z형은 블루칼라라고도 말해지고, 석유의 정제, 화력발전소 등의 장치산업에 보이는 작업으로서, 주로 작동설비가 갖추어진 비교적 고립된 작업장에서 계측 감시노동과 오토메이션의 장치와 기계의 보전수리 등의 작업이 여기에 속한다. 이 타입의 작업에 종사하고 있는 사람은 X형의 경우와 대조적으로 작업에 흥미를 느끼는 사람이 대부분이다. 자신의 능력을 충분하게 발휘할 수 있고, 장래도 같은 일을 계속하고 싶다고 할뿐 아니라, 자신의 일에 긍지를 갖고 있는 사람이 많다. 그 대신 피로와 긴장을 많이 느낀다.

이러한 3개의 타입 외에 지식 노동이라고 하는 타입이 있다. 지식노동이라고 하는 것은 일의 내용이 전문, 관리, 기술 혹은 사무적인 일이고, 항시 보다 좋은 성과를 올리는 것이 요구된다. 따라서 이런 종류의 노동에 종사하는 사람들은 보다 많은 노력과 보다 많은 정신집중을 기울여야 하며, 더욱이 사람들에게는 본인에게 일의 관리와 결정권이 주어지기 때문에, 일에 대한 책임도 무겁다. 따라서 그들은 일하는 보람을 느끼고, 소외감이 적다고 말할 수 있다.

이상 4개의 타입 가운데서 Z형과 지식노동은 작업의 성질이 서로 다르지만 그 작업이 종사자에게 주는 영향은 유사하기 때문에 여기에서는 일단 X형과 Y형을 단순노동으로, 그리고 Z형과 지식노동을 지적노동으로 분류해서 논하기로 한다.

단순노동에 종사하는 사람들은 대체로 인간소외를 경험하는 상황에 처하게 된다. 이와 같은 소외 상황으로부터 그들을 구해내기 위해서는 단순 노동방식으로부터 지적 노동방식으로 업무를 전환하는 것이 하나의 방법이라고 생각되지만, 현실적으로 그와 같은 전환을 실현하기는 극히 어렵다. 이러한 전환을 실현하기 위하여 제도와 기관을 정비하는 것이 노동개선의 장래 과제가 될 것이고, 이러한 문제는 주로 직장의 교육과 사회체육의 영역에서 취급하여야할 문제이다.

이밖에 고려해 볼 문제는 단순노동 종사자가 수행하는 일상적 업무와 커뮤니케이션 방식을 개선하거나, 복리후생시설을 마련해 주거나, 또는 스포츠와 레크리에이션 시설과 더불어 행사의 운영·개선 등에 관한 의사결정에 가능하면 폭넓게 참여할 수 있도록 해주는 것이다.

이 중에서도 특히 스포츠와 레크리에이션 활동에 관한 시설과 행사의 관리운영 등에 있어서 합의제를 채용하는 일이 중요하다. 이와 같은 작업에 의하여 그들은 직장생활에서 부분적인 자치권을 획득하게 되는 것이다. 그 결과, 그들은 부분적이나마 소외적 상황으로부터 탈출할 수 있다. 여기에 직장의 스포츠와 직장의 레크리에이션활동을 포함한 사회체육의 필요성이 인식되는 것이다.

더욱이, 그들은 직장 밖에서 근무시간 외에 가질 수 있는 자유시간을 지역 사회체육활동에 투자함으로써 소외된 인간성을 회복하는 것이 필요하다. 이를 위해서 지역사회는 그들을 받아들이기 위한 조직과 시설을 구비하고 있지 않으면 안된다. 지역사회에 있어서 사회체육의 시설과 조직은 그런 면에서도 기능을 갖추고 있어야 한다.

지적 노동자는 단순노동자보다 소외감을 적게 느끼지만, 정신적인 긴장과 피로는 훨씬 강하게 느끼고 있다. 정신적인 피로의 회복은 직장의 역할로부터 해방되어 충분한 수면을 하는 것이 가장 효과적이지만 가벼운 체조나 스포츠 등의 신체운동도 피로회복에 도움을 주며, 아울러 이와 같은 활동은 인간성 회복에도 긍정적으로 기여한다.

업무로부터 해방된 자유시간에 가벼운 스포츠를 행할 수 있는 장소와 시설을 직장 내에 설치하는 일이 요즘 부쩍 많아졌지만, 그와 같은 장소와 시설을 갖추고 있지 못한 직장도 여전히 많다. 이러한 직장의 종업원은 그들이 거주하고 있는 지역사회에서 스포츠와 신체활동을 위한 공간을 찾아야만 한다. 그들이 지역사회 사회체육의 조직에 들어가 적극적으로 그 시설을 이용함으로써 지역사회의 조직화를 촉진시켜 준다. 이것이 바로 지역사회에서 사회체육이 수행하는 역할의 하나이다.

2. 사회체육의 의의

현대사회는 새로운 형태의 체육을 필요로 한다. 이 말은 체육이 삶과 현실적으로 깊숙하게 관련되지 않으면 안 된다는 뜻이다. 여기서 삶이란, 생애의 특정

단계만을 의미하는 것이 아니라, 전 생애를 뜻한다. 즉, 체육은 특정 시기에만 관련된 것이 아니고, 전 생애와 관련된 지속적인 활동이 되어야 한다는 의미이다.

사회체육은 개인적 차원에서 건강을 유지하고 즐거움을 찾는 소극적 활동에서 벗어나 사회적·국가적 차원에서 보다 긍정적인 기능을 발휘하는 적극적 활동으로 변모해 가고 있다. 오늘날의 사회체육 운동은 모든 국민이 그들의 여가시간에 자발적으로 체육활동에 참여하여 여러 형태의 신체활동을 즐기고, 이를 통하여 건강하고 행복한 삶을 영위할 수 있게 해주는 복지국가 건설에 바탕이 되는 운동이 되어 가고 있다.

현대사회에서 사회체육이 지니는 의의는 개인적 측면과 사회적 측면으로 나누어 살펴볼 수 있다. 개인적 측면에서 사회체육의 의의는 다음과 같다.

첫째, 인간은 전 생애를 통하여 바람직한 생을 영위할 수 있게끔 해주는 체육활동의 보장을 필요로 한다. 인간의 성장과 발달, 건강과 체력증진, 자기실현과 행복추구는 평생을 통하여 추구되고 성취되기를 원한다. 따라서, 사회체육은 참여자로 하여금 건강한 신체를 소유하고 삶을 즐길 수 있으며, 인간생활에 계속적인 의미를 부여함으로써 삶의 질을 제고 시키는 중요한 사회활동의 하나로 간주되고 있다.

둘째, 사회체육은 세대간의 격차를 줄일 뿐만 아니라, 동일 세대 안에서의 간격을 좁혀주는 역할을 담당한다. 사회체육은 체육 및 스포츠라는 한계적 범위 내에서의 상호 신체적 접촉을 강조하기 때문에 서로 다른 가치관과 의식을 지니고 있는 개인과 세대를 가장 효과적으로 연결해주는 사회적 연결망일 뿐만 아니라, 격렬한 신체적 접촉과 경기규칙의 준수, 그리고 상대방의 존중을 통하여 대인관계의 지식과 방법을 배우고, 사물을 상대적 관계성 속에서 사고할 수 있도록 도와준다.

이제 사회적 측면에서 사회체육의 의의를 살펴보면, 사회체육은 본래 광의의 사회현상과 연관되어 고려될 수 있기 때문에 그 관점도 매우 다양하게 나타날 수 있으나, 크게 두 측면으로 나누어 살펴볼 수 있다.

첫째, 사회체육은 사회의 모든 계층에서 신체활동을 충분히 즐길 수 있는 기회를 부여함으로써 사회적 불평등을 해소하는 데 기여할 뿐 아니라, 서로 다른 계층간의 상호작용을 증진시킴으로써 사회적 갈등의 해소에 도움을 준다.

둘째, 학교체육 및 전문체육 중심에서 대중 중심의 체육으로 이행되고 있는 체육의 추세에 부응함으로써 체육의 평등화에 이바지할 수 있다.

이외에도 사회체육은 근래에 커다란 사회문제로 대두되고 있는 청소년 문제를 해결하는 데 효과적인 수단이 될 수 있다. 즉, 청소년들은 스포츠 활동을 통하여 사회적 고립감을 해소할 수 있고, 공동체의식을 함양할 수도 있으며, 여가를 선용하여 건강한 시민으로 성장할 수 있는 것이다. 또 지역사회 단위의 체육활동은 사회통합의 기능을 제공하여 국민적 일체감을 조성한다.

따라서, 우리나라에도 사회체육을 국민복지라는 측면에서 파악하고, 물질적인 욕구에서 파생된 인간성의 회복이라는 관점에서 사회체육운동을 다루어야 할 것이다.

3. 사회체육의 목적과 목표

사회체육의 목적과 목표는 사회적 측면에서 신체, 체력 및 운동문제에 관한 현실과 깊게 관련되어 있다. 운동의 사회적 기능은 체력과 건강, 운동의 즐거움 자체에 대한 사회 적 요구의 다소와 관련되어 있을 뿐만 아니라, 이러한 문제의 중요성에 대하여 일상생활에서 느끼는 정도에 따라 다양한 사회구성원의 문제의식을 제고시킨다.

사회체육의 목표와 목적은 기본적인 목표가 거기에 반영되어 있다고 생각할 수 있다. 이를테면, 민주적 사회에서는 평화와 복지의 증대를 목적으로 하기 때문에 사회체육의 목적도 일상생활에서 건강과 운동문제를 해결하고 복지를 향상시키는 것이 되어야 한다. 이러한 목적은 자발적인 운동참여의 촉진에 의한 개인적 복지와 사회적 복지의 통합적인 발전으로 이루어진다.

1) 사회체육의 목적

현대 기술문명의 발달은 우리 인간생활에 편리함과 풍요로움을 가져다주었지만, 다른 한편으로 여러 가지 개인적 · 사회적 병리현상, 예컨대 운동부족, 인간소외, 환경오염, 여유 공간의 상실, 성인병 증가 등과 같은 병리적인 문제를 초래하게 되었다. 이러한 사회적 환경의 급속한 변화로 말미암아 사람들은 스포츠가 갖고 있는 종전의 가치를 초월하는 새로 가치에 주목하게 되었다. 즉, 현대 산업사회에서 사람들은 스포츠에 모든 사람의 건강과 체력 증진을 목표로 하는 「건강성」, 친구 사귀기나 교제를 목적으로 하는 「사교성」, 긴장의 연속인 일상생활을 떠나 즐기기 위한 「유희성」 등과 같은 새로운 가치를 부여하고 있다. 바로 이러한 가치들은 우리에게 스포츠를 통한 보다 나은 삶의 영위라는 측면에서 앞으로 사회체육의 방향이 모든 사람의 각종 다양한 스포츠 참가 욕구에 적절히 대응해 나가야 하며, 국민복지 차원에서 국민생활의 향상을 위한 동인으로 작용해야 함을 시사하는 것이라 할 수 있다.

따라서, 사회체육지도의 목적은 모든 사람의 사회체육활동을 확산시키고, 그 활동에 따르는 개인적·사회적 가치를 구현하는 데 있다. 즉 사회적 측면에서 사회체육의 목적은 국민의 자발적인 참여를 유도하고, 사회구성원의 건강증진 또는 여가선용을 통하여 삶의 질을 향상시키는 데 있으며, 이는 궁극적으로 국민의 복지 증진과 결부되는 것이다. 사회적 측면에서 사회체육의 목적을 도식화하면 다음 〈그림 1-1〉과 같이 나타낼 수 있다.

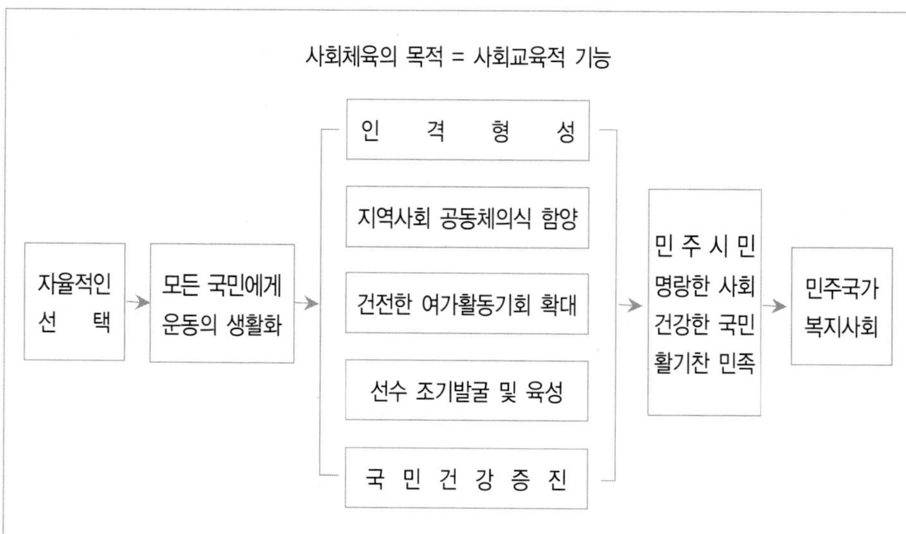

그림 1-1. 사회체육의 목적

2) 사회체육의 목표

목적의 구현은 보다 구체적인 당면 과제의 달성을 통하여 획득되어지는 것이다. 사회체육의 목표를 달성하기 위해서는 보다 명확하고 구체적인 과제의 설정과 더불어 달성목표에 대한 정확한 인식, 그리고 구현해야 할 목표에 대한 해결 노력이 절실히 요청된다.

앞으로 우리가 구현하고자 하는 사회체육의 모습은 과거 우리의 체육풍토나 발전추세의 연장이 되어서는 안 될 것이다. 우리가 지향해야 할 사회체육의 목표는 사회체육활동이 복지사회의 실현을 위한 활동이 되도록 하는 데 있다. 구체적으로 제시할 수 있는 목표는 다음과 같은 내용으로 구성되어진다.

(1) 체육내용의 다양화

우리가 지향하는 복지사회체육은 미래사회에 각광받는 인간과학의 한 분야로서, 인간의 건강과 행복을 추구하는 가운데, 활동 주체인 인간의 인간다운 생활능력과 인격함양에 큰 비중을 두고, 스스로 인간 능력의 한계를 극복해 나갈 수 있는 경험을 제공함으로써 개인의 인간적 변화를 도모할 수 있는 것이라야만 한다. 그러므로 사회체육은 개인이 가진 다양한 인간적 특징을 키워주고, 지·덕·체 전반에 걸친 균형있는 인간성 형성을 촉진하는 내용으로 구성되어야 할 것이다.

(2) 체육활동의 생활화

21세기에는 체육활동이 생활화되어야만 한다. 체육활동이 생활화되어야만 사람들의 사회생활도 안정을 찾아갈 수 있을 것이다. 체육활동이 생활화될 수 있기 위해서는 성, 연령, 신체조건, 지역 및 사회계층에 구애됨이 없이 국민 누구나 즐길 수 있는 체육프로그램이 제공되어야만 한다. 현대인들은 복지화된 환경 속에서 합리적인 체육활동을 보장받는 가운데서 건전한 체육습관을 형성할 수 있으며, 이를 토대로 일상생활 중에 규칙적으로 체육활동에 참여하게 되며, 자신의 삶을 의미있게 영위해 나갈 수 있을 것이다.

(3) 체육방법의 합리화

체육방법은 합리화되어야만 한다. 체육방법의 합리화란 운동의 효과를 극대화하기 위한 제반 조처로서, 운동의 양과 질을 계량화하고, 이를 토대로 자신에게 필요한 바와 자신이 욕구하는 바를 충족할 수 있는 방법의 모색을 포괄한다. 지도자는 대상의 조건에 따른 다양한 개별화된 지도방법을 찾아야만 한다. 또한, 각종 프로그램은 대사의 발육발달 단계, 체력수준, 신체조건 등을 고려하여 합리적이고 다양하게 설계되어야 하며, 체육과 스포츠를 연구하고, 개발하는 전 과정에서 과학적인 방법이 동원되어야 할 것이다.

(4) 체육환경의 복지화

복지사회를 향하여 우리 체육이 이룩하고자 하는 것은 무엇보다도 체육의 성과에 대한 영향을 미치는 물리적 환경인 체육시설을 확충하는 일이다. 앞으로 지속적인 경제성장과 체육에 대한 이해를 토대로 체육 투자의 배분이 확대되고, 부족하고 낙후된 학교 및 사회 체육시설을 다양하고 쾌적하게 확충·개선함으로써 급증하는 체육수요에 효율적으로 대비하여야 한다. 또한, 체육활동 자체가 교육적·정서적이고, 동시에 운동효과의 측면에서 의미 있는 경험의 장으로 구성되어야 할 것이다.

이러한 목표를 추구하는 사회체육은 그 대상이 어린이에서 노인에 이르기까지 매우 넓다. 또 사회체육의 참여집단도 연령적·성적·학문적·경제적 배경이 다양하며, 참여 동기도 강제성이 아닌 자발적성 띄기 때문에 참여하는 사람들 각자가 무엇인가 보람을 느끼고, 달라진 점을 깨달을 때, 그들은 흥미를 가지고 사회체육 활동에 적극적으로 참여하게 될 것이다.

사회체육의 목표는 사회체육 활동의 대상·종목·장소·때·환경에 따라 달라지지만, 궁극적으로는 참여자 개인이 이 활동을 통하여 무엇인가 향상되었고, 발전되었으며, 나아가 인격적으로 성숙했음을 자각함으로써 보람과 만족을 느끼게 해주는 데 있다고 할 수 있다.

4. 사회체육의 역할과 기능

1) 사회체육의 역할

현대 산업사회에서 사회체육의 필요성에 대한 인식이 제고됨에 따라 사회체육이 사회에서 담당하여야 할 역할 또한 그 범위와 중요성이 확대되고 있다. 이러한 사회변동의 과정에서 사회체육이 지닌 역할은 범국민적 평생체육을 실시함으로써 국민의 건전한 심신발달 을 도모하고, 밝고 풍요로운 국민생활을 영위하게 하며, 나아가 지역사회체육 활동 활성화를 통하여 복지사회의 실현과 민족문화의 창달과 국민화합에 기여하는 것이라 할 수 있다. 사회체육의 역할은 크게 두 가지로 구분하여 살펴보면 다음과 같다.

(1) 사회적 역할

사회체육은 실상생활의 현장에서 주로 다루어지는 것이므로 생활 중에 당면하는 문제나 그 외의 사회적 문제까지도 해결하는 역할을 한다. 즉, 개인적인 건강증진과 체력향상은 사회에서 필요로 하는 노동력을 증가시키며, 작업의 효과를 높이고, 작업의 개선방법 등을 제공해 줄 수 있다.

한편, 사회체육은 가정과 직장, 지역사회에서 사회적 조직의 역할을 담당한다. 가족이나 회사동료와 함께 사회체육에 참가함으로써 세대간의 갈등이나 의견의 차이를 줄일 수 있으며, 상사와 부하간의 거리를 좁혀주고, 빈부의 격차에 대한 의식을 동료의식과 연대감 형성을 통하여 완화시키는 역할을 한다. 아울러 인간소외나 청소년 비행 등과 같은 사회병리적 문제를 예방하고 감소시켜준다.

(2) 정서적 역할

개인의 심리적·사회적 적응과 안정에 기여함을 의미하는 사회체육의 정서적 역할로는 구성원 상호간의 연대감과 동질성을 창출하는 것을 들 수 있다. 사회체육은 참가자들에게 우애감과 연대감 등의 정서적 감정을 강화하고 확장시킬 수 있게 해 준다. 연대감과 대비되는 개념은 사회적 거리감인데, 사회체육은 연대감을 강화시킴으로써 이러한 사회적 거리감을 줄이는 데 효과적이라 할 수 있다. 또 직접 활동에 참가하지 않는 참가자 주변까지도 간접 경험을 통하여 자연스럽게 한 마음이 되도록 이끌어준다.

또한 사회체육은 긴장, 공격성, 좌절 등에 대해 효과적인 안정화 능력을 지니고 있다. 긴장과 갈등은 빨리 해소되지 않으면 자신과 타인에게 정서적·심리적 혹은 신체적으로 피해를 줄 위험이 있다. 사회체육은 기쁨, 미움, 슬픔 등 극단의 감정을 표현하는 기회를 적절히 제공하고 통제함으로써 감정을 정화시켜 긴장과 갈등을 조절하는 정서적 안전판 역할을 담당한다.

2) 사회체육의 기능

사회체육의 기본적 기능은 운동문화와 생활을 바람직하게 결부시킴으로써 개인적 복지와 사회적 복지를 통합적으로 발전케 하는 것이라고 할 수 있다. 따라서, 사회체육의 기능파악은 기본적인 역할을 중심으로 하는 거시적 관점에서 이루어져야만 한다. 사회체육의 일반적 기능은 대개 개인과 사회의 두 관점에서 생각해 볼 수 있는데, 〈표 1-1〉은 사회체육의 기능을 이 두 관점인 개인적인 면과 사회적인 면으로 나누어 그 내용을 구체적으로 살펴보았다.

표 1-1. 사회체육의 기능

개인에 대한 기능	사회에 대한 기능
① 신체적 활동이나 자기표현의 욕구 충족 ② 사회관계와 사회적 인정 욕구의 충족 ③ 건강유지와 증진 ④ 사회적 적응방법과 personality 형성 ⑤ 사회적 지위와 사회적 상승의 수단 ⑥ 경제적 이익의 획득	① 사회의 안정과 질서에 미치는 기능 ② 사회유지·발전에 미치는 기능 ③ 정치적 기능 ④ 경제적 기능

한편, 사회체육의 기능을 대상차원에서의 기능과 사회문화적 차원에서의 기

능으로 구분 할 수도 있는데, 그 내용을 살펴보면 다음과 같다.

(1) 대상차원에서의 기능

첫째, 일상생활에서 건강, 체력, 운동 등에 문제점이 있는 사람으로 하여금 자주적으로 해결할 수 있게 하고 운동문화를 향유케 한다.

둘째, 운동문화를 통하여 대상인의 건강유지・발전, 체력의 유지・증진, 운동욕구, 경쟁의 즐거움, 창조적 표현, 새로운 경험 등의 다양한 욕구충족에 기여한다.

셋째, 공동사회에 있어서 개인과 사회의 바람직한 관계 정립에 기여한다.

(2) 사회적 차원에서의 기능

첫째, 운동생활의 충실을 통해서 개인적 복지와 사회적 복지를 통합적으로 발전시키고 체력의 증강 및 건강의 유지・발전, 기본적인 노동력을 증강한다.

둘째, 운동문화의 바른 전달에 의하여 운동생활에 대한 공동의 사고방식이나 행동방식 을 동질화하고, 운동이나 건강에 대한 욕구충족에 공통의 바탕을 이루며 사회적 통합에 기여한다.

셋째, 일상생활에서 발생되는 건강이나 운동에 대한 문제를 해결하는 것으로 건강의 위기감이나 운동문화의 발전은 사회의 유지・발전에 기여한다.

넷째, 문화적 통제나 욕구불만을 해소하는 기능을 수행한다.

5. 사회체육의 지도 이념

사회체육의 올바른 지도이념은 사회체육의 특성을 바로 이해하고, 사회체육이 지닌 여러 가치들을 개인이나 사회를 통해 구현할 수 있도록 하는 것이다. 스포츠를 지도함에 있어서 확고한 철학을 갖는다는 것은 그 지도의 성과를 올바르게 도출하는데 매우 중요한 것이다.

지도란 단지 어떠한 지식이나 기술을 전수하는 것 이상의 교육적 의미를 갖고 있다. 그러므로 사회체육을 지도하는 데 있어 우선 전제되어야 할 것은 지도에 임하는 지도자의 철학과 자세, 현대사회에 있어 스스로 담당해야 할 사회적 역할과 사명에 대한 확고한 인식이 요구되며, 그러한 인식을 바탕으로 할 때 단지 어느 스포츠종목의 기술을 전수하는 기술자, 또는 스포츠라는 상품의 판매자라는 입장에서 벗어나서 지도에 따른 보람과 자긍심을 가질 수 있을 것이다.

사회체육은 단순한 신체활동의 차원을 넘어서서 개인적·사회적 건강, 그리고 신체적·정신적 건강을 통한 행복을 추구라는 인간생활의 핵심적 요소를 제공해주는 매우 바람직한 형태의 삶의 방법이 되고 있다. 특히, 후기 산업사회로의 특징이 사회 전반에 걸쳐 뚜렷하게 나타나고 있는 오늘날의 한국사회에서 사회체육이 지니고 있는 내재적 가치의 중요성은 더욱 뚜렷하게 부각되고 있다. 그것을 비교적 짧은 산업화의 과정에서 파생된 사회의 상실, 인구집중, 생활공간의 협소로 인한 이기적 가치관 및 인간소외 현상의 확산, 공해 및 자연의 파괴, 성인병의 증가 현상에 대하여 많은 선진복지국가의 예에서 보듯이 사회체육은 훌륭한 해답이 되기 때문이다.

따라서 사회체육지도의 철학은 현대사회가 처한 인간성의 상실, 가정과 지역사회의 해체에 대하여 따뜻한 인간미가 넘치는 더불어 사는 공동체사회를 지향하는데 헌신하겠다는 자발정신이 바탕이 되어 일어나는 주체적 활동이라고 할 수 있다. 사회체육지도자가 갖는 이러한 지도의 이념은 스포츠가 갖는 본래적 가치를 극대화시킬 수 있는 가장 중요한 요소가 되는 반면, 단지 운동기술의 전달이라는 협의의 지도관만을 갖게 된다면, 그 지도의 목표는 항상 기술향상에만 머무르게 될 것이며, 대립감정의 표출과 이기주의의 심화, 자기 과시적 풍조의 확산, 상업주의 등 바람직하지 못한 스포츠의 역기능이 개입될 소지가 많아질 것이다.

사회체육지도는 단순히 자유시간에 행해지는 레저활동의 의미를 넘어서서 다음과 같은 사회교육적 목적을 달성하는 맥락에서 이루어져야 할 것이다.

① 자기의 주체성을 실현하는 곳

② 타인과의 인간관계를 개선하는 곳

③ 경제적인 효율성을 높이는 곳

④ 민주시민으로서의 책임을 다하는 곳

이러한 사회체육의 지도이념은 현재 우리가 속해 있는 사회와의 관계 하에서 설정되며, 자발적인 운동참여의 촉진에 의한 개인적 복지와 사회적 복지의 통합적인 발전이라는 목적과 목표를 규정하게 된다.

1) 사회체육 지도의 방향

인간은 본래 '생각하는 동물'(Homo Sapiens), '사물을 만드는 동물'(Homo Faber), '유희인'(Homo Ludens) 또는 '집단적 행위를 영위하는 동물'(Zoon Politican) 등의 특성을 가지고 있으며 끊임없이 무엇인가를 배우려는 학습과 교육에 대한 욕구를 지니고 있다. '자유와 평등', '개별성'을 추구하기 위한 학습이 전생애에 걸쳐서 각 연령 단계에 따라 끊임없이 전개되어지고 있다. 또한, 인간은 생애를 통하여 학습하는 동물이고 그 학습에는 각각의 생애에 적합한 발달과제가 있으며 이에 적절한 학습을 일생을 통해서 쌓아가는 것이 필요하다.

여기에 생애교육의 필요성이 대두되는데 생애교육이란 인간들이 생애의 각 시기에 있어서 또 생활의 각 분야에 걸쳐서 필요에 따라 언제나 학습할 수 있는 다양한 교육기회 및 문화적 환경을 정비하는 것이라고 할 수 있다.

현재는 개인과 사회적인 입장에서 볼 때 생애교육이 필요한 시대라고 볼 수 있다. 학교교육은 일생에 있어서 한 시기의 학습방향을 결정하며 현재와 장래의 생활을 연결하는 다리에 지나지 않는다. 그러므로 사회체육은 태어나면서부터 죽을 때까지 전 생애에 걸쳐서 생활 중에 신체활동으로서의 학습기회를 보장하는 사회적 노력이라고 볼 수 있으며, 생애에 걸친 신체활동은 인간적인 삶을 형성하고 존재능력을 기르며 동시에 인간들이 이러한 생활에 대해 기본적인 능력을 갖출 수 있도록 도와주어야 할 책임이 있다.

사회체육의 지도 방향은 스포츠에 대해 성숙된 인간이 될 수 있도록 지도하는 것을 의미하며, 이러한 과제는 먼저 신체활동을 통한 생활태도를 학습하고 개인적 또는 집단적인 경험을 통하여 하나의 문화를 형성하고 또 모든 문화가 전통의 기저에서 세워질 때 성공적으로 수행될 수 있다.

스포츠 활동은 타율적이 아닌 자율적인 결정에 의해 실현되어야 하며 사회체육지도는 우리가 이러한 자유에 익숙해지며 스포츠 활동에 대해 성숙된 태도로 임할 수 있도록 도움을 주어야 할 중요한 과제를 안고 있다.

2) 사회체육 지도의 목표 설정

사회체육 지도 목표에 대해 고찰함에 있어서 먼저 체육은 무엇을 목표로 삼고 있는가를 상기할 필요가 있다. 체육은 성장과 발달을 꾀하며, 동적 건강(dynamic health)의 증진, 사회적 성격의 육성, 지적·정서적 발달을 꾀하는 것이다. 그러나 이들은 학습자 개인의 요구, 사회적 요구, 문화의 전통 등에 따라 비중을 달리한다고 볼 수 있다.

현재와 미래의 산업사회의 사회구조를 분석해 볼 때 인간의 전형적인 삶의 영역은 핵가족, 여가시간, 직업생활 등이며 이러한 영역에서 파생되는 많은 문제들에 대한 연구는 미래의 교육영역을 의미하며 학습의 목표들은 이들과 일치하는 것이라야 한다.

그러므로 사회체육의 학습의 목표는 현재 속해있는 사화와 개인의 요구, 그 사회의 규범, 전통과 혁신적인 성격을 포함하는 것이어야 하며 완벽한 신체활동이 아닌 쾌락, 놀이, 즐거움과 자발성을 가질 수 있는 원초적인 놀이에 대한 욕구를 만족시킬 수 있어야 한다.

작업환경의 비인간화, 여가의 증대, 여가의 상업화에 따른 창의력의 도태와 문화병의 증대, 과중한 업무로부터의 심리적, 신체적인 스트레스를 극복하기 위한 '재생산적인 스포츠'에도 중요한 의미를 두어야 한다.

오늘날 운동부족에서 오는 질병을 예방할 수 있는 '운동능력숙달', '직업생활로부터 휴식을 취함', '새로운 운동기술을 습득할 수 있는 능력 배양' 등이 강조되고 있다. 이러한 목표에 대한 스포츠지도에는 크게 두 가지 영역이 있는데 하나는 신체교육과 다른 하나는 사회교육이다. 따라서 지도는 학습자가 이러한 목표를 지향하도록 학습활동의 방향을 제시해주며 실제목표 장면에 도입하는 일이다. 즉, 사회체육지도의 목표는 상기의 방향을 지향하여 학습자의 스포츠 참여와 성취 욕구를 충족시키는데 도움을 주는 일이라 할 수 있다.

학습자의 스포츠에 대한 욕구는 일반적으로 사람들이 스포츠를 통하여 얻고자 하는 것 즉, 찾고자 하는 것이 무엇인지를 통하여 간접적으로 살펴볼 수 있다. 스포츠 활동 참여에 대한 욕구와 기대는 무엇이며 스포츠 내에서 인간에게 의미가 있고 중요한 것은 무엇인가 하는 점이 모든 연령계층을 대상으로 한 사회체육의 지도이념을 어디에 두어야 할 것인가 와도 관련이 있다고 볼 수 있다.

첫째, 스포츠를 통하여 신체경험을 하고자 하며 이를 통한 건재함과 건강을 구하고자 한다.

둘째, 스포츠를 통하여 자극(흥분), 감각적인 느낌, 즐거움 즉 움직임과 연결되어 있는 것과 특히 자연에 대한 경험을 하고자 한다.

셋째, 스포츠를 통하여 무엇인가를 표현하기를 원하며 자신의 동작이 예술적이고 감정적이며, 아름답게 보이기를 원한다.

넷째, 스포츠를 통하여 무엇인가 구하고자 하며 하나의 행동영역을 찾으려 한다. 이를 통하여 자신의 신체에 대한 한계를 인식하고 성취감을 맛보고 타인으로부터 인정받기를 원하며 고유의 가치를 경험하고자 한다.

다섯째, 스포츠를 통하여 활기찬 생활로 옮겨지는 출구와 같은 상황을 추구하고자 하며 모험과 위험, 즐거움, 자유스런 느낌을 갖고자 한다.

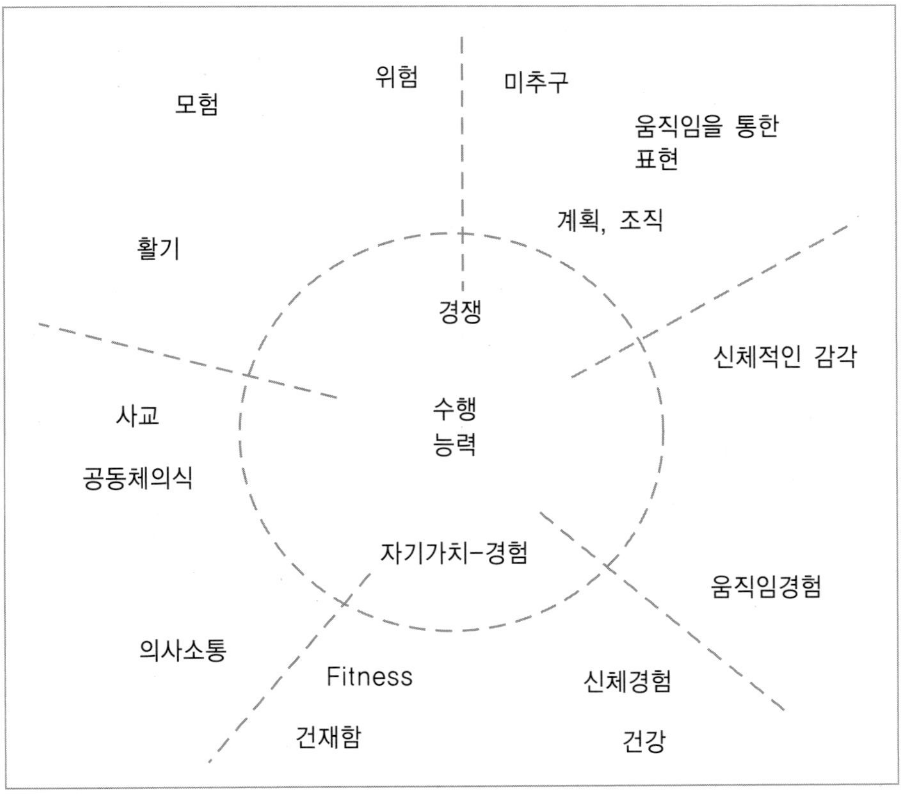

그림 1-1. 스포츠에 대한 기대와 욕구(D. Kurz, 1986)

여섯째, 스포츠를 통하여 공동의식 때때로 가벼운 의견교환과 인간적인 접촉, 사교성, 통합성, 공동사회(협동체)를 찾으려 한다.

이러한 욕구들은 학습자들이 최소한 스포츠 활동에 있어서 성숙되기 전까지 의도적으로 채워져야 한다. 학습자의 욕구와 스포츠의 기본적인 가치 및 목표를 조화시키는 것이 지도의 근본문제이며, 이러한 문제를 해결하기 위하여 욕구수준을 조절하거나 장면전환을 꾀하여 학습자로 하여금 자발적으로 활발하게 참여하도록 유도해야 한다.

6. 사회체육의 과제

사회체육의 과제는 여러 가지 관점에서 정리되어질 수 있겠지만, 여기서는 사회체육의 구조를 염두에 두고, 그 과제를 지도자에 관한 부분, 학습자에 관한 부분, 내용에 관한 부분, 그리고 시설에 관한 부분으로 나누어 다루고자 한다.

1) 지도자와 관련된 문제

학교를 제외한 지역과 직장에서 스포츠와 레크리에이션의 학습활동을 진행하고 돕는 사람들과 스포츠와 레크리에이션 관계단체의 추진력이 되고 있는 사람들을 일컬어 사회체육 지도자라고 한다.

사회체육지도자와 관련된 문제에는 지도자의 양성조직 또는 제도에 관한 문제, 지도자의 유형과 성격에 관한 문제, 그리고 지도자 자체에 관한 문제 등으로 대별될 수 있다.

지도자 양성조직에 관한 문제는 지도자의 유형과 성격 등에 관련이 깊기 때문에, 여기서는 일괄적으로 취급하고자 한다. 사회체육지도자라는 일반적으로 전문지도자와 유지(有志)지도자 두 가지 유형으로 나누지만, 우리나라의 경우에는 사회체육의 역사가 미천하고, 사회체육지도자의 대부분이 체육교사 또는 경기인 출신자이며, 사회체육지도자의 양성 역시 단기 교육으로 끝나기 때문에 이와 같은 구분이 큰 의미를 갖지 못한다.

또한 체육지도자의 성비에 있어서도 남성이 대부분이다. 사회체육에 참가하는 여성이 점차 증가하고 있는 오늘날의 현실을 감안할 때 여성 지도자의 증가가 절실하게 요구된다.

사회체육지도자의 사회적 신분, 양성기관, 근무상황은 앞으로 검토되지 않으면 안 될 문제이다. 직장에 있어서도 지도자 배치는 법적으로 제도화되어 있지만 그 실행이 강제성을 띄고 있지 않고 권장하는 형식을 띄고 있기 때문에 제대로 실행되지 않는다. 즉, 기업의 규모 및 경영자의 경영방식에 따라 사회체육지도자를 배치하는 곳도 있고, 그렇지 않는 곳도 많이 있다. 경제상황이 악화되었을 때 사회체육지도자 고용의 문제는 더욱 큰 어려움에 봉착하게 된다.

2) 학습에 관련된 문제

사회체육의 학습자란 지역과 직장에서 스포츠와 레크리에이션 활동에 자발적으로 참가하는 사람으로서 아동과 학생이 주류를 이루는 학교체육과는 달리 극히 다양한 종류의 사람들로 구성되어진다. 즉, 사회체육참여자는 성, 연령, 직업뿐만 아니라, 운동경험의 유무, 운동기술의 정도, 체력, 희망하는 스포츠 종목, 생활 장소와 활동시간 등에 있어서 매우 다양한 차이를 나타낸다. 지역사회에서 스포츠행사를 개최하거나, 스포츠 교실을 개설하는 경우에 이와 같은 사회체육 참가자의 조건차이는 큰 문제가 되고 있다.

사회체육 참가자의 분류 방법, 사회체육 학습집단의 발전 방법, 지역 스포츠 관계단체와 스포츠클럽을 연계시키는 방법, 지역사회에서 각종 사회단체와 사회체육단체의 연관관계를 규정하는 방법, 사회체육지도자와 사회체육단체와의 결부 방법 등과 관련하여 해결해야만 할 과제들이 산재하고 있다.

사회체육 참가자 클럽은 집단 내의 인간관계 발전뿐만 아니라, 학습능률과 학습효과에도 큰 영향을 미치기 때문에 신중하고 과학적인 방법에 기초를 두고 업무를 처리해 나가야만 한다. 이것은 학습자 상호간의 인간관계에서나, 집단간의 관계에서 지역사회와 공동체의 전체적인 조직과 구조의 특성을 반영하여야 하며, 동시에 앞으로 충분한 연구를 요하는 과제일 것이다.

3) 지도내용에 관한 문제

스포츠 실기지도자는 각종 스포츠의 기술과 실기방법을 지도하는 사람이지만, 그 이외에도 스포츠에 관한 조언, 스포츠 이론, 스포츠맨십, 페어플레이 등과 같은 정신적인 측면, 스포츠를 행하기 위한 환경의 정비 등과 같은 내용도 지도해야만 할 도의적 책임을 진다.

사회체육지도는 이와 같이 광범위한 지도 내용을 문제로 삼고 있다. 각종 스포츠의 기술만을 지도하는 것이 아니다.

사회체육은 사회교육의 일환으로 행하여지는 활동이기 때문에 사회체육과 상호작용을 하면서 일어나는 사회적 사실로 파악되어져야만 한다. 따라서, 사회체육은 그 목표는 말할 필요도 없고 그 내용에 있어서도 사회체육과 맥을 같이 하지 않으면 안 된다.

사회교육에 있어서 주요한 학습내용은, ① 자기의 주체성을 실현하는 일, ② 타인과의 인간관계를 원활히 해가는 것, ③ 경제적인 효율을 높이는 일, ④ 도시민으로서의 책임을 다하는 것 등 4가지로 열거할 수 있다. 사회체육지도의 경우에도 이러한 4개의 주요 줄기를 고려하여 스포츠에 관한 지도·조언뿐만 아니라 사회교육의 학습내용과 관련하여 구성해야만 한다.

한편, 지도내용의 문제는 그것을 구체적으로 전개하는 지도자 자신에 관한 문제와 양성제도의 문제와 관련이 깊기 때문에 사회체육에 있어서 이 문제를 급히 해결하지 않으면 안 될 것이다.

4) 시설에 관한 문제

사회체육시설은 사회체육지도자가 자발적으로 참여한 학습자에 대해서 교육적인 운동만을 지도하는 곳일 뿐만 아니라, 학습자의 학습활동을 구체적으로 전개시키는 장이다. 학교 체육에서 시설이 부족한 것처럼, 사회체육에서도 결여되기 쉬운 조건 중의 하나이다.

학교체육의 경우에는 내용이 획일화되어 있고, 대상도 동일 집단이기 때문에 시설이 획일화되어 있어도 큰 문제가 없다. 그러나, 사회체육의 경우에는 내용이 다양하고, 대상도 이질 집단이기 때문에 시설의 다양화가 특히 중요하다. 즉,

사회체육시설은 다양한 프로그램의 내용과 다양한 참여자들의 욕구에 부합하여 다양하게 설계되어야만 한다.

사회체육의 대상인 사회체육 참여자는 학교체육의 대상인 학생과는 달리 생활상황, 욕구, 생활의 장소, 시간적 구조 등에서 매우 이질적 특성을 지닌다. 생활 장소의 구조적 차이는 사회체육시설의 지리적 위치와 그 분포 상황에 관련되어진다.

이 때 문제가 되는 것은 지역의 어디에 시설을 설치하는가 하는 것이다. 이 문제는 지역에 있어서 인구의 분포상황과 교통기관의 발달상황에 관련하여 검토하지 않으면 안 될 금후의 과제 중의 하나이다. 생활시간 구조의 다양함은 시설의 이용시간과 개장시간과 관련된다. 예컨대, 볼링의 인기가 극에 달했을 때는 볼링장의 개장시간이 오전 4시였다. 이것은 생활시간 구조의 다양함이 이용시간 및 개장시간과도 밀접하게 관련되어 있다는 점을 보여주는 일례이다. 또한 생활의 시간적 구조의 다양함은 지도자 및 사회체육시설의 사용료와 관련하여 해결해야만 할 곤란한 문제를 포함하고 있다. 여기에 지도내용의 다양성이 가해짐에 따라 문제는 보다 복잡해진다.

사회체육 학습자 클럽의 문제도 시설과 관련해서 검토하지 않으면 안 될 문제이다. 더욱이, 사회체육시설에는 설치 및 유지를 위한 경비가 따른다. 공공시설을 유지하는 경비는 국가 또는 지방공공단체에서 조달되고 있다. 경비를 조달할 목적으로 사회체육 참가자로부터 사용료를 받는 것은 아니다. 새로운 시설을 건립하기 위한 비용도 일반적으로 국가나 지방공공단체가 조달하고 있다. 시설의 유지비와 건설비는 점차 증대하고 있다. 국가의 사회체육 관련 예산이 차지하고 있는 시설건설비를 포함한 예산은 엄청나게 커져가고 있다. 이와 같이 거액의 시설건설비를 국가와 지방공공단체 이외의 조직에서도 조달할 수 있는 방법을 앞으로 모색해 볼 필요가 있다. 예를 들면, 공동체기금 발행도 이 문제를 해결할 수 있는 방책 가운데 하나가 될 수 있다. 시설의 건설계획과 관리・운영에 대해서도 문제가 없지는 않다. 이러한 문제를 해결하기 위해서도 공동체기금 발행에 의한 건설자금 조성이 검토되지 않으면 안 될 단계라고 생각되어진다.

제 2 장

사회체육 지도의 원리

1. 지도의 의미
2. 지도의 원리
3. 지도의 종류

1. 지도의 의미

사회체육 활동에 참가하는 동기는 사람에 따라 다양하게 나타난다. 그 사람의 운동경험, 건강상태, 연령, 가정환경, 직장에서의 직위와 일의 내용, 경제적 능력에 따라서 참가 의욕이 매우 상이하게 나타난다. 이런 다양한 사람들을 지도할 때에는 참여자들에게 기대되는 바람직한 행동을 유도해내야 하는데, 그러기 위해서 지도환경을 잘 정비하고, 대상자들의 참여활동을 이끌어주고 도와주어야 한다.

학습이 이루어지는 장에서 지도자가 차지하는 비중은 실로 막중한 것이다. 이는 지도자가 학습의 주체가 된다는 것이 아니라, 그 학습의 뚜렷한 목적성과 효율성을 달성하는데 지도자의 존재가 필수 불가결함을 의미한다. 지도자와 참여자는 상호간에 영향을 미친다.

즉 참여자의 참여동기, 연령, 성별, 체력수준, 사회적 위치와 생활양태는 지도의 방향과 방법을 결정하는 중요한 요소가 되며, 지도자의 성격, 지도능력, 지도 스타일, 지도열의 등은 참여자들과의 특수한 인간관계 설정에 영향을 미치고 그로 인해 학습의 성격과 효율을 결정하게 되는 것이다.

사회체육지도자에게 요구되는 자질 및 역할은 일반적인 교사나 다른 지도자와는 달리 신체를 매개로 한 지도와 학습이 이루어진다는 점에 있어서 특수하며, 사회체육 본질 자체가 인간으로서의 행복, 복지향상을 그 목표로 삼고 있다는 점에서 교육자적 특성을 공유하고 있는 것이다. 그러한 측면에서 사회체육 지도자는 지도의 철학을 구비하고 있어야 하며, 그러한 철학적 바탕 위에서 자신의 역할에 대한 소명의식과 즐거움을 가지고 지도에 임해야 한다. 지도자의 그러한 철학적 배경은 지도성을 규정하는 중요한 단서가 된다.

지도자의 자질로서 지도성은 지도자의 개인적 특성, 학습의 상황, 참여자의 수용이라는 개별요인에 의해 획득되는 것이 아니라, 그것들의 결합적 방향에서 성립되며, 그것은 어디 까지나 특정상황 내에서 지도자와 참여자 사이에 발생하는 상호작용의 결과로 파악될 수 있는 것이다.

즉, 지도성은 참여자가 소속된 조직의 공식적 또는 비공식적 구조와 사회적·기술적 환경과 같은 상황에 따라서 영향을 받으면서 발휘된다. 동시에 지도자의 특정한 지도체계가 이러한 상황과 참여자들의 태도에 적절한 균형점을 발견하도록 설정될 때 참여자들의 사기가 앙양되고, 이를 토대로 본래의 목표가 달성될 수 있는 것이다.

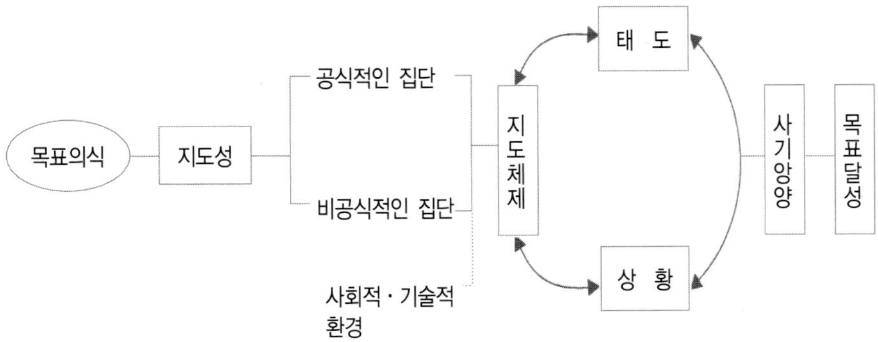

그림 2-1. 지도성이 발현되는 일반적인 체계

〈그림 2-1〉에 나타난 것처럼 지도성이 발현될 수 있는 일반적인 방향은 참여자들에게 대한 지도자의 목표의식, 집단이 처한 상황적 요인, 그리고 참여자들의 개인적 또는 집단적 성격에 의해서 결정된다고 볼 수 있다. 그리고 실제적으로 나타나는 지도성 발현의 양상은 지도자 자신의 목표의식이나 일반적인 사고방식, 또는 성격에 깊은 관계가 있음을 알 수 있다. 예컨대, 지도자의 사고가 적극적인 성격을 띠고 있다면 지도성의 방향은 추종자들의 만족을 증대시켜 그들의 사기앙양에 주력할 것이지만, 반면에 소극적인 사고를 가진 지도자는 추종자들에게 불신과 불안감을 느끼게 하여 그들의 만족을 억제시키면서 목표의 달성을 꾀할 것이기 때문이다.

이와 같이 지도자의 사고와 철학이 지도성의 발현 범위를 결정하므로, 오늘날 집단이나 조직에 있어서의 기계 중심적, 권위주의적 사고에서 인간 중심적 사고로의 이행과정에서 볼 때 지도자의 일반적 행동원리와 자질 특성이 충분히 검토되어야 할 것이다.

2. 지도의 원리

사회체육지도란, 스포츠 또는 신체적 활용을 매개로 하여 지도의 대상자가 지도의 내용과 방법을 효과적으로 터득하여 지도의 이념과 목적에 도달할 수 있도록 도와주고 가르치는 행위라고 할 수 있다. 지도원리의 현대적 경향은 활동의 주체는 지도자가 아니라 대상자라는 것이다. 따라서, 사회체육활동의 주체를 참여자 자신에게 둠으로써 참여동기, 흥미, 요구, 개성, 활동태세를 존중하고, 참여자의 자기활동, 자기표현을 지도의 주요한 요건으로 인식함으로써 보다 생동감 있고 창의적인 지도의 효과를 얻을 수 있다고 여겨진다.

사회체육지도의 원리를 설명하면 다음과 같다.

1) 목적과 원리

활동의 지도는 명확한 목적이 설립되어야 그에 따른 구체적인 계획이 수립될 수 있으며, 이를 지도자와 참여자가 다 같이 자각하고 있음으로써 참여 의욕이 고취되고, 그 목표를 달성하기 위한 활동의 태세를 미리 준비할 수 있는 것이다.

목적과 목표를 참여자가 명확히 인식할 때, 지도의 요령과 방법이 효율적으로 전달되며 참여자의 의견이 반영되어 보다 창의성 있는 지도 방법이 모색될 수 있다. 그러한 의견이 조정에 의해 지도자가 설정한 목표와 참여자의 목표가 일치할 때 가장 효과적인 기술들이 이루어지게 된 것이다. 그러므로 지도자는 그 스포츠 전문종목의 연간 기본계획, 월간, 주간의 도달목표, 당일 연습활동에 구체적 목표를 명백히 하여 그 연습이 보다 효율적으로 이루어지게 하여야 한다.

이러한 목표의 도달은 어디까지나 지도자의 입장에서보다는 오히려 대상자의 입장을 그 바탕에 두고 있으므로 대상자들에게 도달해야 할 목표를 명백히 인식시키는 일이 무엇보다 중요하다. 그러므로 지도자는 언제나 연습목표를 구체화하고, 이를 명백히 하기 위하여 부단히 노력할 때 좋은 성과를 얻을 수 있다는 점을 깊이 명심해야 한다.

2) 자발성의 원리

사회체육참여자에게 운동기술을 지도할 때에는 그들의 자발성과 자주성을 존중해 주는 것이 필요하다. 즉, 그들의 자발적으로, 그리고 자주적 방식으로 운동에 참여하게 자신의 욕구를 만족시킬 수 있도록 분위기를 조성해 주어야만 한다. 사회체육활동이란 대개 타인으로부터 강요됨 없이 자신의 즐거움에서부터 시작되기 때문이다. 사회체육에 참가하는 사람들이 어떤 운동을 어떤 방식으로 수행 할 것인가 역시 자유롭게 선택할 수 있도록 해야 하며, 종목선택이나 수행방식을 어떤 방식으로든 강요하거나, 구속해서는 안 된다. 또한 지도자는 운동수행을 강요하거나 의무화해서는 안 되며, 사회적인 압력을 가해서도 안 된다. 그러므로 사회체육지도는 참여자 개개인의 흥미가 무엇인지 알기 위하여 노력해야만 하며, 그와 같은 흥미를 어떻게 유발시키고, 유지해 나갈 수 있는지를 생각해야만 한다. 대상자의 흥미를 무시한 지도로부터 능률적인 효과를 기대하기는 어려울 것이다. 개인의 흥미는 자발적인 운동활동의 기반이 된다. 따라서 지도자는 참여자의 마음속에 내재해 있는 흥미를 발견하고, 그것을 활동지도에 적절하게 이용할 줄 알아야만 한다. 이것이 지도자가 수행해야할 중요한 임무 가운데 하나인 것이다.

지도대상자들의 흥미는 연령, 성, 가정형편, 지역사회의 특성에 따라 각기 다르게 나타날 수 있다. 그러므로 지도자는 이러한 흥미를 조정하여 일관된 지도원리에 부합되도록 유도하는 기술을 가지고 있어야 한다. 대상자들의 활용의욕을 고취시키기 위해서는 그 활동에 대한 동기부여가 필요하다.

일반적으로 동기부여는 행동에 추진력을 부여하고, 일정한 것을 선택하도록 하며, 행동의 방향을 제시해 주는 역할을 한다. 활동지도에 있어서 동기부여의 방법으로는 다음과 같은 것을 들 수가 있다.

① 참여자의 준비태도에 맞는 연습방법을 제공한다.

② 연습활동의 구체적 목표나 방향을 잘 알게 한다.

③ 지도방법에 대해 참여자가 잘 이해하도록 한다.

④ 연습활동이나 시합에서 평가를 객관적으로 하여 알려준다.

⑤ 경쟁적인 장, 협동적인 장을 부여한다.

⑥ 칭찬이나 질책, 상과 벌을 적절하게 구사한다.

⑦ 집단의 분위기, 성원의 성격적 특성을 고려하여 경쟁을 통한 동기를 부여한다.

⑧ 지도의 환경을 정비한다.

사회체육활동에의 자발적인 참여를 유도하는 것은 지도의 능률을 높이는데 필요하지만, 동시에 그 집단의 결속력과 자주성을 증진시켜주는데도 크게 도움을 준다. 그러나 자발적인 활동참여가 참여자의 흥미 본위로 이루어진다거나 지도자의 방임이나 무관심을 의미하는 것은 아니다. 사회체육지도자는 그에 따른 구체적 목표와 계획, 지도의 내용을 뚜렷하게 견지하고 있어야 한다.

3) 개성화의 원리

한 사회를 구성하고 있는 개개인은 모두 저마다의 개성을 지니고 있다. 따라서, 사람과 사람간에는 늘 개인차가 나타나게 마련이다. 만일, 사회체육지도자가 체육의 지도에 있어 이 점을 부시하고 획일적인 지도를 한다면 지도효과는 반감되고 말 것이다. 집단이 가진 능력은 그 집단을 이루고 있는 구성원 각자가 자신의 능력을 적절하게 발휘할 수 있는 역할을 부여받을 때 배가될 수 있는 것이다. 그러므로 사회체육의 지도는 개인의 개성을 최대한 신장시키는 방향으로 지도하여야 한다. 그리고 이를 위해서는 대상자의 신체적 능력 및 성격적 특성을 자세히 파악하고 있어야만 한다.

사람들의 개인차는 신체발달, 운동능력, 성격 등에서 드러난다. 신체발달의 측면에서는 신장, 체중, 흉위, 좌고 등 체격과 관련된 양적인 면의 개인차와 근육, 심폐순환계 기관 등 체력과 관련된 질적인 면의 개인차가 있다. 또한 운동능력의 측면에서는 달리기, 뜀뛰기, 던지기 매달리기 등의 기초적 운동능력에서의 개인차와 각종 운동이나 스포츠에 필수적으로 요구되는 기능적 운동능력에 있어서의 개인차가 있는데, 이러한 요인들에 있어서 개인차가 현저하다는 점은 누구나 잘 알고 있는 사실이다. 특히, 스포츠에서 이러한 개인차가 현저하게 드러나기 때문에 쉽게 판단할 수 있다. 필요에 따라 각종 조사를 실시하여 개인의 특성을 파악하고, 이를 토대로 하여 적절한 지도방법을 모색하는 일은 효과적인 사회체육지도에 필수 불가결한 요건이다. 지도방법을 모색함에 있어서 각 개인은 다른 목표를 가지고 사회체육활동에 참여한다는 점을 확실하게 인식한 후에 개별화된 지도를 할 수 있도록 노력해야만 한다.

4) 사회화의 원리

사회화의 원리란 사회체육활동을 할 때 공동연습이나 소그룹 활동을 통하여 지도의 효율을 높이기 위한 원리이다. 혼자서 연습하는 것보다는 집단 내에서 서로 자극하면서 연습하면 그 효과가 증가하는 경우가 있다. 또한 공통의 문제를 상호 협력하여 해결하려고 하는 집단적인 연습은 활동 참여자의 욕구를 배가시키고, 그런 가운데 지역사회 내의 연대감과 인간 교류가 자연스럽게 형성되기도 한다.

이론적으로 볼 때 모든 운동기술은 개인의 독자적인 행위를 통하여 습득되어진다고 볼 수 있지만, 실제 상황에서 스포츠 활동은 집단적으로 행하여지는 경우가 많고, 또 이와 같은 집단적 행위가 기술습득에 더욱 효과적일 수도 있다. 따라서 참여자는 집단 활동을 통하여 서로 비판하고 협력하며 격려함으로써 능률을 올릴 수 있는 것이다.

사회화의 원리는 개성화의 원리와 상반되는 것 같이 생각되기 쉽지만, 결코 그렇지 않다. 즉, 개인과 사회가 상호의존적인 관계에 있다는 점은 잘 알려진 사실이며, 개인차 자체도 사회적 관계 속에서 서로 비교되는 가운데 드러나는 만큼, 개성을 신장시키기 위해서는 집단적 학습이 필수적이다. 이러한 관점에서 두 원리는 아무런 모순 없이 동시적으로 적용될 수 있는 것이다.

5) 창조의 원리

창조란 일반적으로 새로운 것을 구성하는 일이라고 생각할 수 있지만, 실제로 재구성(reconstruction)이 이루어지는 심리적 과정이다. 스포츠에 있어서 새로운 운동기능을 체득하여 새로운 경지를 개척한 정신이나 성공의 기쁨을 얻는다는 것은 활동을 본질적인 것으로 하게 하는 관건이다. 이와 같이 창조의 기쁨을 구하는 태도나 심정을 이용하여 활동을 전개하는 것은 지도의 능률을 올리는

데 매우 효과적이다.

지금까지 운동지도에 있어서는 연습방법이나 요령을 참여자에게 먼저 설명·시범 등을 통하여 자세히 알려주고, 다음에 명령적으로 실시시키는 방법이 많이 취해져 왔다. 그러나 이와 같은 방법보다는 가르쳐주기 전에 먼저 참여자로 하여금 실시하게 하여 왜 되지 않는가, 어떻게 하면 되는가를 생각하게 하며, 성공하기 위한 방법을 스스로 연구하도록 유도하고, 필요한 경우에만 지도해 주는 방법이 개인의 창의력 개발에 도움이 된다. 이렇게 지도하는 방식이 바로 창조의 원리를 적용한 지도인 것이다.

사회체육활동에 있어서의 창조활동은 모든 활동의 연습법이나 운동기술의 습득 등에 널리 이용하는 것이 좋다. 예컨대, 사회체육학습은 참여자의 자발적인 활동을 기초로 하는 표현적·창조적 경험을 통해서 행하여지도록 유도하는 것이 바람직하다.

6) 반복연습의 원리

지도자가 연습의 목표를 세울 때에는 참여자들의 능력을 고려하고, 그 능력의 범위 내에서 알맞은 연습이 이루어지도록 해야 한다. 참여자들의 능력을 무시한 지도는 효율적인 성과를 기대할 수 없다. 또한 연습에 대한 기술습득의 수단은 동작의 반복연습을 필수적인 조건으로 한다. 그러나 너무 오랜 시간 동안 한 가지 방식으로, 동일한 기술을 되풀이해서 연습하도록 하면 참여자가 금방 싫증을 느끼게 되고, 또 연습시간을 단축하면 그 효과는 크게 감퇴될 것이다. 그러므로 연습목표를 세운 다음에는 그 연습에 필요한 기술동작과 관련된 근육의 단련 등 운동의 적정량을 결정하고, 면밀한 기술 분석을 통해 각 개인의 능력에 맞는 연습의 요령과 합리적 지도방법을 수립한 다음에 연습과정에서 실제로는 같은 운동이지만, 겉으로 보기에도 전혀 다른 운동을 연습하는 것과 같은 착각을 가질 수 있도록 연습형태를 변화시키는 것이 소기의 목적 달성에 바람직하다.

기술습득의 기회를 보다 많이 갖게 하기 위해서는 활동인원을 소집단으로 편성하여 동시에 연습이 전개될 수 있게 하는 것도 필요하다. 소집단에 의한 활동을 운동 연습의 기회를 풍부하게 제공해 줄뿐만 아니라, 집단편성을 필요에 따라 변화시킴으로써 지루함을 잊게 해주고, 나아가 집단성원간의 인간관계를 형성하는 데에도 크게 도움을 주는 방법이라 하고 할 수 있다.

7) 계통성의 원리

모든 스포츠기술은 계통성을 가지고 있으므로 그 기술을 지도할 때에는 계통에 따라 점진적인 습득이 이루어지도록 해야 한다. 이 계통성을 무시하고 지도하면 대상자에게 혼란을 가중시킬 수 있고, 심한 경우에 기술의 퇴보나 효율의 저하를 가져올 수도 있다. 즉, 지도내용이 너무 쉬우면 참여자의 흥미가 감소되고, 너무 어려우면 주위가 산만하게 되어 그 활동에 대한 의욕이 떨어지고, 시도해 보려는 용기를 상실할 수도 있다. 그러므로 스포츠를 지도할 때에는 쉬운 것에서 시작해서 어려운 것으로, 아는 것에서 시작해서 모르는 것으로, 구체적인 것에서 시작해서 추상적인 것으로 나아가는 계통적 지도가 이루어져야 한다.

한편, 성장기 아동이나 청소년기의 경우에는 그들의 신체적 · 심리적 발달에 부합하는 운동기능의 학습이 이루어져야 하며, 그들의 발달 정도보다 과도한 학습이 이루어지지 않도록 유의하여야 한다. 스포츠 기술지도에 있어서 시기의 문제는 바로 이것과 관련된 것으로서, 모든 기술에는 그것을 익히기에 가장 적합한 시기가 있으며, 그 시기를 너무 앞당겨서 한다면 오히려 기술의 습득이 저해되고 신체적 장애를 초래할 위험이 있다는 것이다.

스포츠에 있어서 운동교재의 발전계통과 참여자의 발달단계나 신체적 · 심리적 특징을 서로 관련시키면서 과도함이 없이 자연적 · 연속적으로 활동을 진행시키는 것이 바로 이 원리의 의한 것이라 하겠다.

8) 요점전달의 원리

연습은 운동기능을 향상시켜주는 활동이지만, 그것은 또한 바람직하지 못한 동작을 고정시켜줌으로써 기능의 향상을 방해하는 활동이 될 수도 있다. 따라서, 학습자는 연습 시간을 늘리는 데에만 주력하지 말고 정확한 동작을 연습하는 데에도 신경을 써야 하며, 이를 위해서는 어떤 동작이 정확한 것인지에 대해

끊임없이 연구해야만 할 것이다.

동기화된 참여자는 연습의 과정에서 자기 동작의 적절성 여부에 대하여 끊임없이 평가하게 된다. 그러나 자신이 기대한 만큼 좋은 결과를 얻지 못할 경우에는 자신이 운동을 잘못 이해하였거나 자신의 연습에 무엇인가 중대한 결함이 있을 것이라고 생각하는 것이 중요하다. 운동기능은 복잡한 활동이다. 따라서, 지도자는 학습자에게 해당 운동기능의 요점을 정확하게 이해시켜주고, 그릇된 해석을 시정시켜주어야만 하는데, 이를 위하여 언어적 설명, 시청각 교재, 또는 시범 등의 방법을 활용할 수 있다.

운동수정 시에 어느 한 가지의 방법만을 사용하는 것은 바람직하지 못하다. 설명만으로는 너무 추상적이 되기 쉽고, 시범만을 보여주는 것도 지도자의 자세가 바람직하지 않을 때 나쁜 자세를 형성시켜 줄 수도 있다. 시청각적 교재의 이용이 현재 스포츠 지도의 주요 추세가 되고 있으나, 이 역시 단지 그것을 보여주는 것만으로는 효과가 적다. 그 기술의 특성에 맞게 이 세 가지 방법을 병행하는 것이 가장 효과적임이 여러 연구를 통해 밝혀지고 있다.

9) 평가의 원리

사회체육지도의 평가는 참여자에 대한 정보의 제공, 피드백의 형성이라는 서비스적 역할을 담당해야만 한다. 그러므로 평가는 학습결과의 제시만으로 그치지 말고, 지도의 과정에서 대상자를 지속적으로 각성시키고, 동기유발 시킬 수 있는 계기가 되어야만 하며, 다음 단계를 지도하기 위한 분석 자료로 활용되어야 한다. 평가자는 평가 결과인 기록이나 성적을 참여자 자신이 처음 세웠던 목표와 비교하여, 그것이 미달되었다면 그 원인이 연습과정에 있는지, 연습방법의 잘못이나 동작의 미숙 등에 있는 분석하고, 좀 더 개선되어야 할 부분에 대해서는 문제점의 지적과 함께 명확한 목표를 제시하는 것이 운동발달에 더욱 효과적이다.

이러한 평가는 어디까지나 객관적인 측정 자료를 바탕으로 해야만 하며, 그 위에 지도자의 주관적 판단이 가미될 수 있다. 그리고 지도자는 결과에 대하여 칭찬이나 질책을 가급적 자제하고, 필요할 경우에는 타인과의 비교가 아니라 당사자의 과거 기록과 비교하여 칭찬하거나 질책해야만 한다. 즉, 학습자가 평가를 통해서 자신의 진보정도를 알고, 자발적으로 연습하려는 의욕을 고취하며, 정체되었거나 퇴보되었을지라도 크게 실망하지 않고 그 원인을 냉정히 분석하여 더욱 분발하여 노력하는 자세를 갖도록 할 것이다.

3. 지도의 종류

지도란 지향하는 목적을 설정해 놓고, 그 목적을 달성하기 위하여 각종 지식이나 기능을 가르치는 행위를 말한다. 스포츠 지도도 당연히 이와 같이 정의된 지도의 범주에 포함 될 수 있다. 즉, 스포츠지도란 이미 설정된 개개의 목적을 달성하기 위하여 스포츠에 관한 지식이나 기능을 가르치는 행위의 총제를 의미한다.

사람들은 어떤 목적이나 목표를 가지고 스포츠에 참여하는 것일까? 통계에 의하면 가장 많은 비율(44.5%)이 「즐거움, 기분전환」 등을 목적으로 하는 소위 레크리에이션 활동을 위해서 스포츠에 참여한다고 응답하였으며, 다음으로 「운동부족을 느끼기 때문」에 스포츠를 한다가 21.8%를, 「몸을 튼튼히 하기 위해서」 스포츠를 수행하고 있다가 20.3%를 차지하였다. 「정신수양과 훈련으로서」와 「기타」가 각각 3%와 3.7%였으며, 특별한 이유를 나타내지 않은 응답자는 6.9%였다. 그런데 「운동 부족감을 느끼기 때문에」와 「몸을 튼튼히 하기 위해서」 라는 응답의 배경에는 모두 건강한 체력을 의식하고 있는 것으로 보아도 좋을 것이다.

이 결과는 분명히 한국 성인의 스포츠 활동이 특정한 목적을 가르치고 있다는 점을 나타내 준다. 즉, 한국에서 사람들이 스포츠 활동에 참여하는 이유는 「레크리에이션을 위해서」, 「건강한 체력을 유지하고, 향상시키기 위해서」, 「클럽활동(인간적 수양이나 트레이닝을 포함해서)으로서」 등 세 가지로 요약할 수 있다. 이와 같은 목적은 다시 언급하지 않아도 스포츠 지도의 궁극적 목적이며, 스포츠 지도는 당연히 이와 같은 목적을 달성하기 위한 활동이 되어야만 할 것이다.

1) 건강 · 체력 육성으로서 스포츠 지도

(1) 스포츠와 건강 · 체력 육성

스포츠라는 인간의 행동이 반드시 직접적으로 건강이나 체력을 목적으로 하는 것은 아니다. 그러나 오늘날 세계인들은 공통적으로 스포츠란 신체를 활발하게 움직이게 해줌으로써 체력을 증진시켜주고, 자칫 상실하기 쉬운 건강을 유지시켜주는 생활문화의 한 방편이라고 이해하고 있다.

몸을 움직이면 당연히 몸의 생리적 기능이 활발해진다. 몸의 생리적 기능이 활발해진다는 것은 심폐기능은 물론 몸 전체가 활발하게 움직이면서 젊음을 그래도 유지할 수 있게 된다는 의미이다. 다이내믹한 신체의 움직임이 몸, 즉 건강체를 상징하며, 체력의 충실을 나타낸다. 이와 같은 이유에서 스포츠가 건강 및 체력의 향상에 유용하다고 말 할 수 있는 것이다.

건강이란, ① 병에 걸리지 않은 상태, ② 자기 의지대로 자유로운 활동(행동)을 할 수 있는 상태, ③ 타인으로부터 요청이 있을 때 책임지고 그 요청에 응할 수 있는 활동(행동)을 행할 수 있는 상태의 3가지 조건을 갖추고 있는 심신의 상태를 말한다. 세계보건기구 (World Health Organization)에서는 건강이란 "신체적, 정신적, 사회적으로 완전한 상태로서 단순이 질병이 없거나 허약하지 않은

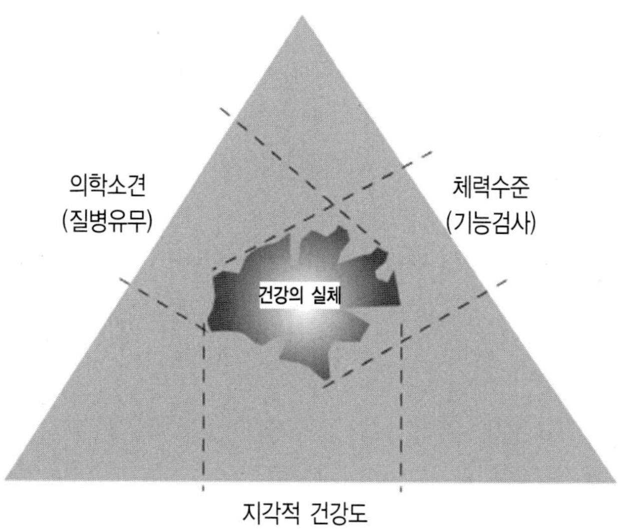

그림 2-2. 건강의 다면적 요소

것을 말함은 아니다"라고 정의하였다. 따라서 개인의 건강은 유전적 요소, 환경의 영향, 생활습관 등의 다면적 요소가 결부된 개념으로 이해할 수 있다.

한편, 체력이란 건강을 최소한 보상할 수 있는 심신 상태로서, 「체력이 있다」라는 말은 건강을 보장하는 상태에서 「여유」가 있다고 말하는 것이다. 따라서 체력이 있다는 것은 활동력이 우수할 뿐만 아니라, 정신력도 강하고, 질병과 스트레스에 대해 강한 저항력을 갖추고 있다는 뜻이다.

앞에서 스포츠란 몸을 움직이는 생활문화라고 언급했지만, 그것을 알기 쉽게 말하면 몸을 움직이며 즐기는 것이다. 스포츠를 어원적으로 살펴보면 본래의 일에서 벗어나 즐기거나 논다는 뜻을 가지고 있지만, 오늘날 스포츠는 어떠한 형태로든 의도적으로 몸을 움직이고, 그 움직임 속에서 기술향상의 추구나 승패라는 게임성을 즐기는 것이라고 말해도 좋을 것이다.

즉, 현대 사회에서 시민 스포츠 또는 대중 스포츠는 그 속에 내재되어 있는 다양한 목표는 있지만, 이것을 추진하고 있는 기본적 동인은 신체의 움직임으로부터 촉발되는 즐거움이라고 말해도 좋으며, 스포츠 지도라는 것은 바로 몸을 움직이는 즐거움을 느끼게 해주는 것이며, 동료와 집단적으로 어울리면서 즐거움을 느낄 수 있도록 해 주는 것이다.

(2) 건강 및 체력육성 스포츠 지도의 유의점

스포츠의 핵심 포인트는 신체활동을 통한 즐거움의 추구이고, 이 과정 속에서 사람들은 자신의 체력을 키워나갈 수 있는데, 이를 위해서는 다음과 같은 점에 유의해야만 한다.

① 각자의 체력과 취향에 맞는 스포츠를 선택해야만 한다.

체력 만들기를 위한 스포츠는 연령에 따라 다르지만 매일 조금씩 계속하는 것이 가장 이상적이나, 적어도 주 1회 이상 실시하는 것이 바람직하다. 계속 행하고자 하는 기분은 체력이 뒷받침될 때라야 생기며, 그 운동이 자기가 좋아하는 것이고 또한 자신의 체력에 적합할 때 그것에 대한 애착심 때 그것에 대한 애착심이 생겨난다. 몸에 어울리는 복장, 좋아하는 색상이나 무늬의 옷, 감촉이 좋은 옷, 옷의 선택 기준은 체력 만들기 스포츠를 선택하는 기준으로서 참고할 가치가 있다.

② 기술성 추구에 앞서 몸을 움직이는 즐거움을 느낄 수 있도록 노력해야만 한다.

스포츠 지도를 단순히 스포츠 기술의 지도가로 생각하는 스포츠 지도자가 적지 않다.

체력 만들기로서의 스포츠지도는 스포츠의 즐거움을 통해서 체력 만들기를 병행하려는 참뜻을 갖는 것이 지도의 핵심이다. 기술적 지도는 그 스포츠의 즐거움을 최소한으로 줄이고 기술에 앞서서 먼저 몸의 움직임을 즐겁게 하는 지도부터 한다. 즐거움의 터득은, 급하면 돌아가라는 스포츠 지도의 金言이다.

③ 준비운동과 정리운동을 철저히 해야만 한다.

체력 만들기 스포츠 지도에는 준비운동과 정리운동을 중시하고 철저히 실시한다. 그것은 단지 본 운동으로서 스포츠 활동의 준비와 정리뿐만 아니고, 실시하고 있는 스포츠 활동만으로는 충분하지 않아 전면적인 체력육성의 보강운동으로써 역할을 하는 것이다.

④ 개개인의 움직임에 주목하고 진도에 의거하여 정확하게 평가해야만 한다.

스포츠 지도는 특별한 경우를 제외하고 거의 집단지도라고 해도 무방하다. 그러나 체력 만들기 스포츠에 있어서 지도형태는 집단지도이지만, 지도대상은 한 사람 한 사람이다. 개개인의 움직임을 충분히 주목하고 그 진도를 바르게 평가하고 기회를 만들어 개별지도 하는 것이 바람직하다. 이와 같이 하기 위해서 집단지도 형태의 연구도 빼놓을 수 없는 조건이 된다. 체력 만들기 스포츠 지도에는 낙오자나 열등생이 있어서는 안 된다.

2) 레크리에이션으로서의 스포츠지도

(1) 스포츠와 레크리에이션

사람들이 스포츠에 참여하는 가장 큰 이유는 즐거움과 기분전환이다. 즉, 스포츠는 현대사회에서 많은 사람들에 의해 레크리에이션 활동으로 인식되고 있는 것이다. 산업이 고도화되면서 노동시간이 단축되었고, 노동시간의 단축은 여가시간의 증대를 가져왔다. 그리고 이와 같은 경향은 앞으로도 계속될 전망이다.

한 조사에 따르면 "당신은 여가시간을 어떻게 보내고 있습니까?"라는 물음에 대해 응답자 중 59.6%가 건강증진을 위해서 스포츠 활동에 참여하고 있다고 대답하였다고 한다. 여가시간에 스포츠 활동에 참여하고 있다고 응답한 사람들 가운데 남자와 여자 모두 20대와 30대가 단연히 많았다.

(2) 레크리에이션 스포츠지도의 유의점

스포츠를 레크리에이션으로서 지도할 때 다음과 같은 사항에 유의할 필요가 있다.

① 각자의 목적의식을 파악할 것

기분전환을 위하여 레크리에이션을 한다고 하지만 스포츠 지도를 받으려는 사람은 나름 데로의 목적이나 목표를 가지고 있다. 레크리에이션으로서의 스포츠 지도의 성공과 실패는 지도자가 이 목적과 목표를 명확하게 파악하고 있느냐의 여부에 달려있다고 해도 과언이 아니다. 목적을 명확하게 파악하면 비록 지도 형태가 집단지도라고 해도 대상자의 개별성을 충분히 고려한 지도가 될 수 있다.

② 기술 지도를 지도의 중추로 할 것

레크리에이션으로 스포츠 지도를 받는 연령층은 아직도 높은 활동력과 기술적 수준을 지니고 있는 연령층이다. 따라서 지도의 중심을 스포츠의 즐거움과 유희의 성격에 맞추기 보다는 기술의 습득, 즉 스포츠가 가진 「보다 빠르게(citius), 보다 높게(aitius), 보다 힘차게(fortius)」라는 인간의 도전(challenge)의식을 고양하는 스포츠 기술에 맞추는 것이 바람직하다. 이렇게 구상된 스포츠 지도는 수강자가 전 생애에 걸쳐서 스포츠 활동을 즐길 수 있는 방법을 익히데 큰 도움을 줄 수 있을 것이다.

③ 반복지도를 게을리 하지 말며, 지도 목표의 달성에 서두르지 말 것

기술지도의 가장 좋은 요령은 반복지도인데, 이것을 싫증나지 않게 계속해서 즐겁게 행하도록 지도하는 것이다. 이를 위해서는 지도를 성급하게 하면 안 된다. 레크리에이션으로 서의 스포츠 지도에 있어서 기술은 마음이 풍부한 레크

리에이션으로서의 존재이지 결코 몰아세우는 수업으로서의 존재는 아니다.

반복지도의 실패는 지도자 자신이 자기의 반복에 싫증을 느끼는 경우가 가장 많다. 그것은 지도자가 반복을 지나치게 의식하고 있기 때문이다. 미숙련자의 경우에도 똑같은 동작을 반복해서는 안 된다. 동작의 형식은 같지만 그것은 매번 새로운 도전이다. 지도자도 함께 새로운 시도로서 의식한다면, 그 반복지도는 다면성을 가진 지도로서 성공을 앞당길 수 있게 할 것이다. 지도목표는 필요하지만, 목표달성은 서둘러서는 안 된다.

④ 친교의 효과를 노린다.

게이트볼이 전국적으로 폭발적 인기를 끌면서 노년층의 대표적인 스포츠로 자리잡고 있다. 이것이 빠르게 보급되고 있는 가장 큰 이유는 노인들에게 적절한 스포츠가 없는 상황에서, 게이트볼이 노년층을 위해 고안된 스포츠인데다가, 고독한 노년들에게 새로운 친구를 사귀는 공간을 제공해 주고 있기 때문이다.

레크리에이션 스포츠의 공간은 직장이나 가정이 제공하는 공간과는 달리 새로운 인간관계를 만드는 공간으로서도 기능한다. 그것은 스포츠의 기술적 깨달음뿐만 아니라 새로운 인간관계를 맺는데 눈을 뜨게 해주는 장이기도 하다.

스포츠는 개방성, 협력성, 그리고 규칙준수를 토대로 하는 경쟁성을 지닌다. 이와 같은 특성을 연령을 불문하고 인간의 마음을 움직이고, 동료라고 하는 보물을 얻을 수 있게 해준다. 게이트볼 역시 스포츠의 일환으로서 이와 같은 특성을 지닌다고 할 수 있다.

3) 클럽활동으로서의 스포츠지도

(1) 지역 스포츠클럽과 지도

지역 스포츠의 중요한 기둥 가운데 하나는 지역 스포츠클럽이다. 따라서, 지역 스포츠를 활성화시키기 위해서는 무엇보다도 지역 스포츠클럽을 육성 시켜야만 한다. 스포츠클럽을 육성하고 지도하는 역할은 바로 지역 스포츠지도자의 몫이다. 그러므로 지역 스포츠클럽과 그 활동 및 지도의 관계되는 사항을 이해하는데 지역 스포츠지도자에 관한 내용을 빼놓을 수 없다. 지역 스포츠클럽은 다음과 같이 정의되어질 수 있다.

① 스포츠 활동을 주목적으로 하는 수 명 이상의 회원으로 구성된 클럽이다.

② 클럽운영, 활동, 임원선출 등이 회원의 합의에 의해서 결정되며, 이를 규정하는 회칙이나 규약이 있다.

③ 계속적인 활동 계획과 그 실시가 있다.

④ 활동의 장소가 대략적으로 정해져 있다.

⑤ 지역의 회원에 의해서 구성되어지고, 등록회원이 항시 명확하게 밝혀진다.

⑥ 회원이 납부하는 회비에 의해서 클럽이 운영된다.

이러한 지역 스포츠클럽의 조건을 명확히 제시하고 있지만, 지역 스포츠지도자가 가장 관심을 갖고 관계해야만 하는 스포츠 활동 자체나 지도체계에 대해서는 아무것도 언급되어 있지 않다.

이것은 지역 스포츠클럽이 아직 행정적 측면에서 보호를 받고 있는 것으로서 독립된 스포츠조직으로서의 활동 주최가 되어 있지 않다고 말할 수 있는 것이다. 이 문제는 앞으로 시민 스포츠 발전에 대해 행정적 전개와 함께 지역 스포츠지도자에 있어서 지도의 실제에 관련된 과제로서 다루게 될 것이다. 조직상의 문제는 잠시 덮어두고 육성을 겸한 클럽활동으로서 스포츠 지도의 유의점을 열거하면 다음과 같다.

(2) 클럽활동 스포츠지도의 유의점

① 클럽으로서 팀웍 육성을 제일 목표로 한다.

동호인 집단 혹은 지역 스포츠클럽은 결속력이 강한 것 같으나 그 팀웍은 의외로 약하다. 따라서, 지도의 제일 목표는 팀웍을 강화시키는 것이다. 팀웍을 육성하는 요령은 기술적으로나, 운영의 측면으로나 팀의 한 사람 한 사람에게 각각의 역할을 갖게 하는 것이다.

② 가능하면 지도기간만이라도 클럽 팀의 일원이 된다.

조직이 약한 스포츠 집단에서는 지도하는 사람도 지도받는 사람도 친구처럼 지내는 것이 가장 바람직하다. 클럽스포츠에서 지도자는 기술적 리더이자 정신적 지주이다. 지도자가 클럽의 일원이 되는 것이 가장 바람직하다.

③ 기술지도는 기초부터 일관성 있게 지도한다.

클럽스포츠에서의 기술지도는 기초부터 일관성 있게 해야 한다. 동호인 집단 혹은 클럽스포츠 참가자 가운데는 기술이 뛰어난 사람들이 모여있는 경우가 많고, 그러한 것들이 조직을 약화시킬 수 있다. 스포츠클럽은 스포츠기능을 연마하고 그것을 조직적으로 발휘하는 집단이다. 따라서, 그 집단의 평가는 스포츠 場에서의 기술적 우열에 의해서 평가되어 진다. 스포츠 기능에서 높이 평가받기 위해서는 기초부터 일관성 있게 지도 받아야 한다.

4) 종목별 특성과 지도의 요점

일반적으로 스포츠지도란 말은 여러 종류의 스포츠 지도를 의미하지만, 실제로는 특정 스포츠종목에 대한 지도에 국한된다. 특정 종목에 대한 코치의 경우에는 별개로 하고, 일반 스포츠의 지도자, 특히 지역 스포츠 지도자는 자신 있는 전문 종목을 익히고 있는 것은 결코 마이너스는 아니지만 가능한 많은 스포츠 종목의 특성을 파악하여, 종합적인 스포츠지도력을 몸에 익히는 것이 중요하다. 이하에서는 스포츠 분야를 개인스포츠, 팀(집단)스포츠, 그리고 계절 스포츠로 나누고, 각 스포츠종목의 특성과 그에 따른 지도요점을 기술한다.

(1) 개인 스포츠 종목

개인 스포츠란 스포츠 활동의 주체가 개인인 모든 스포츠 종목을 말한다. 팀을 구성하여 게임을 벌이는 종목 이외의 모든 스포츠가 개인스포츠 영역에 해당된다. 육상경기, 체조, 스키, 스케이트 등과 같은 종목에서 스포츠의 종류를 거리별· 경기 양식별로 나눌 경우에 개인 스포츠의 종목수는 수백을 헤아리게 된다. 그렇지만 거리 및 경기양식에 따른 개별적 기술지도에 관계되는 점을 세세하게 고려하지 않는다면 개인스포츠 종목의 지도요점은 그렇게 많지는 않은데, 주요한 점을 열거하면 다음과 같다.

① 개개인의 스포츠 능력에 대해서 이해할 것

"적을 알고 나를 알면 백 번 싸워서 백 번 승리한다."(손자병법)라는 말이 있듯이 개인 종목 지도의 제일 포인트는 지도대상이 되는 개인의 스포츠 능력을 이해하는 일이다. 대상에 대한 이해가 부족하다면 그 만큼 지도는 정식적 지도가 되기 쉽다. 정식은 배고픔을 채워주는 식사로서의 역할은 하지만, 개인의 체력을 육성시켜주고 영양을 제공해 주는 식사로서는 적합하지 않다. 개인의 기호를 이해하는 것이야 말로 그 사람에게 알맞은 메뉴의 제공을 가능하게 할 것이다.

② 스포츠 적성에 맞는 종목 선택과 트레이닝 프로그램

실시자의 스포츠적성을 고려하여 트레이닝 종목을 선택하는 것이 중요하다. 실시자의 스포츠 적성에 맞는 종목선택과 선택된 종목에 따른 개인 트레이닝 프로그램에 의거한 지도가 개인 스포츠 종목지도의 제일 원칙이다.

스포츠 지도를 받으려고 하는 자는 자신의 희망이나 목표에 차이는 있지만 누구라고 자신의 스포츠 능력 향상을 희망한다. 이 목표를 실현시켜 주는 것이 지도자의 주요 역할이다. 비록 비정하다는 평가를 받을 지라도 출발점에서 잘못을 범하지 않게 철저를 기하지 않으면 안 된다. 이미 잘못된 선택의 경우에는 종목 변경의 지도가 중요하다. 마라톤에 있어서 젊은 마라토너의 만족감은 완주와 더불어 1초라도 빠른 기록으로 달리는 것이다. 완주는 힘차게 달리는 의욕과 시간이 허락된다면 누구라도 가능하다. 그러나 1초라고 빨리 달리는 지도가 실시될 경우에 그 이전의 접합성이 타당하지 못하였다면 기록은 단 1초라도 단축되기 어려울 것이다.

③ 개인지도의 목표를 명확히 하고 지도의 장은 집단경쟁이 장을 통해서

국제적 선수나 특별 지도를 필요로 하는 경우 맨투맨(man-to-man) 지도는 우수한 효과를 발휘할 수 있지만 수준의 개인 스포츠 종목 지도에서는 그리 효율적이지 못하다. 이런 경우에는 개인의 지도 목표를 명확히 한 집단적 경쟁의 장을 설정하는 지도가 보다 효과적이다. 집단의 장은 맨투맨 지도에 있어서 뺄 수 없는 경쟁이라는 요소를 포함하기 때문에 트레이닝에 있어 최적의 장이 되고, 개별지도에서 필요한 지도 모형을 제공하는 좋은 장소가 된다. 이것은 마치 부품의 전시장과 미완성 조립 중인 상품이 섞여 있는 곳이라고 해도 좋다. 이 뒤섞여 있는 장에서 미완성 상품의 최적 부품을 찾아내서 완성품을 만드는 것이 지도자의 기량을 결정한다.

(2) 팀(집단) 스포츠 종목에 대해서

① 팀웍 만들기부터

팀 스포츠 종목은 개인의 스포츠적 능력이 결집됨으로서 형성되지만, 거기에 팀이라는 새로운 스포츠 능력이 부가되는 특색을 지닌다. 팀웍은 이 새로운 스포츠능력을 만들어내는 에너지이다. 개개인의 능력이 반드시 우수하다고 볼 수 없지만 절묘한 팀웍을 갖는 팀이 경기에서 우수한 성적을 내는 것을 자주 목격할 수 있다. 팀 스포츠 종목지도의 제일요점은 팀의 기본 에너지인 팀웍을 적절하게 형성시켜 주는 데 있다.

그러나 팀을 구성하는 개별 소재(개인기)의 능력이 매우 떨어진다면, 아무리 우수한 설계나 건축 기능(팀웍)이 구사되었다고 하여도 좋은 경기력을 낼 수는 없다. 오늘날 축구, 럭비, 배구, 농구 등의 팀 스포츠에서 개개인의 정확함, 즉 개인기를 강조하는 트레이닝이 경기력향상의 두번째 조건으로 되어져 있는 것은 바로 이 때문이다.

② 개개인에게 정확한 플레이의 지도를

팀 스포츠의 지도는 자칫하면 집단적 팀플레이가 트레이닝의 주체가 되는 경우가 많다. 그러나 우수한 팀웍이나 팀플레이가 조직되어지는 이유는 팀을 구성하고 있는 각 구성원의 정확한 플레이가 있기 때문이다.

③ 모든 포지션을 경험시킨다.

동네 야구팀에서도 타순과 수비역할이 명확히 나누어져 있는 경우가 많다. 팀 경기에서 역할분담은 확실히 중요한 일이지만, 주역과 보조역이 처음부터 나누어지는 지도는 신중을 기해서 하지 않으면 안 된다. 따라서, 지역 스포츠 활동으로서의 팀 스포츠 지도에서는 개개인의 임무에 대한 적성을 평가하기 위해서 모든 위치를 경험시키고자 하는 노력이 필요하다. 이러한 체험은 그 스포츠종목을 빨리 이해시키는 일과 함께 그 스포츠 종목에 흥미를 증가시키는 역할을 한다. 이러한 지도는 스포츠의 참뜻인 「sport it self」의 지도라고 할 수 있다.

(3) 계절스포츠 종목에 대해서

실내수영장 및 스케이트장 등의 실내 체육시설의 보급과 발전, 그리고 인공 스키장・인공 스키 점프대 등과 같은 시설의 확대로 스포츠 활동에서 점차 계절적 요인이 없어지고 있다. 그러나, 시민 스포츠 단계에서는 계절에 따른 스포츠 활동이 아직 성행하고 있다.

우리나라도 강원도를 비롯한 중부 이북 지방은 눈이나 얼음 등 천혜의 환경에 둘러 싸여 계절스포츠로서 스키 또는 스케이트가 성행하고 있다.

최근에는 썰매스포츠를 비롯해 컬링, 아이스세일링 등도 추가되어 이웃 일본의 경우 그 활동 인구는 시즌 중 4~5일 정도로 1회라고 하는 사람을 포함해 1,500만을 넘고 있다. 특히, 스키 인구는 자연적 환경에 구애되지 않고 전국적으로 증가 추세에 있다. 따라서, 스키 생활체육지도자의 수요가 점차 증가하고 있다. 겨울철에 스키장을 방문해 보면 가슴에 강습조끼를 착용한 스키어가 각 슬로프를 가득 메우고 있다. 계절 스포츠, 특히 동계 스포츠의 중심 종목인 스키 지도의 요점을 열거하면 다음과 같다.

① 용구과 복장의 준비에 대해서 충분히 점검할 것

동계 스포츠의 즐거움은 몸에 어울리는 용구 및 활동성과 함께 추위에 견딜 수 있는 복장으로부터 비롯된다. 최근 스키 용구 등의 제조 기술이 비약적으로 진보하면서 스키 플레이트는 물론 바인딩, 부츠, 폴 등 그 하나하나가 기능 면에 있어서나 안전성 측면에서 거의 문제가 없어졌다. 그러나 이러한 것들 하나하나 용구가 플레어의 신체에, 특히 발과 체력에 맞는가 어떤가하는 것에는 문제가 있다. 지도시에는 먼저 이점을 잘 살펴서 가능하면 신체에 맞는 것을 사용하도록 지도해야만 한다. 이렇게 하기 위해서 지도자는 용구선택 및 그 조정 등에 대한 지식의 습득을 게을리 해서는 안 된다. 특히, 바인딩 조정에 대한 지도를 시작하기 전 매번 반드시 점검하도록 한다. 더욱이, 복장에 대해서는 기능성과 방한을 제일로 하고, 장갑은 손목이 노출되지 않도록 목이 긴 것을 사용하도록 한다.

② 지도내용에 따라서 대상자에게 적합한 코스를 선택할 것

활주기능 습득의 목적은 눈의 사면과 설원의 어떠한 곳에서도 자유로이 활주

가 가능하도록 하는 것이지만, 그렇게 되기 위해서는 긴 연습과정이 필요하다. 스키지도의 성공은 지도내용에 따라 코스를 적절하게 선택하느냐의 여부에 달려있다. 즉, 직활강지도에는 자연스럽게 내려올 수 있는 사면을, 또 플로그보겐의 지도에는 약간 넓고 느린 경사의 사면을, 사활강의 지도에는 경사가 있고 어느 정도 넓은 사면을 선택하는 것이 좋다. 사면의 적절한 선택은 스키지도에 큰 장애로 작용하는 「활주불안」을 제거하는 데 도움을 줄 수 있을 것이다.

③ 평지보행과 활주는 수시로 지도내용에 넣을 것

스키조작의 기술습득은 사면활강 보다도 평지보행과 평지활주가 효과적이다. 따라서, 지도내용으로 사면 이동시에 자주 덧붙여서 시도하는 것이 바람직하다. 어린이는 서기 전에 걸을 수 없다. 걷기 전에 달릴 수 없다. 이 원칙은 스키의 경우에도 마찬가지라는 것을 잊어서는 안 된다.

처음 스키를 신은 사람이나 겨우 활주하는 사람은 비록 성인이라 해도 설면에서는 유아(幼兒)로 취급해야만 한다. 사면이 없는 곳에서도 눈만 있으면 보행스키, 달리는 스키 등으로 활주스키를 즐길 수 있다. 이 경우의 지도는 스피드보다도 설원에서 걷는 것을 제일로 하고, 다음으로 스키를 밀면서 평지를 활주하는 스키의 즐거움을 지도한다.

④ 안전하게 즐기는 것을 모토로 한다.

스키에서 부상을 입는 경우가 결코 적지 않다. 그리고 경우에 따라서 부상이 매운 심한 경우도 있다. 따라서 스키를 지도할 때에는 첫째도 안전, 둘째도 안전을 강조해야만 한다. 안전하게 스키를 즐길 때 스키의 참된 가치를 체험할 수 있다. 안전하게 스키를 즐기기 위해서는 앞에서 열거한 용구의 점검, 사면 선정에 만전을 기해야만 한다. 또한 준비운동을 충분히 하고, 피로하지 않도록 적당히 휴식을 취하면서 지도하여야 한다.

제 3 장

사회체육 지도자의 자질과 유형

1. 사회체육 지도자의 정의
2. 사회체육 지도자의 필요성
3. 사회체육 지도자의 기능과 역할
4. 사회체육 지도자의 성격과 자질
5. 사회체육 지도자의 활동 영역
6. 사회체육 지도자의 유형

1. 사회체육 지도자의 정의

지도자란 집단을 이끌어가는 사람을 의미한다. 교육이라는 형식에서 개인과 집단은 그 단위가 되고, 개인은 집단에 의하여 교육이 되지만, 그것은 외형적인 것이고 사실은 지도자와 개인이 집단의 단위가 된다. 그리하여 광의의 체육·스포츠 영역에서 공공체육단체, 사설단체, 직장, 지역사회의 건강·스포츠·레크리에이션 프로그램 등에 모든 사람이 참여 할 수 있도록 단체를 이끌어가고 있는 모든 스포츠지도, 경영적 지도, 행정적 지도자들을 총칭하여 사회체육지도자라고 말할 수 있다.

사회체육지도자는 학교를 제외한 지역사회의 모든 지역에서 사회구성원의 건강을 위하여 스포츠나 레크리에이션 프로그램 또는 직장체육 활동에 대중을 참여시키고, 또한 학교체육과는 대조적으로 연령, 성, 직업, 계층 등 모든 분야에 걸쳐 전체 주민과 단체를 이끌어가는 사람을 의미한다.

이와 같이 사회체육지도자는 공공 체육시설이나 그 밖의 체육시설 및 야외 레크리에이션 시설, 그리고 기업체, 공장 각 기관 및 사회단체 직장에서 체육 레크리에이션을 종합적으로 지도할 수 있는 자를 말하며, 체육활동을 통하여 적극적으로 개인의 건전한 여가선용과 체육에 대한 인식을 개선시키고, 체육활동에 필요한 지식, 기술을 가르칠 수 있는 신체적·정신적으로 건전하고 투철한 사명감을 가진 자를 의미한다.

사회체육지도자란 체육문화를 선도하고 보급하는 주체로서 체육에 대한 국민의 의식을 긍정적인 방향으로 인식되도록 유발하여 국민들이 사회체육 활동에 포괄적으로 참여할 수 있도록 전면성, 반복성, 안정성, 적합성 등의 지도 원리를 적용해서 한층 효율적인 체육활동이 이루어지도록 지도·관리를 해야 한다. 즉 보다 많은 사람이 체육활동에 참여할 수 있도록 노력하는 사람이라고 할 수 있다.

오늘날 사회변동에 따라 체육활동에 대한 수요가 증가되고 다양화할 것으로 보여지며, 이에 따라 사회체육의 중요성은 크게 증가될 것으로 보인다. 따라서, 사회체육현장에서 지도자가 자신의 역할을 효과적으로 수행하기 위해서는 기능이나 자질뿐만 아니라 구성원을 효과적으로 통솔하고 관리할 수 있는 지도력이 필연적으로 요구된다.

2. 사회체육 지도자의 필요성

현대인의 생활에서 운동에 대한 수요와 공급이 증대됨에 따라 국민의 건강과 복리증진을 위하여 그 주역이 되는 사회체육지도자의 필요성이 중요시되고 있는데, 그 구체적인 내용은 다음과 같이 요약되어질 수 있다.

① 경제성장, 여가증대, 운동부족에 따르는 건강생활, 그리고 올림픽 이후 체육의 활성화 기반 조성 등으로 체육인구가 급격히 증가되고 있다.

② 생활수준의 향상에 따라 스포츠에 대한 이해가 높아지고 또 체육활동의 내용과 방법이 다양화・전문화되어가고 있다.

③ 지도자는 사회체육시설의 활용가치를 높일 뿐만 아니라 안전성을 확보한다.

④ 전문지도자는 체육 프로그램의 운영을 효율적으로 한다.

⑤ 체육활동에 참가하는 모든 사람의 운동효과를 극대화하고 활동의 합리성을 높일 수 있으며, 때로는 운동처방의 조언자가 될 수도 있다.

이상에서 밝혔듯이 사회체육지도자는 활동하는 영역, 참여하는 구성원의 성, 연령, 신체적 특성, 직업, 건강상태, 경제사정, 지도방법 및 내용에 따라 다양하게 필요로 하고 있다. 이와 같이 체육활동 참가자의 운동기능의 진단과 운동방법의 처방을 위해서 시설의 활용 가치를 극대화시키고, 프로그램 운영의 효율성을 높일 수 있기 위해서 유능한 지도자가 한층 더 요구될 것이다.

3. 사회체육 지도자의 기능과 역할

사회체육현장에서 지도자의 본질적인 기능과 역할은 체육활동에 참가하여 운동효과를 극대화시키고, 활동의 합리성을 제고하는 데 있다. 모든 참여자의 연령별・성별에 따른 지도방법을 고려하여 참여자의 욕구를 충족시키고 만족감을 이끌어내는 체육활동의 극대화와 삶의 질 향상에 기여하는 기능과 역할을 수행하여야 한다.

1) 사회체육 지도자의 기능

국민들의 다양한 체육 및 스포츠 욕구를 충족시키고, 생활체육의 내용을 개발·확대해 나가기 위해서는 아주 세밀한 각종의 방침을 추진해가야만 할 것이다. 사회체육 활동의 시설과 용구를 정비하고 충실화함과 동시에 다양한 체육 프로그램을 계획하고, 각종 클럽을 조직·운영하는 등 지도자의 기능은 매우 다양하다. 그리고 지역주민들이 일상적으로 즐겁게 스포츠 활동에 참여하기 위해서 그 대상의 특성에 따라서 적절한 지도와 조언을 해 줄 수 있어야만 한다.

현대사회의 변모와 더불어 스포츠인구의 양적 확대, 질적 변화뿐만 아니라, 사회체육활동에 무관심한 사람도 관심을 갖고 활동에 참여할 수 있게 되는 "Sports for All"의 목표를 달성하기 위해 사회체육지도자의 기능은 앞으로도 그 중요성이 제고될 뿐만 아니라, 지도영역도 크게 확대될 것이다.

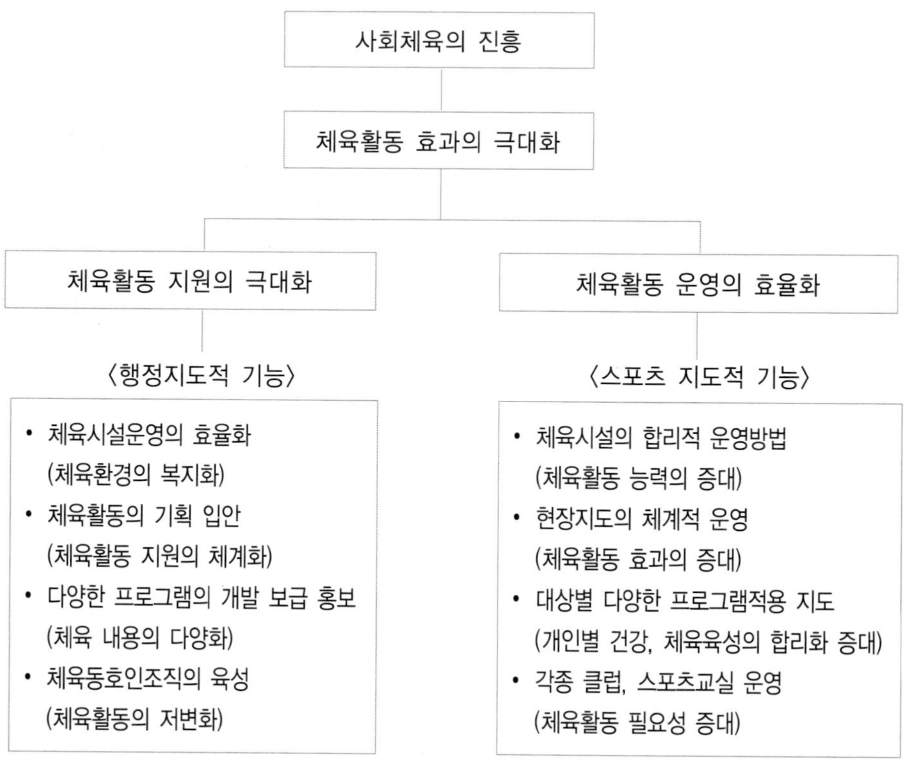

그림 3-1. 사회체육 지도자의 기능

이와 같은 측면에서 〈그림 3-1〉에 나타난 바와 같이 사회체육지도자의 기능을 사회체육 활동이 성립될 수 있도록 제반 조건을 만들기 위한 행정적 지도의 기능과 스포츠 활동을 직접적으로 지도하는 스포츠 지도적 기능 두 가지로 나누어 생각해 볼 수 있다.

사회체육지도자는 본래 체육활동 지원의 극대화와 체육활동 운영의 효율화라는 두 가지 기능을 갖고 있다.

① 체육활동 지원의 극대화 요인은 체육시설 이용의 효율화, 체육활동의 기획, 입안, 다양한 프로그램의 개발, 보급 및 홍보, 체육동호인 조직의 육성

② 체육활동 운영의 효율화 요인은 체육 시설의 합리적 관리, 운영 현장지도의 체계적 운영, 다양한 프로그램 적용지도, 각종 클럽 및 스포츠 교실 운영

2) 사회체육 지도자의 역할

사회체육의 목표는 첫째 기술의 향상, 둘째 체력의 향상, 셋째 건강과 미용의 유지·증진 및 노화방지, 넷째 자연과의 접촉 및 여가 선용, 다섯째 사회성 함양, 여섯째 기분전환 등이다.

사회체육은 건전한 체육활동을 통한 모든 국민의 정신적·신체적 건강의 추구를 기본 이념으로 한다는 점에서 경제 발전 및 사회발전에 의하여 증대된 국민의 삶의 가치 구현에 대한 욕구를 충족시켜줄 수 있는 기본조건이 될 뿐만 아니라, 이를 통하여 보다 풍요로운 삶을 향유할 수 있는 바탕을 마련하여 준다.

또한 사회체육은 도시화 사회에 살고 있는 현대인에게 보다 다양한 생활기회 및 양식을 제공함으로써 삶의 가치를 구현할 수 있는 수단이 된다. 사회체육지도자의 역할은 모든 사람들이 유아기에서 노년기에 이르기까지 사회체육의 목표를 추구해 나가는데 있어서 스포츠를 생활화할 수 있도록 동기를 유발시키고, 올바르게 지도함으로써 신체활동의 즐거움을 경험하고, 이를 통하여 인간으로서의 삶의 의미를 높일 수 있도록 하는데 있다. 사회체육지도자에게 궁극적으로 기대되는 역할은 전체적인 국민 스포츠의 진흥을 위하여 국민들에게 스포츠 실기를 지도하고, 기타 스포츠와 관련된 지도와 조언을 함과 동기에 스포츠

욕구를 만족시키고 시설을 중심으로 그룹화 하거나 지역에 있어서 자발적인 스포츠 그룹의 지도, 스포츠 교실과 스포츠 상담의 실제지도 등을 통한 자발적인 사회체육지도자 육성 등 스포츠 활동의 직접적인 지도뿐만 아니라 스포츠의 경영적 지도 측면 등 다양한 활동장소와 대상 등이 있다.

사회체육은 인간생활에 필요한 건강과 운동문제를 해결하고, 복지향상을 지향함과 동시에 사람들의 자발적인 운동참가의 촉진에 의한 개인적 복지와 사회적 복지의 통합적인 발전으로 표현된다. 한편, 사회체육지도자의 역할도 그 사회가 안고 있는 제반문제와 사회변동과 관련하여 그 역할이 다르게 나타날 수 있다.

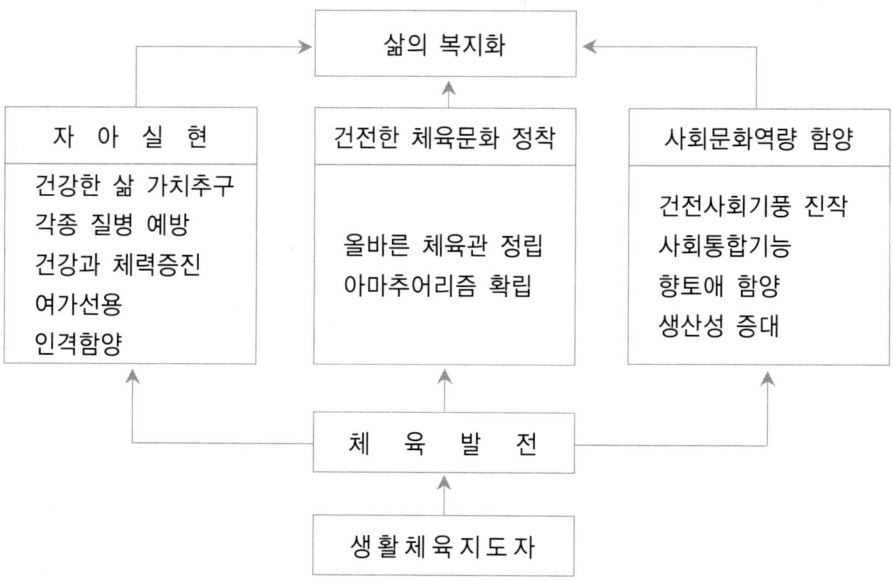

그림 3-2. 사회체육 지도자의 역할

그러므로 사회체육지도자의 역할에는 〈그림 3-2〉와 같이 궁극적으로 체육활동을 통한 개인의 자아실현, 건전한 체육문화 정착, 사회문화 역량 함양 등을 통한 삶의 질 향상에 있다고 볼 수 있다.

① 자아실현의 요인은 건강한 삶의 가치추구, 각종 질병예방, 건강과 체력증진, 여가선용, 인격함양 등이 있다.

② 건전한 체육문화 정착 요인은 올바른 체육관 정립, 아마추어리즘 확립 등

이 있다.

③ 사회문화 역량 함양 요인에는 건전한 사회기풍 진작, 사회통합 기능, 향토애 함양, 생산성 증대 등이 있다.

4. 사회체육 지도자의 성격과 자질

1) 사회체육 지도자의 성격과 조건

사회체육지도자는 체육문화를 선도하고 보급하는 주체로서 체육에 대한 국민의 인식을 긍정적인 방향으로 유도하여 국민들이 사회체육 활동에 참여할 수 있도록 하는 사람이다. 다시 말하면, "보다 많은 사람들이 사회체육활동에 참여할 수 있도록 하는 사람"이라고 할 수 있다.

앞으로 사회체육에 대한 수요가 증대됨에 따라 참가자의 수는 급격히 증가할 것이며, 이들의 사회체육 활동의 요구와 수준은 다양화・전문화되리라고 예상할 때, 사회체육지도자는 운동기능만 전수하는 단순한 역할이 아니라, 사회체육 전문적 기능 및 지식의 전달 및 체계적 활동 전개, 그리고 사회봉사 활동 등의 역할을 담당할 수 있어야 한다.

또한, 스포츠에 참가하는 동기는 사람에 따라 그 사람의 운동경험이라든가 건강상태, 연령, 가정환경, 직업, 경제적 사정 등이 다르므로 참가자의 조건에 따라 구체적인 형태와 방법을 생각해야 할 것이다. 사회체육지도자에게 요구되는 조건은 리더십의 기능이나 집단과의 관련에 있어서 실질적 의미를 내포하고 있다고 할 수 있는데, 이상적인 조건으로서는 사회적으로 신망이 있고 스포츠에 대한 깊은 관심과 이해를 가지고 그 직무를 수행하는 열의와 능력을 지녀야 한다는 것이다.

2) 사회체육 지도자의 자질

사회체육은 일상생활에서 건강과 운동문제를 해결하고 복지를 향상시키는 것이라 할 수 있으며, 이러한 활동의 목적은 자발적인 운동참여의 촉진에 의한 개인적 복지와 사회적 복지의 통합적인 발전으로 표현된다. 사회체육이 사회체육지도자에 의하여 그 효율성이 증대된다고 볼 때, 사회체육지도자의 자질은 곧 국가가 추구하고 있는 복지 사회구현과 직결된다고 할 수 있다. 체육활동은 다양한 요인들의 복합적 관련 속에서 이루어지며, 체육활동의 지도는 그러한 다양한 요인들을 모두 고려해 넣은 후에 이루어진다.

사회체육지도자가 자신이 맡은 일을 효율적으로 의미 있게 수행하기 위해서는 그러한 다양한 요인들의 처리능력과 관련된 여러 가지의 자질을 필요로 하며, 보다 전문적인 체육 활동 지도를 위해서는 최고수준의 자질을 필요로 한다. 지도종목과 대상에 따라 세부적인 자질은 다소 차이가 있겠으나, 사회체육 활동을 효과적으로 수행할 수 있는 지도자적인 자질은 궁극적으로 사회체육의 목적 및 목표를 달성하는 데 필수적인 요소로서 작용하는 것이다.

사회체육지도자의 자질은 다음과 같이 요약될 수 있다.

① 각 개인이 어떠한 목적과 동기로 활동에 참가하였는지를 알 수 있는 능력과 수단을 지닌 자

② 지도방법과 목적 그리고 장래의 희망을 파악할 수 있는 능력이 있는 자

③ 이론적 · 과학적으로 지도하는 지도력과 쉽게 표현할 줄 하는 표현력을 지닌 자

④ 주변상황을 정확히 판단하여 객관적으로 대응할 수 있는 능력이 있는 자

⑤ 참여자를 중요하게 여기며, 공평 정당한 대우를 해주는 능력을 지닌 자

⑥ 활동의 주인공으로서 자발적으로 활동할 수 있도록 하는 지도력을 지닌 자

⑦ 철저한 준비와 열성적으로 지도할 수 있는 자세를 지닌 자

이와 같은 사회체육지도자의 자질을 구체적으로 기능적 자질, 관리적 자질, 비판적 자질, 대인적 자질, 지식적 자질의 5가지 영역으로 구분할 수 있는데, 각 영역별 특징은 다음과 같다.

(1) 기능적 자질

사회체육지도자는 일정 수준 이상의 운동기능을 가지고 있어야 하며, 운동지도 경험도 있어야 한다. 훌륭한 사회체육지도자는 자신이 지도하는 영역의 운

동기능을 능숙하게 구사 할 수 있어야 한다.

유명한 선수가 유능한 코치가 될 수 없듯이, 잘 안다고 잘 가르치는 것이 아니기 때문에 운동기능을 가진 그 자체로는 충분하지 않다. 유능한 사회체육지도자는 타인에게 운동을 지도해 본 경험도 충분히 가지고 있어야 한다.

(2) 관리적 자질

사회체육지도자는 자신이 책임을 맡고 있는 강좌, 프로그램의 효율적 운영을 위해서 시간, 시설, 장비, 학생들을 효과적으로 조정하고 다룰 수 있어야 한다.

대부분의 운동지도가 많은 사람들을 상대로 해서 이루어지기 때문에 주어진 시간 내에 최고의 학습경험을 제공하기 위해서는 효율적인 강습 관리, 프로그램 관리가 필수적이다. 또한, 사회체육지도자는 체육시설과 프로그램의 전반적 운영에 관해서 철저한 이해를 갖고 있어야 한다.

(3) 비판적 자질

사회체육지도자는 무엇이 옳고 그른지를 이성적으로 판별하고 그에 따라 행동할 수 있는 용기를 가져야 한다. 운동의 기능적 측면만을 가르치는 것이 아니라, 배우는 사람 자신의 삶에 그 운동이 어떤 의미를 갖는지 심각하게 생각하도록 만들어야 한다. 또 운동에 담겨진 사회적인 측면들을 파악하도록 하여 현재 우리가 살아가는 사회 속에서 그 운동이 수행하는 기능과 역할에 대해서도 의문을 갖도록 해야 한다.

사회체육지도자는 학생들에게 각 종목이 갖는 철학적·사회적 의미를 심각하게 고려하도록 지도할 수 있어야 한다.

(4) 대인적 자질

사회체육지도자는 「사람」을 지도대상으로 하고 있기 때문에 사람은 아무렇게나 취급할 수 있는 상품이 아니라 의식을 가지고 있는 인격체라는 점을 명심하고 있어야 한다.

사회체육지도자는 고객에게 최고의 봉사를 해야 할 의무가 있고, 고객은 최고의 대우를 받을 권리가 있다. 많은 사람들에게 최고의 체육경험을 제공하기 위해서는 사회체육지도자는 다양한 성격의 사람들을 대할 수 있는 대인적 자질이 필요하다. 강직하고 엄하나, 때로는 다정하고 세심하며, 언제나 친절하게 사람들을 대할 수 있는 인품이 요구된다.

(5) 지식적 자질

사회체육지도자는 자신이 지도하고 있는 운동에 대한 전반적 지식을 알고 있어야 한다. 사회체육지도자는 시합규칙, 전략, 운동의 역사 등 간단한 지식에서부터 운동발휘에 관계되는 이론적 지식에 이르기까지 해박한 지식을 소유하고 있어야 한다.

운동생리학, 운동역학, 스포츠 사회학, 스포츠 심리학, 코칭론, 운동처방 등 과학적 연구에 기초한 이론적 지식들과 운동실행과의 관련성을 이해하고 있어야 하며, 이러한 지식을 실제적으로 응용할 수 있어야 한다.

5. 사회체육 지도자의 활동 영역

사회체육 지도자는 사회체육 내용과 방법에 관한 기술이나 기능을 전달해 주는 사람을 포함하는 것은 물론이고, 사회체육 발전을 위하여 여러 관련된 분야에서 주도적이며 발전적인 연구와 노력을 경주하는 사람이라고 생각할 수 있다. 사회체육지도자의 활동영역을 보면 행정지도자, 경영관리지도자, 실기지도자로 구분될 수 있다.

1) 행정 지도자

사회체육 행정지도자는 정부와 정부지원 조직 및 단체에서 사회체육 정책을 입안・수립・추진해 나가는 지도자를 말하며, 여기에는 문화체육관광부, 시・도의 사회체육과, 대한체육회, 각 종목별 경기단체, 국민체육진흥공단, 생활체육협의회, 지방자치단체에서 앞으로 실시되어야 할 시・군・읍・면 단위의 사회체육부서 등이 있다.

사회체육 발전을 위한 행정지도자들의 중요성은 사회체육과 관련된 막대하고 중대한 사업들을 강력하게 추진하고 지원할 수 있다는데 있다. 현재 우리나라에서는 사회체육과 관련된 대부분의 행정지도자들이 사회체육을 전공하지 않은 실정이므로, 사회체육 진흥 및 발전을 위한 신념과 적극성이 결여되어 있다는 것이 문제점으로 대두되고 있다.

따라서, 사회체육을 발전시키기 위해서는 먼저 사회체육지도자를 양성하고 있는 대학교육의 혁신적 연구와 노력이 경주되어 내실을 기하는 동시에 일반 국민이나 정부에서는 체육을 누구나 다룰 수 있는 인간의 신체활동으로서만 취급할 것이 아니라, 인간교육과 건강 및 복지를 포함하고 있는 전문영역으로 이해를 넓혀 체육행정조직이나 단체의 전문화를 위해 노력해야 할 것이다.

2) 경영관리 지도자

사회체육 경영관리지도자는 공공 사회체육시설(시・도의 국민생활관, 각 구청의 구민생활관, 한강고수부지의 시민체육공원, 올림픽공원 등), 비영리 사회체육시설(한국사회체육센터, YMCA 등), 상업체육시설(기업이나 개인이 영리추구에 목적을 두고 설치한 헬스클럽, 골프장, 테니스장, 볼링장, 수영장, 태권도장, 기타 체육스포츠 센터), 직장체육시설(기업체 등 직장에서 직원이나 근로자들이 체육활동을 위하여 설치하고 있는 시설) 등에서 법적인 업무, 시설, 관리, 프로그램 계획, 예산, 인사관리 등을 담당하는 지도자를 말한다.

우리나라의 미비한 사회체육 시설을 감안해 볼 때, 이러한 시설의 효율성을 극대화시키기 위해서는 유능한 경영관리 지도자는 필수적이라 할 수 있다. 따라서, 대학의 체육교육학과 및 체육학과에서 학교체육 교사의 양성을 주목적으로 하고 있는 것과 같이 다양한 사회체육시설에서 활약할 경영관리지도자의 양성을 위한 전문적인 교육이 이루어져야 할 것이다.

3) 실기 지도자

실기 지도자는 정부지원 조직 및 단체, 공공 사회체육시설, 비영리 사회체육시설, 상업체육시설, 직장체육시설 등에서 실제 사회체육 활동에 참가하는 사람들에게 직접 해당 종목의 기술을 지도하고 관리하는 지도자를 말한다.

이러한 실기지도자는 스포츠 활동에 참여하는 사람들의 동기와 목적이 다양하기 때문에 모두의 기대에 부응하는 지도를 위해서 단지 기술지도에 멈추지 말고 한 사람 한 사람의 스포츠 요구에 부응할 수 있는 폭넓은 내용을 갖는 것이 중요하다. 또한, 실기지도자는 참가자와의 대면적인 관계에서 지도하기 때문에 인간적인 사랑과 신뢰를 발휘할 수 있는 지도력이 필요하다.

4) 기 타

학교와 각종 연구소 등에서 사회체육의 이론적·학문적 발전을 위한 연구 활동에 종사하거나, 언론매체를 통한 사회체육의 보급과 발전을 위하여 일하는 사회체육지도자의 활동영역 등이 있다. 이와 같이 다양한 영역에서 스포츠 활동을 매개로 한 활동이라는 공통성을 가진 사회체육지도자는 자원봉사활동의 수준을 뛰어넘어 고도의 신체적 기능과 전문적인 지식이 요구되는 전문적 활동으로서 정착하는 과정에 있다.

그러므로 장기간에 걸친 교육과 훈련을 받지 않고서는 그 직업에 종사할 수 없다는 점과 고도의 자율성과 책임성이 수반된다는 점에서 전문직의 성격을 띠고 있다.

표 3-1. 사회체육 지도자의 지도 영역

구 분	종 류	활동범위
사회체육 행정지도자	문화관광부 및 각 시·도 행정조직의 생활체육과, 대한체육회 및 경기단체, 올림픽기념 국민생활관 등	사회체육분야의 법적인 업무, 시설관리, 프로그램계획, 예산·인사관리
사회체육 전문지도자	사회체육전문 프로그램 지도자, 사회체육학자 및 지도원	사회체육지도자를 육성하여 새로운 프로그램을 개발, 보급, 육성

구 분	종 류	활 동 범 위
스포츠 지도자	각종 스포츠 지도자, 코치	동호인 클럽 스포츠지도, 경기방법 및 기술향상, 새로운 고도기술 개발연구
레저, 스포츠 및 레크리에이션 지도자	수상전문지도자(래프팅, 윈드서핑, 스킨스쿠버, 요트, 등), 스키, 골프, 댄스스포츠지도자, 캠프지도자	레저, 스포츠 및 레크리에이션 활동의 기술 지도를 통해 건전한 여가활동으로서의 스포츠 레저 활동 보급지도
청소년 지도자	유소년스포츠지도자, 청소년활동지도자, YMCA·YWCA 체육지도자	유소년스포츠 클럽의 조직, 육성, 지도, YMCA·YWCA 활동을 통해 스포츠 레저 활동 보급지도
직장체육지도자	직장체육 및 레크리에이션 지도자, 경기지도자	일반직장인의 스포츠 및 여가활동을 장려 보급시키고자 직장체육프로그램 개발 보급 및 각 기업체간의 경기 진행
시설강습소 지도자 (민간스포츠시설)	영리목적 체육센터 지도자(기업의 헬스센터, 스포츠센터), 체육도장 지도자(태권도, 유도, 합기도, 검도, 헬스클럽, 에어로빅댄스 등)	교정운동 및 레크리에이션을 이용한 신체치료 및 신체부자유자의 재활운동 실시 및 지도
레저, 스포츠시설 매니저	체육관 및 운동장 관리자, 공원 및 휴양소 관리자	각종 스포츠 및 체육 시설의 운영·유지보수 등의 관리를 담당
체력 테스트 및 관리지도자	스포츠 센터 체력테스트 판정원, 체력 테스트 관리 및 지도자	교정운동 및 레크리에이션을 이용한 신체치료 및 신체부자유자의 재활운동 계획 및 실시지도
노인체육지도자	노인건강 관리사, 여가활동 지도자	노인을 대상으로 클럽을 조직하고 운동 프로그램 제시 및 여가활동지도
언론매체	신문사 체육부기자, TV방송 등의 체육부 PD, 체육관련 잡지사의 경영, 편집인, 기자	체육에 관련된 기사작성과 프로그램 제작 및 보급

6. 사회체육 지도자의 유형

사회체육 현장에서 지도자의 언행은 지도의 방법론과 불가분의 관계를 맺고 있다. 지도자의 인성과 행동 특성은 지도의 대상들에게 커다란 영향을 줄뿐만 아니라 지도내용에 대한 대상자들의 감각적, 주관적 만족에도 영향을 준다. 따라서, 지도자의 유형은 곧바로 지도의 성과에 직접적으로 연관되어 있다고 할 수 있다. 지도의 목표를 설정하고, 그 목표에 적합한 지도방법을 적용하고 경과를 평가하는 데 있어서 지도자의 사고나 행동에서 비롯되는 지도스타일이 나타나게 된다. 지도자로서 가르치는 스타일은 개인적인 자기 자신의 표현이며, 자기가 간직하고 있는 지도철학의 발현인 것이다.

1) 성격과 지도유형

(1) 지도자의 성격 유형

지도자의 성격은 지도 스타일에 그대로 반영되는 경우가 많은데, 버처(Bucher, 1978)는 지도자의 성격 유형을 다음과 같이 나누고 있다.

① 강 압 형

이 유형의 지도자는 계획・행동・사고의 방법이 매우 엄격하다. 강압적인 지도자는 독단적이고 고집이 세고 완고하다. 대상자 의사에 귀 기울이지 않고, 대상자들이 자기의 의도대로 따라 오기를 강요하며 전체가 통일된 행동을 고집한다. 대상자들의 관례가 상호작용에 의해서 이루어지기보다는 통제적이고 명령적이다. 대상자들의 개인 차이를 생각하지 않으며 그들의 흥미나 능력을 무시하여 지도의 분위기는 매우 엄격하다. 따라서, 대상자들의 자유스러운 대화가 없어 대상자들의 개인적인 감정이나 요구를 받아들이지 않는다.

② 회 의 형

약간의 편집병에 걸린 듯한 인상을 준다. 대상자들이 자신에 대하여 어떠한 음모를 꾸미지 않나 생각한다. 항상 여러 가지 일에 대하여 의심을 하고 있다. 동료들이나 다른 사람들의 사생활에 대하여 지나칠 정도로 알려고 하며, 대상자들을 가르치는 보람에 즐거움을 느끼지 못하고 항상 잘 웃지도 않고 다른 사람들을 자기 자신과 같이 믿고 받아들인다는 것이 매우 어려운 일이다. 그러므로 다른 사람들한테 신임을 얻지 못한다. 힘이나 권력을 가진 사람에게 반항적이며, 가르친다는 행동보다 개인의 습관이나 성격에 관심이 많다.

③ 허 풍 형

허풍선이 스타일의 지도자는 항상 새롭고 보다 화려한 사건에 관심이 많다. 조그만 사건이라도 화려하게 과장하여 표현을 한다. 또한 다른 사람들의 감정, 취미 등에 쉽게 동화되기도 한다. 이 스타일의 지도자는 가르치는 일보다 일어나고 있는 사건들에 관심이 많아 들리는 소문, 동료 지도자들의 사생활에 항상 관심을 기울인다. 허풍선이 스타일의 지도자는 항상 많은 문제를 일으키게 되어 말썽이 일어나는 경우가 종종 있다.

④ 충 동 형

이 스타일의 지도자는 계획성이 부족하고 모든 일을 신중이 생각하지 않으며 즉흥적인 행동을 할 때가 많다. 판단력이 부족하여 앞뒤를 가리지 않고 일을 결정하게 되므로 신임을 받지 못한다. 영구적인 목적이나 어떠한 가치판단에 의존하기보다는 현재 생활의 직접적인 관계에서 행동이 이루어지고, 최초의 인상이 행동의 근본을 이룬다.

⑤ 사 고 형

이 스타일의 지도자는 모든 사건에 대하여 분석하고 신중히 생각하여 개념화시켜 대상자들에게 접근한다. 문제의 토론이 매우 자유스러운 분위기에서 일어나고, 지도자는 조제사의 역할을 하기보다는 안내자로서 봉사한다. 지도자와 대상자와의 사이가 매우 화기애애하여 대상자들이 높은 수준으로 동기 유발되어 있다. 이 스타일의 지도자는 대상자들을 통제하지 않고 민주적인 환경에서 항상 과제를 제시하므로 대상자들은 흥미롭고 활기찬 분위기에서 활동에 임하게 된다.

(2) 지도자의 인성 특성

헤일(Heil) 등이 지도자의 인성 특성을 조사하여 분류한 6개의 유형은 다음과 같다.

① 자 발 형

자기주장이 강하고 요란스럽고 충동적이며, 매우 선택적이다. 또 유머를 좋아하고 틀에 박힌 일을 싫어한다. 인간관계보다는 지식이나 아이디어에서 더 만족을 얻으며, 위치에 대한 의욕이 적고 독립적이다.

② 정 돈 형

극기 혹은 자기통제력이 강하며 충동적인 행동을 피하고 권위에 대하여 순종한다. 무슨 일이든지 질서정연하게 이루어져야 안정감을 얻을 수 있고 지나칠 정도로 계획을 세우고 타인을 지휘하는 것을 좋아한다.

③ 공 포 형

환경에 위협을 주는 상황으로 자각하며, 의존적이고 양심적이며 규칙이나 전례를 엄격히 지켜나감으로써 자신을 보호하려고 한다.

④ 노 력 형

자기존경의 필요가 강하며, 적극적인 인정을 필요로 한다. 활동에 따른 성적을 높이기 위해서 노력하며, 인정적인 관계보다 일 자체에 더 큰 관심을 가지며 중요성을 부여한다.

⑤ 순 종 형

원만한 인간관계의 유지에 많은 관심을 두며 성인의 불찬성이나 비난을 피하기 위해서 힘쓴다.

⑥ 대 항 형

충동이 많고 으레 거절당할 것을 각오한다. 권위에 대해서 반항적이다.

2) 지도자 유형의 종류

지도방법을 크게 구분해 보면 전통적인 지도자 중심의 방법과 참여자 중심의 방법을 들 수 있다. 이 두 가지 지도스타일이 갖는 장점과 단점을 살펴보기로 한다.

(1) 지도자 중심의 지도방법

지도자 중심에서 활동의 체제는 대부분 엄격한 통제적 방식으로 이루어진다. 지도자 중심의 체제하에서는 지도코스가 어떻게 조직되고 가르쳐져야 하는가에 대한 결정권한이 대부분 가르치는 지도자나 코스를 제공하는 관리기관에 있다. 즉, 관리기관은 그 기관에서 제공하는 모든 프로그램이 원활히 운영될 수 있는 범위 내에서 각 코스의 기간과 시간, 장소 등을 결정하고 각 코스에서 가르쳐야 될 지도자를 결정한다.

지도자는 다루어져야 할 구체적 주제와 그 주제가 어떤 수준에서 다루어져야 할 것인가를 나름대로 결정한다. 뿐만 아니라 지도내용의 구조 및 계열, 내용제시, 지도방법, 진도 등에 대한 결정도 지도자가 내린다. 참여자들은 일반적으로 이 같은 결정에 거의 아무런 영향력을 미치지 못하고 지도자 자신의 결정과 제한적 요소에 의해 결정된 지도스타일에 맞추어야 한다.

지도자 중심의 지도자는 참여자들의 개개인에 대한 관심은 없고 전체 집단으로써 대상자들을 상대하여 집단적으로 활동이 진행되며, 대상자들의 개인적인 사정을 들어주지 않는다. 또한, 관리당국의 경영철학에 일치시키려는 전통주의 철학을 가지고 있으므로 전통적인 지도에 일치시키려 한다.

지도자가 시범을 하고 참여자들은 그대로 따라서 흉내 내도록 하고 평가하는 참여자들이 운동기능을 수행할 수 있는 능력이 아니라 지도자의 행동과 일치시킬 수 있는 능력에 중점을 두고 있다.

그리고 지도자 자신의 일정한 태도로 융통성 없이 가르친다. 예를 들면, 지도자 중심의 지도자가 드리블, 슛, 자유투를 가르칠 경우에 학습자가 성공적인 활동경험을 하였는지의 여부는 크게 중요하지 않다. 참여자들이 목표를 성공적으로 달성했느냐가 아니라 지도자의 지도목표를 달성했느냐에 중점을 두고 학습결과를 평가하며, 프로그램의 평가는 참여자들의 연습효과에 대한 관찰이 아니라 가르침에 대한 분석을 토대로 이루어지며, 이 분석이 참여자들의 학습에 영향을 주게 된다.

지도자 중심의 지도자는 어떤 면에 있어서 완전주의자이고 모든 참여자가 같은 방법에 의해서 운동기능이 이루어지기를 바라고 있다. 평가는 지도자의 기준에 의해서 이루어지고 기대했던 목표에 실패했을 때 지도자는 실망을 느끼게 된다.

자도자 중심의 지도자는 개인적으로 매우 엄격하고 그 엄격함을 지도상황으로 이전된다. 활동은 재미있고 흥미롭다기보다 지루한 감을 주게 되고, 참여자들이 성공하겠다는 내적 동기유발이 아니라 실패에 대한 창피함 등의 외적 동기유발에 의해서 활동이 진행되고 있다. 지도자 중심의 지도접근 방식의 체제는 〈그림 3-3〉과 같다.

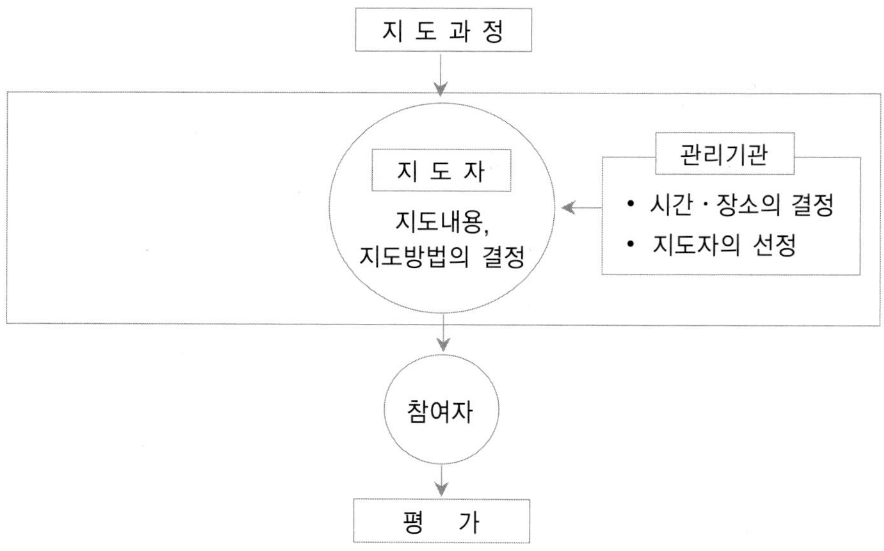

그림 3-3. 지도자 중심의 지도접근 방식의 체제

(2) 참여자 중심의 지도방법

참여자 중심의 활동체제는 민주적인 방식에 의해 이루어진다. 지도의 목표와 내용을 참여자들의 요구나 흥미에 적합하게 계획하고, 이를 달성하기 위한 노력도 지도자가 아니라 참여자 중심으로 기울여지게 된다.

참여자 중심의 지도에서 접근형태는 지도시간 및 장소 등의 선택에 이르기까지의 자신의 활동에 참여자 스스로가 자신의 진도를 결정하므로 필연적으로 동기수준이 높아야 한다. 또한 참여자 스스로가 자신의 진도를 결정하므로 관리기관의 보조나 지도자의 개인 스케줄도 상당히 융통성 있게 잡혀져 있어야 한다.

참여자 중심의 지도자는 운동기능을 가르치는 것에 만족하지 않고 참여자들이 신체의 활동을 통하여 즐거움과 성공의 기쁨을 느끼도록 하며, 운동기능의 챔피언이 되는 것을 기대하지 않으며 레크리에이션적인 게임을 할 수 있는 것으로 만족하고 있다. 참여자들의 기능수준의 개인적인 차이를 인정하여 모든 참여자들이 똑같이 이루어진다는 것은 불가능한 것으로 여기고 참여자들의 능력수준에 따라 활동을 전개시키고 개인의 잠재능력을 향상시키도록 강조하고 있다.

참여자 중심의 지도자는 매우 융통성이 많다. 상황에 따라 다양한 학습모형을 제시하여 참여자들이 꼭 달성하겠다는 내적인 동기유발이 있도록 하여 활동은 흥분 속에서 이루어지고, 참여자들은 자극적인 활동이 진행되므로 매우 적극적이다. 참여자 중심의 지도자는 초보자들을 싫어하지 않고 환영한다. 이것은 지도자 자신이 참여자에게 공헌할 수 있다고 믿고 참여자에게 최근의 기술이나 방법을 가르침으로써 참여자들이 전문적 기능을 습득하여 개인적인 성장을 이룩할 수 있다는 확신을 가지고 있기 때문이다.

참여자 중심의 지도자는 참여자 개개인에 관심이 있어 지도자는 모든 참여자들의 이름을 기억하도록 노력하고 그들의 요구나 흥미, 능력을 정확하게 파악하며 참여자들의 인간성 발달에 관심이 많아 상담자로서의 역할을 많이 하고 있다.

참여자 중심의 지도자는 참여자들이 자신에 대해서 많이 생각하도록 하고 자기 자신의 표현을 자유스럽게 하도록 하며 창조적인 문제를 제시하도록 한다. 스포츠 활동의 인지적 목표뿐만 아니라 정의적 목표에 관심을 갖는다. 참여자들이 신체활동의 가치를 알도록 강조하며 신체의 활동을 통하여 즐거움을 느껴 참여자들 스스로 새로운 신체적 활동을 찾아서 즐길 수 있도록 도와준다. 참여자들의 능력에 따라 연습할 수 있도록 다양한 연습프로그램을 제시하며 활동의 상황에 따라 같은 수준의 그룹으로 나누어 학습을 진행시키기도 한다. 평가는 여러 가지 목표에 따라서 이루어진다.

지적검사의 점수, 운동기능, 태도 및 행동의 결과 등을 포함시킨다. 참여자 중심의 지도자는 자기의 전공분야는 물론이고 다른 분야에도 관심이 많고 동료들과 잘 어울리며 모든 일에 협조적이다. 참여자 중심의 지도접근 방식의 체제는 〈그림 3-4〉와 같다.

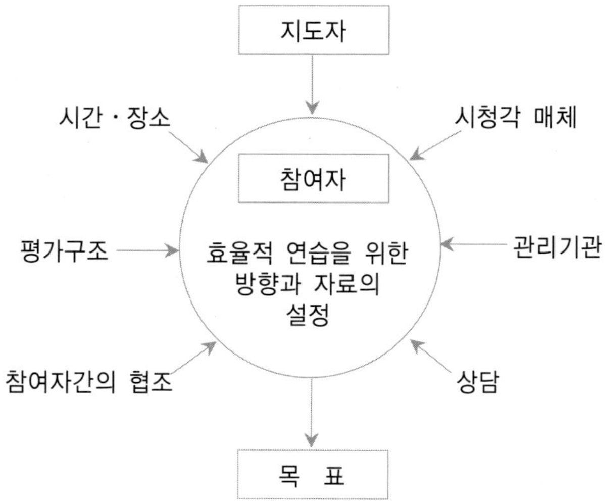

그림 3-4. 참여자 중심의 지도접근 방식의 체제

이상으로 지도자 중심 지도스타일과 참여자 중심 지도스타일에 대해서 살펴본 바와 같이 두 스타일 모두 그르치는 교재단원에 대해서 충분한 지식이 있어야 한다. 지도 스타일이란 것은 가르치는 접근 방법이 다를 뿐이다.

어떤 지도 스타일도 완전한 것은 없다. 모두 장점과 단점이 있다. 교수 스타일 역시 언어적으로 잘 묘사되어 있고 보다 쉽게 인지 또는 이해할 수 있도록 이론들이 정리되어 있으므로 모든 지도자들은 이 두 지도스타일의 요소들을 서로 혼합하여 참여자들을 가르쳐야 한다.

실제로 사회체육지도자들은 상황에 따라 가르치는 스타일을 변경해야 한다. 단체운동경기나 복식경기의 지도에 있어서는 지도자 중심의 방법이 효과적이다. 많은 참여자들을 동시에 지도할 때 참여자 중심의 방법을 이용한다는 것은 매우 힘든 일이다. 적은 수의 참여자를 지도할 때 또는 개인경기를 지도할 때는 참여자 중심이 효과적이다.

지도의 방법은 지도자 자신의 성격적 특성과 관련이 깊지만 어느 한 가지만의 지도스타일을 고집해서는 안 되며, 대상자의 연령, 동기수준, 활동전개의 상황에 따라 지도스타일을 적용해야 한다.

제 4 장

사회체육 지도의 대상과 영역

1. 시간과 장소

사회체육의 지도는 대상자의 분류에 따라서 장소가 다르게 이루어지는데, 그 장소는 가정, 학교, 도시, 농촌, 직장, 지역사회 등으로 나눌 수 있다.

1) 가 정

가정은 인간이 태어나고 생을 마칠 때까지 삶의 대부분을 영위하는 터전이다. 또 한 개인의 기본적인 인격형성을 위하여 도덕적 품성을 키우고 훈련하는 장소이다. 이러한 가정에서 생활을 어떻게 영위하느냐 하는 것은 개인의 건강과 삶의 형태에 중요한 영향을 미치기도 한다.

그러나 가정의 핵심은 개개인의 가족 특성에 따라서 다르다. 그러한 공동체 의식에서 가족들의 체력이나 운동능력도 다양하지만 가정에서의 체육활동은 전 가족을 대상으로 하는 것에 의의가 있는 것이다. 특히, 체력증진은 건강유지와 밀접한 관련을 가지고 있으며, 단순한 신체활동뿐만 아니라 보건활동과 영양섭취에 의해서 건강한 가정 만들기, 건강한 사회 만들기의 기초로서 그 중요성이 인식되고 있다.

따라서, 가정은 성과 연령이 다른 가족들이 서로 그 특성을 이해하고 존중하여 공통의 목표를 추구할 때 건강한 가정을 이루게 되며, 이러한 가정이 모여 사회를 구성하는 것이다. 이러한 가족 모두가 함께 참여하여 즐길 수 있는 종목을 선택하여 서로 협력하는 태도로써 참여할 수 있는 것이어야 한다.

2) 학 교

학교 체육활동의 구성요소는 교사와 학생(아동, 청소년), 그리고 학습환경이다. 교사의 체육활동에서 기대되는 가장 중요한 역할의 하나는 학생들의 운동기능 학습을 직접 도와주는 것이다. 학생은 교사라는 제한된 범위에서 운동기능을 습득한다. 그러나 주어진 시간과 활동의 제한된 교육과정에서는 형식적인 활동에 그쳐 버리는 경우가 많다. 그래서 부족한 활동량을 충족하기 위해서 자기가 필요할 종목에 사회체육지도자를 초빙하여 방과 후에도 학생들이 계속 활동할 수 있는 체육환경을 제공하여야 한다.

3) 도 시

과학과 기술이 급격하게 발전하면서 그와 더불어 인간생활의 새로운 양상으로 도시화가 이루어지고 있다. 도시생활은 인간을 자연의 혜택에서 멀어지게 하고 소외감을 줌으로써 신체적·정신적 불안정을 초래함으로써 생활의욕을 잃게 하고 있다. 그러므로 인간성 회복의 수단으로써 사회체육이 필요한 것이다.

인간의 사회생활은 곧 집단생활이며 그 집단을 떨어져서는 사회생활을 생각할 수 없다. 도시이건 농촌이건 간에 누구나 타인과 함께 집단을 이루며 살고 있다. 도시사회는 직업이 완전히 개별화되고 가정으로부터 분리되어 있다. 도시인들 사이에는 이웃도 모르고 몇 년이고 지나는 경우가 허다하다. 그렇기 때문에 도시인일수록 도시지역사회는 사회체육활동이 필요한 것이다.

말로만 도시생활이니 문화생활이니 운운하는 것보다 도시에 있어서 여가 생활의 문화적 의의를 깊이 인식하고 문화적 생활을 영위할 수 있도록 노력해야 한다. 그러기 위해서는 도시의 공공단체가 공원 및 시민을 위한 운동장을 설치하여 자연생활을 즐길 수 있도록 하고, 가정이나 사회에서는 사회체육을 통해서 건전한 사회를 이룩하는 데 힘서야 한다.

4) 농 촌

농업기술의 급격한 발전으로 인해 농촌에서도 변화의 조짐이 일어나고 있다. 새로운 유기농법과 수익성 좋은 특수작물의 영농기술이 개발되고 있다. 그러나 농촌 특유의 육체노동에 의한 피로, 여가의 부족, 현금수입의 불안전, 놀이에 대한 인식부족, 시설의 부족, 지도자의 부족 등이 원인이 되어 농촌지역의 사회체육은 정체되어 적극적으로 이 문제에 뛰어드는 사람도 없으며, 의욕도 상실되는 것 같다. 지역사회체육은 농촌일수록 중요하고 발전시키기도 용이하므로, 그 발전은 저해하는 생활습관을 개선하고 시설의 충실화를 기하는 것이 중요하다.

또 사회체육의 일상화에 노력하는 동시에 행사를 중요시하고 다 같이 즐길 수 있는 장이 되기 위해서는 지역의 특색을 고려해서 실시하는 것이 중요하다. 예를 들면 청도의 소싸움, 안동의 차전놀이, 놋다리밟기, 고싸움 등과 같은 것과 개인의 건강을 위하여 사회체육지도자를 선정하여 프로그램을 활성화하는 것도 바람직한 일이다.

5) 직 장

직장은 직업에 따라서 차이는 있으나 직장인 개개인을 결코 산업의 도구나 기계의 부속품으로 취급해서는 안된다. 사회인의 한 사람으로서 보다 나은 생활을 위해서 직장 안에서는 물론 밖에서도 건전한 인간성의 함양과 대인관계, 그리고 건강증진을 위해 힘써야 한다. 왜냐하면, 산업이 근대화·대규모화되면서 노동은 기계화되고, 노동시간이 단축됨으로써 여가가 증대되었다. 따라서, 이 여가를 어떻게 선용하는가 하는 것이 현대인의 생활에서 중요한 과제로 등장하고 있다.

직장근로자에게 공통된 문제점은 좋지 않은 환경에서 기계의 리듬에 맞추어 단조롭고 반복적인 작업을 해야 하므로 신체활동은 편중되고, 나아가 긴장감 내지 압박감을 느끼는 것이다. 따라서 근로자들은 창의성이 없고 수동적이 되며, 기계의 일부 또는 부속품과 유사한 역할을 함으로써 인간성마저 상실하게 된다. 그러므로 직장이나 기업체에서 근로자들의 여가시간을 이용하여 스포츠 혹은 레크리에이션 활동을 장려하고 지도하는 것은 그들이 느끼는 여러 가지 애로나 문제점을 해결하는 데 직접적으로 기여하는 것이다.

6) 지역사회

지역사회는 모든 사람들의 일상생활의 거점이며 일상적인 체육활동의 경험을 흡수하는 장소라고 할 수 있다. 예를 들면, 개인은 공공기간 주최의 스포츠대회에 참가하기도 하고 어떤 때는 운동회나 강습회에도 참가한다. 이 경우, 상업시설을 이용하기도 하고 직장체육시설, 학교체육시설을 이용하여 사회체육활동을 하기도 한다. 지역사회 체육은 지역사회주민들을 위해서 기쁨과 즐거움과 만족을 가져다주는 활동이며, 체육활동을 통하여 여러 주민들과 어울려 즐기는 기회를 갖게 되는 경우가 많다. 그리고 모든 이해관계를 떠나 동등한 위치에서 참가하게 됨으로써 평소의 사회적 신분이나 지위, 직업의식, 빈부차, 우월감 등은 모두 사라져 버리고 오직 기쁨과 즐거움이 가득 찬 분위기에 휩쓸리게 된다. 또한, 서로 이해하고 친숙해지며 화목한 가운데 일체감을 갖게 되면서 주민들이 화합으로 뭉치게 된다.

이러한 관점에서 볼 때 현대사회의 많은 개인적 · 사회적 문제를 해결하고 이상적인 지역사회의 발전을 위해서는 지역주민의 체육활동이 매우 중요한 가치를 지닌다고 본다. 또한 지역주민 개개인에게는 건강 증진, 인성 개발, 도덕성 배양, 사고 예방 등의 측면에서도 큰 가치를 갖는다고 말할 수 있다.

이와 같은 지역사회 체육활동은 주민의식 고취, 건전한 사회기풍 정착, 지역 공감대 형성, 지역간 결속 및 상호교류 전진, 지역사회의 조직화 등 지역사회 발전에 중요한 원동력으로 작용한다.

2. 사회체육 지도 대상의 분류

사회체육을 지도함에 있어서 지도의 대상자는 그 지도의 성격을 규정하는 데 매우 중요한 요건이 된다. 예를 들면, 지도의 대상이 아동일 경우 신체적 발달이 왕성하고, 청년 전기 또는 청년 후기에는 신체적 활동의 욕구, 자기표현의 욕구가 왕성한 시기이므로 그러한 욕구를 충족시키는 지도의 방향과 내용이 주가 되어야 하고, 지도의 대상이 중년이라면 그들이 갖고 있는 관심은 주로 건강 유지와 인간관계를 중요시하므로 그러한 지도의 내용과 방향으로 편성되어야 할 것이다. 또한, 아동기와 청년 전기는 스스로 활동을 조직하거나 행하여 나가는 자율성과 주체성이 완전히 확립되어 있지 않으므로 지도의 방법은 지도자 중심으로 활동을 전개하면서 자율적 활동능력을 기르는데 초점을 맞추어야 하며, 청년기 이후일 때에는 그들의 주체적 · 자율적 활동을 최대로 존중하여주고, 운동기능뿐만 아니라 사회체육 활동을 통하여 생활의 활력과 여유를 갖는 데 주안점을 두어야 할 것이다. 효과적인 사회체육지도를 위해서는 우선 대상자인 아동기·청년기의 신체적 발달, 지적 발달, 그리고 도덕적 발달의 특성을 이해하도록 하여야 할 것이다.

1) 아 동 기

(1) 발달과제

아동기는 유아기에서 볼 수 있는 개인 대 개인의 친구관계가 아니라, 마음이 맞는 친구들과 그룹을 지어 행동하며 공통의 감정을 갖고 같은 활동을 하려고 한다. 또 이 시기는 유아가 가정에서 벗어나 학교화로 순화해 가는 과정으로서도 취급될 수 있다.

특히, 이 시기의 특색은 구체적 사실에 직면하여 몸을 통한 사고 학습이 시작되어 그룹 활동을 통하여 사회성·도덕성이 발달하지만 중요한 것은 규칙이며, 여기서는 경쟁심을 수반하고 요구가 많은 역동적인 활동이 된다. 그래서 이 가운데서 여러 가지의 기본적 관념(수·공간·시간·인과·운동 등)을 두루 거쳐 지식·분별·사회적 능력 등이 발달하고 사고도 구조화되어간다. 마음과 몸이 안정되게 발달하며, 적응도 비교적 용이한 순조로운 활동기라고 할 수 있다. 그러나, 이 시기에는 기억이 주도적 역할을 하기 때문에 분별없이 기억력 향상에만 치우치다보면 지적 및 정서적 측면의 교육을 그르칠 수도 있다.

이 시기의 남자아이는 자만심이 두드러지게 커지며 여자아이는 감수성이 예민하고 부끄러움을 잘 타서 그룹에 섞이지 못하는 경우도 있다. 이 때 부모가 과도하게 보호하거나 지도를 잘못하면 혼자서 새로운 문제를 해결할 수 있는 능력을 갖지 못하게 되어 내성적이 되거나 성격에 결함이 생길 수도 있는데, 이 시기의 심리적 특성을 살펴보기로 한다.

① 저 학 년

아동기(6~11세)는 취학전기(유아기)와 중학교기(사춘기)의 중간에 위치한다. 아동기의 초기에는 아직 유아기의 심리적 특성이 많이 남아 있다. 그러므로 아동기는 어떤 의미에서는 유아기에서의 탈출 과정이라고도 할 수 있다. 취학전 유아의 특징을 한 마디로 표현하면 자기중심주의(egocentrism)적이라고 말 할 수 있다. 즉, 의식 속에서 자신과 타인의 구별이 불분명한 자타미분화적 상태가 계속적으로 유지되고 있다. 따라서, 자기 이외의 관점이나 생각이 있다는 것을 이해하지 못한다.

가정을 중심으로 여러 가지 상이한 가정교육을 받은 아이, 즉 사회화의 과정을 달리하는 아이들이 만 6세가 되면 초등학교에 입학한다. 이것은 마치 지금까지 가정이라는 온실에서 길러져온 분재가 화분에서 뽑혀 외부의 격렬한 자연의 뜰에 옮겨 심어진 것과 같은 것으로 아동 자신에게 있어서는 매우 큰 변화를 의미한다. 입학 초 6세 아동이 초등학교라는 새로운 뜰에서 생활을 시작하게 되면 처음 당분간은 불안감과 어리둥절한 감정을 느끼는 수가 많다. 그러므로, 교사는 아동의 상태를 잘 살펴 빨리 환경에 순응할 수 있도록 적절히 지도해야만 한다.

1학년 때는 아직 유아기의 자기중심주의가 남아 있으므로 눈앞의 구체적인 일들이나 구체적인 지시에 대응하는 데에만 그친다. 부모가 학교에서 돌아온 자기 자식에게 그날 학교에서 있었던 일들은 물어보아도 전혀 엉뚱한 대답만 하는 것은 이러한 이유 때문이다. 이런 까닭에 아동끼리는 더더욱 의사소통이 되지 않아 싸움을 하는 경우가 잦다. 이것을 어른의 입장에서 보면 두 아동 모두 제멋대로 행동하는 버릇없는 아이로 보여질 수 있다. 따라서, 교사는 상황을 잘 파악하여 구체적인 지도를 해야 하고 또 그럴 때는 아동의 주의를 교사에게로 향하게 하는 것이 중요하다.

이 시기 아동의 집단놀이 인원을 3인 정도로 하면 사회성이 발달하지만 인원이 많아지면 놀이가 잘 이루어지지 않는다. 그 이유는 이 시기의 아동들이 사물을 연관지어 파악할 수 없기 때문이다. 그리고 집단의 놀이나 경기를 위한 규칙을 충분히 이해하지 못하며, 집단끼리 승패를 겨루는 것에 대해서 크게 흥미를 갖지 않는다. 따라서, 교사는 규칙을 조금씩 가르치고 친구들과의 경기의 즐거움을 경험시켜 나가도록 해야 한다.

1학년 아동에 있어서 교사는 절대적인 존재이다. 따라서 그들은 교사에게 강하게 의존하고 있다. 그러므로 교사가 이 시기의 아동에게 미치는 영향은 매우 크다고 할 수 있다.

2학년이 되면 1년간 학교생활을 체험했기 때문에 학교에 어느 정도 적응이 되어서 마음이 여유가 생겨나서 대부분의 아동은 구김살 없이 활발하게 행동하게 된다. 1학년에 비하여 여러 가지 측면에서 상당한 진보가 이루어지는 시기이다. 이 시기가 되면 자기중심주의는 점차 사라져가고 객관적인 이해나 사고가 가능해져 간다. 마음에 들지 않는 일이 있는 경우에 바닥에 주저앉아 울거나 상대방을 때리거나 하는 공격성이 점차 사라지며, 말로 호소하는 일이 많아지고, 말하는 단어의 수가 증가한다. 따라서, 논의도 조금은 가능하게 된다.

2학년의 논의에서는 자기의 흥미에 맞는 일이라면 상대의 논의에 관계없이 행해진다. 이것은 혼잣말이나 집단적 혼잣말, 방자함이나 싸움 등과도 관계가 있다. 이 싸움과 방자함은 아동기의 큰 특색이지만, 이것도 자기중심주의에 기인한 것이다. 이 시기에는 교사의 말에 잘 귀 기울여 그 내용을 이해하게 된다. 그리고 수리관념의 발달이 현저한 시기이기도 하다. 사회성의 면에서도 집단의 놀이나 경기의 즐거움이 조금씩 이해되어 가며 1학년보다는 집단놀이나 경기가 가능해져 그것을 통하여 여러 가지 측면의 발달이 촉진되어 간다.

한편, 아동기에는 저학년일수록 개인차가 현저하다. 특히 정보사회의 소용돌이 속에서 자란 현대의 아이들에게 이 차이는 매우 현저하게 드러난다. 우수한 아동은 자력으로 어느 정도 진보할 수도 있지만, 열등한 아이는 도움이 없으면 그 능력을 쉽게 신장시킬 수가 없다. 따라서, 교사는 뒤떨어진 아이에게 보다 많은 관심을 기울일 필요가 있다.

2학년에 있어서의 학급집단내의 아동간의 결합은 1학년 때보다 강하게 되지만, 대부분의 아이들은 여전히 교사에게 강하게 의존하고 있다.

② 중 학 년

3학년이 되면 학교생활에 충분히 적응하며 적극적으로 활동하게 된다. 관심이 외부로 향하여 외계에 대해 매우 수용적으로 변하게 되므로 상급생이나 어른의 영향을 받기 쉽다. 학동기가 학습기라고 불려지는 것은 특히 이 시기에 나타나는 특징 때문이며, 이러한 외계에 대한 관심에 의해 스스로 발견할 수 있는 여러 가지 현상에 대해 호기심을 갖고 해석하려고 하고, 새로운 지식을 습득하는데 즐거움을 느끼게 된다.

이것은 동화적 세계에서 현실적 세계로 자기중심적인 세계가 사회화되는 과정으로서 점차 현실적 태도로 사물을 접하며, 그것을 객관적·논리적으로 포착하려고 하게 된다. 또한, 지적 관심은 주변의 것에서 점차 먼데의 것으로 확대되어 간다. 흥미가 환기되면 수업에도 열중하게 된다.

최근에는 매스컴의 영향으로 놀랄 만큼 다양하고 전문적인 지식을 지닌 아동도 있다. 그러나 이러한 지식도 단편적이고 단순한 나열에 그쳐 그것들의 내용을 통일적으로 간추려 조리있게 이해하는 수준까지는 이르지 못한다. 그러나 이런 현상도 우수아와 열등아 사이에 큰 차이가 있다.

흥미나 호기심에 의한 세계의 확대가 함께 신체의 능력도 발달함으로써 때로는 난폭하게 날뛰어 언뜻 보기에 침착성이 없다고 보여지는 수도 있으나, 흥미를 지속시킬 수 있도록 해주면 차차 침착성이 나타나게 된다.

교사에 대한 의존성은 여전히 높지만 친구들끼리의 결합이 점차 강해져서 사람수도 평균 6~7명 정도로 많아진다. 집단으로서 가장 활발한 움직임이 보이는 것도 이 시기인데, 학급 안에서 비슷한 능력이나 같은 성격을 가진 친구들끼리 모여서 몇 개의 그룹을 형성해 간다. 그래서 차차 개성이 있는 아동이 리더 역할을 수행하게 된다. 집단으로 활동할 때는 자기와 타인과의 관계를 객관적으로 볼 수 있게 되는 까닭에 친구들보다 앞서 있을 때는 즐겁고, 뒤떨어져 있을 때는 부끄럽게 생각하고, 노력하여 따라 잡으려고 하는 마음도 생기고, 친구들로부터 비난받거나 비웃음을 당하는 것을 두려워하는 마음이 강해진다.

집단 안에서 개인은 일정한 지위와 역할을 부여받아 스스로 지배·피지배의 관계를 조성하며, 그 가운데서 한 사람 한 사람의 성격도 형성되어 간다. 물론, 학교는 아동의 성격형성의 장으로서 중요한 의미를 갖는다고는 하지만, 집단 안에서 언제나 친구들로부터 지배당하고 있는 것 같은 아동은 강한 열등감을 의식하게 된다.

원래 열등감은 우월감과 표리의 관계에 있으며 자기를 타인보다 우월한 지위에 두로 싶어하는 강한 욕망이 있음에도 불구하고 현실에서는 능력부족의 탓으로 일어나기 때문에 우월감이 강한 아동이 도리어 열등감을 강하게 느끼게 되는 경우가 많다. 그리고 이 강한 열등감은 그 대상행위로서 종종 난폭해지거나 약한 아이를 괴롭히거나 거짓말 같은 반사회적 행동으로 나타나게 되는 것이다. 또 어떤 때는 거꾸로 집단에 들어가는 것을 피하여 자기의 세계에 갇혀 외부로부터의 도움을 일절 배제해 버리는 경우도 있다.

이런 아동에 대해서는 열등감에 빠지지 않도록 환경을 설정하여 질책이나 욕・비웃음 등은 피하고 실패의 원인이 될 만한 것을 줄이고, 한편으로 용기를 북돋아 주거나 자신감을 갖게 하는 자극이나 기회를 부여하는 것도 필요하다. 친구들과의 그룹 활동이 원활히 행해지는 곳에서는 규칙이 만들어지는데, 전원이 협력하여 이것을 지키게 된다. 이리하여 스포츠 형식의 경기쪽으로 흥미가 높아져 4학년에서는 친구끼리 심판도 가능하게 된다.

4학년 정도 되면 지금까지 이상으로 개인차가 눈에 띠게 되므로 개개인에 상응한 지도에 특별히 유의할 필요가 있다. 예컨대, 중학년은 급속한 지각발달과 함께 호기심도 강해져 행동반경이 확대되어 가는 중요한 시기이므로 교사는 아동 한 사람 한 사람이 자신의 능력을 충분히 발휘할 수 있도록 지도하는 것이 중요하다. 힘이 약한 아이나 발언이 적은 아이는 도와주고, 강한 아이나 발언이 많은 아이는 억제하여, 역관계에 의해 지배되기 쉬운 학급사회를 협력적이고 개방된 민주적 원리에 의해 지배되도록 유도하는 것이 중요하다. 특히, 이 시기의 아동에 대해서 교사는 능력이 있는 아동이나 뛰어난 아동에만 관심을 기울여서는 안되며, 학급 전체의 아동이 만족할 수도 있도록 신경을 쓰는 것이 중요하다.

③ 고 학 년

고학년이 되면 흥미는 점차로 고정화되기 시작해 특히 좋아하고 싫어하는 관계가 명백해지며, 잘 하는 교과목과 싫어하는 교과목이 생겨나게 마련이다. 따라서, 자기의 특징을 타인에게 과시한다든가 관심을 끌기 위하여 고의적으로 엉뚱한 행동을 하는 경우도 있다. 그래서 자기를 인정해 주었을 때는 친구의 능력이나 특징에 대해서도 비교적 바른 평가를 내린다. 또한, 교사가 편애하는 것에 대해서도 민감해져서 자칫하면 교사에게 반항하는 일도 생길 수 있다.

논리적 사고능력은 보다 고차원적이라는 것을 보여주며 언어능력이나 독서능력의 발달도 현저하여 신문을 보는 시간도 많아진다. 6학년 정도 되면 상대방이 하는 말의 의미에 대해서 자기의 발언을 관계 지으려고 노력하거나 공통의 화제를 문제 삼으려고 한다. 이렇게 상호간에 지적 이해가 될 정도가 되면 건강과 운동과의 관계나 학습활동과 연습의 순서나 단계에 대해서도 이해할 수 있게 되므로 이 시기에 적절한 지도를 해두는 것은 대단히 효과적이다.

또 이때부터 놀이친구가 3~5명으로 줄어들고, 교제의 방법도 변하여 사이좋은 친구가 생기게 된다. 이렇게 친구의식이 강해지는 반면, 좋고 나쁨을 떠나서 리더십(지도력)이나 팔로십(복종심)도 발달하게 된다. 즉 이것은 그룹 내에서 자기의 역할을 충실히 하려는 책임감이 강해지고 협조성이 높아지는 것을 나타내고 있다. 그래서 그룹 여하에 따라 비밀의 위급한 놀이에 빠지거나 소수의 아동을 고립그룹으로 몰아놓거나 하는 일도 일어나기 쉬우므로 교사는 이러한 집단의 개성화에 대해서는 적절하게 배려할 필요가 있다.

이 시기에는 중학년 경의 다수가 함께 놀 수 있는 집단놀이에의 관심은 줄어들지만 일반적으로 집단적으로 하는 경기는 활발히 행해져 경쟁심은 왕성해진다. 또 상대를 비판하거나 상대편의 상태에 응해서 작전을 기획하는 일 같은 것도 하게 된다.

6학년이 되면 자기를 의식하는 경향이 강해지면서 점차 개성이 뚜렷해지기 시작한다. 자기를 의식한다는 것은 동시에 타인을 의식하는 것이 가능해짐을 의미하는 것이며, 상대의 입장을 고려해서 행동을 자제하기도 한다. 집단 내에서 이것이 행해지면 집단이 한 층 더 통일적인 단체 활동을 취할 수 있게 될 수 있는 반면에 개성화로 인하여 집단의 분화가 일어나 집단의 재조직화가 이루어지는 경우도 있다.

이러한 경우에는 교사의 적절한 학급지도 조처가 필요하다. 교사는 개성존중의 교육이 이기주의에 치우치지 않도록 신경을 쓰면서 학급을 민주적이고 절도있게 지도할 필요가 있다. 원래 교육은 다방면으로 발달한 전인 육성을 지향하고 있기 때문에 성장 초기라고 볼 수 있는 초등학기부터 아동개개인의 의사를 존중하여 제멋대로 행동하도록 방치하는 것은 결코 개성을 존중하는 교육이라고 할 수는 없을 것이다. 개성을 존중하는 교육은 인간을 저차원의 통일성에서 고차원의 통일성으로 발전시켜야 하는 것이다.

중요한 점은 이 시기가 아동기 후기로써 인간으로서 갖추어야만 할 인지영역, 신체영역, 그리고 정의영역의 능력이 발달을 거듭하여 어느 정도 수준에 오르게 되고, 전체적으로 안정감을 보이며 몸과 마음이 함께 충실한 상태로 촉진되어 가는 시기라는 점이다.

특히 6학년은 최상급생으로서의 자각도 갖고 있으므로 지도하기 쉬운 학년이다. 고학년에서는 심신의 성차가 두드러지게 나타나 여자는 남자보다 빨리 성숙하게 된다. 더욱이, 긴장감이나 수치심, 그리고 미성숙으로 인한 열등감 등이 생기는 일도 있으므로 굳이 남녀의 차를 강조할 필요는 없지만 지도상 고려해 둘 필요는 있을 것이다.

(2) 발달과제와 교과와의 관계

아동들의 발달과제를 도와 이것을 정확한 것으로 하기 위하여 예를 들면, 과학은 인과 관계를, 역사는 시간의 관계를, 지리는 공간의 개념을 배양한다는 등으로 학교의 교과가 설정되어 있다.

지육(인지영역-지식)・덕육(정의영역-의욕적 태도)・체육(신체생명영역-기능이나 체력)과 발달과제의 관계를 나타내는 <표 4-1>과 같이 된다.

표 4-1. 발달과제의 관계

과제 / 발달	psycho-somatic domain(体)	affective domain(德)	cognitive domain(知)
청춘기	남자 : 22~23세경 발달 여자 : 20세 완료 성차에 의한 체형	가치에 기초한 도덕 의무로서의 도덕 애정 인격적으로는 도식적이고 인공적인 점이 남아있다. (불안정과 혼란이 많다.) 타인의 발견, 타자와의 일체화 자기와 주위와의 균형 자아의 적극적 긍정 자율성의 획득 심리적 이유 완료	추상적 사고 능력의 발달 원칙・체계에 도취한 사고 문화적 가치에 정열을 쏟음 흥미의 확대

과제 / 발달	psycho-somatic domain(体)	affective domain(德)	cognitive domain(知)
사춘기	호르몬계·성숙 사춘기 현상 제2신장기	스스로 부과하는 요구로서의 도덕 우정 인적모델의 자기동일화 주변인 감정이 정신생활에 우위차지	개인적 능력이 명확하게 되는 개념적 사고의 발달(법칙·환경의 개념) 감수성·상상력의 증대 자자의 발견과 동요 부모로부터 심리적 이유
아동기	성적인 것의 잠재기 생명력이 높고 활동적 몸의 항상적 발달 (심신의 안정기)	규칙에 기초한 도덕 일의 태도의 형성기 적응이 용이, 순종 경쟁심이 왕성	사회적 의식의 발달 관계적 사고 과학적·심리적 인과관계 기억의 주도
유아기	기초적 습관의 자립 (몸의 자동화)	습관으로서의 도덕 자연 감정이 싹틈	놀이와 일의 분화 적극적 참가 혼동적 사고 실용적 지능(몸으로 생각한다) 언어의 습득
	신경감각운동을 기초로 하여		

① 지 육(智育)

◈ 수(數)에 대하여

수의 가감은 수의 구체적 조작에, 수의 곱과 나누기는 수의 추상적 조작의 촉진에 각각 필요한 것으로 되어 있다. 따라서, 학동기의 산수교육은 수에 기초하여 아이를 양과 측정의 세계에 관여시키려고 의도한다. 원래 수는 추리를 가능케 하는 신호에 지나지 않는 것이지만, 이 의미의 산수는 고학년 말경에 싹트는 것이다.

◈ 공간(空間)에 대하여

자기의 몸이나 물체를 조작하여 그 위치를 결정하거나 보행이나 감각훈련을 언어의 도움을 빌려 자기 혼자서 행하거나 하는 것은 공간에서의 현상인데, 이것을 인식하기 위해서는 시청각이나 촉각·체감각 등 감각기관의 도움을 받지 않으면 안 된다. 지리는 이러한 능력을 발달시키는 교과로 되어 있다. 따라서, 지리를 학습하면 여러 가지 현상의 용어나 장소의 이해나 설명이 용이하게 될 수 있게 된다. 특히, 지도나 도면에 의해 장소의 인식이 더욱 명확해지며 지평의 확대와 표상화가 이루어진다. 즉, 당초의 이해는 단편적이지만 점차 여러 가지 지리적 현상을 관계짓고 보다 깊은 해석이 될 수 있게 된다. 또 사진이나 필름, 영화 등 구체적인 실상에 접함으로써 공간표상은 확실한 것이 된다.

그러나 본래 이 종류의 관계짓기는 공간인식 외에 역사적·인과적 인식이 수반하지 않으면 안 된다. 이런 뜻에서 지리나 역사 교육은 가급적 지적 학습 외에 관찰이나 조사 등이 활동적인 방법에 의한 학습을 도입해 나가야 할 것이다. 왜냐하면, 손이나 몸을 사용하는 일에 의해 두뇌의 작용(사고)을 쉽게 하기 때문이다.

◈ 시간(時間)에 대하여

유아기에는 시계의 시각이나 날짜 정도는 말할 수 있지만, 과거에 생긴 일이나 현재와 과거의 구별은 할 수 없다. 이런 종류의 역사적 시간관념이 가능할 것은 학동기에 들어 역사를 배움으로써 사건의 유대관계가 이해되고 시간관념이 조직화되어 가는 것이다.

◈ 인과(因果)에 대하여

인과에는 심리적 인과관계와 과학적 인과관계가 있다. 전자는 아이가 일으키는 여러 가지의 인과적 사건이며, 주객미분화의 자기중심적인 사고가 지배적인 유아기에 보여진다. 후자는 현상간에 존재하는 필연적·항상적 인과관계로 9세 이후가 아니고서는 이런 종류의 이해는 하지 못한다고 되어 있으나, 이러한 인과관념은 인과교육에 의해 촉진된다. 그리고 나아가 고학년 말경에는 현상간의 법칙성에도 익숙해져서 간단한 법칙 등은 이해할 수 있게 되지만, 물리적인 법칙은 이해한다기보다 아직 암기한다는 데 불과하다.

「안다」는 것은 기억에 머물러 있는 관념을 어떤 관계에 입각해서 조직화해

나가는 것으로 많은 사실과 현상을 기억에 의해 수집해 나가는 일은 아니다. 이러한 지식은 살아 있는 지식이 아니다. 살아 있는 지식은 아이의 욕구에 입각해서 아이가 그린 욕구의 세계에 연구심과 문제의식을 키워나가는 일일 것이다. 이렇게 하여 키워진 산지식은 현실의 이해에 쓸모가 있는 표상을 안겨주고 있는 것이지만, 이러한 지식의 수준에 도달하는 대로 표상을 구성하고 있는 요인간의 관계파악을 위한 훈련이 되어, 판단력이나 추리력 등 선택능력이 형성되는 것이 필요하다.

학동기의 사고는 이렇게 연령의 발달과제에 어울리는 기본적 개념이 잘 정리·조직화되어 그 아동대로라도 통일되어 있으면 좋지만, 아동의 내면에 연구과제와 방법을 조직화 하는 데는 시간과 노력이 걸리는 일이다. 이것은 어느 정도의 시행착오를 필요로 하는 까닭이기도 하다.

② 덕 육(德育)

아동은 부모의 애정을 바탕으로 가족과 희노애락을 공유하는 일에 의해 가족고유의 일원이라는 것을 자각한다. 귀속감정은 가족 가운데서 형성된다. 그래서 성격형성을 좌우하는 부모의 모델링은 결정적이라고 할 수도 있겠으나, 이 밖에 원칙적인 일들은 이미 학교나 가정의 일상생활 가운데서도 행하여져 거의 이 시기에 완성된다고 말할 수 있다.

어쨌든, 성격의 형성에는 친구나 집단의 영향이 크게 작용하므로 우리들은 그들이 친구를 돕거나, 도움을 받거나, 그리고 친구들과 무엇인가를 같이 노력하여 성취하는 것을 방해하지 말도록 함과 동시에 그들이 나아가 그룹 활동을 할 수 있게 도와주어야 한다.

그런데 아동이 학교에 입학하게 되면 어머니는 재취업해서 맞벌이하는 가정이 많다. 이런 가정의 아동은 학교에서 돌아오면 열쇠동이로서 집에서 군것질하며 TV를 보거나 학원에 가는 등 가정에서는 가족과 함께 할 수 없는 시간이 많아진다. 따라서, 가정에서 아동이 가족과 일체감을 갖도록 하기 위해서는 가정생활에 있어서의 공통영역의 일인 청소나 심부름은 가족 모두가 분담해서 당번제로 한다든가 해서 협동하게 하는 것이 좋다. 또 아동들의 심부름에 어른들은 감사의 뜻을 표하도록 하고, 부모가 할 일을 대신 아이들에게 시키는 일은 결코 해서는 안 된다.

또 학교에서는 학급회의 일거리를 할당하거나 클럽에 적극적으로 가입시켜 아이들 자신이 운영하게 하면 아이들의 체력은 물론 자발성이나 단결심·책임감이 길러지고 그 외에 규칙적인 생활이 되어 또 그룹을 조직하여 활동을 실행해나감에 있어서의 문제해결능력도 길러진다. 지역에서는 여러 가지 청소년 스포츠클럽·스카우트·YMCA·YWCA 등 여러 가지 레크리에이션단체, 사회교육단체 등의 소년부에 가입시키거나 해서 사회적 욕구를 만족시키는 기회를 부여하는 것이 바람직하다.

다음은 도덕성의 육성에 대해서인데, 이 시기의 도덕교육은 사회성의 교육이기도 하고 학동기는 스스로의 행동의 의미와 그 적용범위를 그룹 활동안에서 알기 시작하는 시기이므로 그것들의 이해의 범위 안에서 규칙을 제시하여 수용시키게 하는 것이 좋은 것이다. 또, 이 시기 아이들의 게임은 참가자 전체가 게임을 성립시키는 규칙을 알고 있어 이 규칙의 기초 아래 게임이 행해지므로 위반한 자는 벌을 받는다.

이에 따라 아이들은 사회에 있어서의 약속과 협동을 기반으로 하는 질서나 도덕을 알게 된다. 그들에게 있어서 좋은 일, 타당한 일로 인정한 약속 등은 그들의 행위의 규칙이 되므로 이 약속이 지켜지지 않거나 또 학급에서 결정한 일, 놀이의 규칙이 침범당하게 되면 노여움이 되어 싸움이 된다. 이렇게 학동기의 도덕성의 규준은 주로 규칙성에 있고 규칙에 바탕한 도덕으로 가장 중요한 것은 공정함·서로 돕기·충실함 등이므로 이것들의 특성을 갖추지 못한 교사나 어른·친구 등은 싫어한다.

이 시기의 이성교육을 위하여 가장 좋은 방법은 그들에게 남녀공학을 경험시키는 일이다. 11세경까지 남녀 아동은 지능면에서 성차가 별로 없고, 또 성적 발달의 면에서도 자연히 남녀의 특성이 두드러지지 않기 때문에 공학교육에 큰 문제가 일어날 소지가 적다. 한 자녀 가정이 많은 오늘날에는 이 시기에 공학을 경험시키는 일이 권장되고 있다.

한편, 누구든지 이 시기의 아이에게 미적 감각을 기르고 싶어 하지만, 오히려 이것은 감각적 경험의 관념화를 지향하는 것이 바람직하다고 한다. 물론, 미적 감각이 있는 것은 국어교육이나 미술교육으로 길러지고 있다고 말할 수도 있겠으나, 국어의 독해나 작문의 학습 등은 말하자면 교양적인 것으로서 널리 인격의 형성에 다양한 영향을 주는 것이다.

따라서, 이 시기에는 예술미에 직접 접촉시키기보다도 그것을 강조한 문학작품을 몇 개 외우게 하여 이것을 때때로 감정을 곁들여 낭송시키도록 하는 일들이 좋은 것이다. 이 시기의 아이들에게도 낭송이라고 하는 것은 다분히 따분한 일임에 틀림없다. 그러나 이것은 다음 세대에 이르렀을 때 미적 감정으로 승화될 수 있는 미적 이해의 원천으로 작용할 수 있을 것으로 사료된다.

오늘날 아이들에게 기악을 배우게 하는 가정이 많아지고 있다. 특히 여자아이를 둔 가정이 그러하다. 예를 들면, 우리나라에서도 최근 빈소년합창단과 같은 코러스그룹이 탄생하고 있는 것과 같이 일주일에 몇 번은 코러스로 음악을 즐길 수 있게 될 것이다.

코러스는 음악교육 외에 사회성의 교육으로서도 크게 가치가 있다.

다행히 오늘날에는 음악이나 미술 등의 예술 작품이 매스컴을 통하여 자연스럽게 소개되고 있으므로 아이들이 예술적 감수성을 깊게 할 수 있는 기회가 한층 더 많아 졌다고 볼 수 있다. 한편, 이러한 간접경험에 호소하는 학습이 아이들의 직접경험과 너무나도 동떨어진 내용으로 주어지게 되면 자기 스스로 힘으로는 실제 행동이 되지 않는 말뿐인 이론만 캐는 아이를 키우는 결과가 될 것이다.

이 점을 고려할 때 도시지구에서는 이런 종류의 감각 교과에 한해서 전과제로 전환하는 학교도 늘고 있다. 초등학교의 전 과제는 일장일단이 있겠지만 전과교원에 의해 아이들 독자의 예술적 감수성이 인정받게 되어 그 아이의 소질이 신장되면 이보다 더 좋은 일은 없을 것이다.

③ 체 육(體育)

이 시기의 운동교육은 아이들의 심신이 안정적이고 활동적이기 때문에 쉬울 수도 있다. 아이들은 한번 흥이 나면 피로할 때까지 모든 것을 잊고 오직 운동에만 몰두하며, 이러한 과정에서 조정력 · 민첩성 · 균형성 · 유연성 · 근력 · 순발력 · 운동의 정확성 등과 같은 신체 조작 능력이 크게 발달하고, 이를 통하여 생체 내부의 기능도 왕성하게 된다. 또 자신감이나 안정감 · 침착성 등의 심리적 특성도 강화되어 냉정하게 사물을 주시하고, 일을 처리할 수 있게 된다. 일반적으로 운동은 신경계의 원활한 유통에 기여하며, 운동의 레벨이 상승할수록 그에 부합하여 각 신체기관은 활력을 갖게 한다. 이렇게 개인의 내부 환경이 잘 갖추어져서 대사활동이 활발하게 작동하면 외부환경과의 조화나 협조·경쟁 등과 같은 사회적 성향도 동시에 잘 발달하게 된다.

성장·발달이 왕성한 시기에는 될 수 있는 한 운동을 많이 시켜야만 한다. 이를 통하여 아이들은 체력을 향상시킬 수 있으며 동시에 정신력을 강화하는 기회를 얻게 된다. 이렇게 아동의 몸과 마음을 건전하게 발달시키기 위해서는 그들에게 전력 달리기·뜀뛰기·돌기·씨름·등산 등과 같은 다양한 운동경험을 제공해 주어야만 하고, 이를 통하여 여러 가지 능력을 키울 수 있도록 배려해야만 한다. 어린이들에게는 때때로 추위·더위·배고픔·운동·공부·심부름 등 싫은 일을 감내하는 인내력도 요구된다. 쉬울 일·재미있는 일들만 시켜서는 결코 심신이 골고루 건강한 아이로 자라지 못하며, 심신 모두에 저항력이 생길 수 있도록 철저하게 조처해두지 않으면 언젠가 나쁜 곳이 한 가지라도 생겼을 때 그것이 화가 되어 몸 전체를 파멸로 이르게 할 수도 있다.

이렇게 볼 때 아이들에게 가정·학교·지역의 여하를 불문하고 신체운동이나 스포츠 활동에 많은 시간을 할당하고, 또 운동을 안심하고 행할 수 있는 장을 확보하여 주는 것이 필요하다는 점이 한결 명확해진다. 최근 들어 지금까지 아이들의 가장 좋은 놀이 공간이었던 골목이나 이면도로가 자동차에 의해 완전히 점유되어 버렸다.

어쨌든 아이들에게는 평일은 제외하고라도 토·일요일에는 적극적으로 신체운동에 시간을 할애하고, 봄·여름·겨울의 방학 때는 그 계절에 적합한 스포츠나 숲 속, 해변 등지에서 운동을 즐길 수 있도록 배려해 주어야 한다.

이상에서 진술한 바와 같이 학동기 아이들의 교육에서 구체적인 신체활동에 의한 교육이라는 뒷받침 없이는 관념적 사고의 교육도 할 수 없는 지경이므로 실천적 활동을 통한 체험교육이 될 수 있도록 각별히 노력하여야 한다. 즉, 이 시기 아이의 발달과제를 잘 파악하기 위하여 아이 자신의 자발성과 표현방법이 잘 드러나는 실제의 활동이나 연구 작업에 참가하는 노력도 기울여야만 한다. 아이의 건강한 발달에 운동은 정말로 좋은 「훈련」재료가 될 수 있다.

(3) 건강한 단련 방법

여기에서는 아이들의 발달과제에 입각해서 일련의 단련방법을 언급하도록 하겠다. 아이들의 발달과제는 한편으로 자연스럽게 이루어지는 성숙을 돕는 일이며, 다른 한편으로는 사회 환경의 영향 하에서 잘 적응하며 생활할 수 있도록 돕는 일이다. 전자는 인간이 한 생명체로서 자신의 선천적 능력을 발현시킬 수 있도록 해주는 힘의 방향이며, 후자는 아이들이 사회에 동화·통합하여 어떤 규범 속에 놓아두고자 하는 힘의 방향이다. 아이는 이 두 가지의 힘의 방향의 중간에 위치해 있으며, 그 가운데서 자신의 독자적으로 예견 가능한 창조적 힘을 발휘해 나간다. 즉, 아이들은 각각 복잡 다양하고 부단한 자기발견의 운동을 되풀이하면서 성장해 가는 것이다.

아이들을 단련시킨다고 할 적에 그 단련은 지능·감수성·신체·성격 등을 포함하는 통합적인 인간 육성을 목표로 하지 않으면 안 된다. 지도자는 정상적이고도 자연적인 방식으로, 그리고 학습자 자신이 깊이 공감할 수 있는 방식으로 아동을 지도하여 전인적인 인간으로 키울 수 있도록 해야만 한다. 이러한 방식을 통하여 이루어지는 단련이 바로 건강한 단련법인 것이다.

지도자 측에서 보면 「단련」이란 그 아이가 갖고 있는 개성을 최대로 발현시켜 주고, 풍부한 자기 발견의 기회를 부여해 주며, 아이의 발달과제에 입각해서 수련할 수 있도록 전력을 다하는 일이다. 참된 교육이란 이러한 일련의 과정을 지칭하는 것이다. 달리 표현하면 참된 「단련」이란 것은 선천적인 자질과 후천적 조건에 깊이 의존해 있는 아동으로 하여금 자신의 능력을 적절하게 사용하여 창조적 역량을 최대한 계발할 수 있도록 시기적절하게 도와주는 일이라고 말 할 수 있다.

다음으로 스포츠를 통해서 이루어질 수 있는 건강한 단련법의 구체적 예를 들어보도록 하자. 스포츠의 장면에서는 "시합 때만 되면 평소의 기록이 나오지 않는다." 라든가 "기술이 침체상태에 빠져 기록이 안 나온다."라는 말이 흔히 들린다. 이와 같은 문제의 원인은 단순히 트레이닝이나 기술에 있는 것이 아니다. 그것은 당사자의 「마음가짐의 문제」이다. 그리고 뛰어난 지도자나 트레이너는 자기들이 생각하는 일을 그냥 선수에게 시키는 것이 아니라 선수와 같이 시행착오를 겪고 양자가 일체가 되어 문제를 해결하려고 노력한다. 이러한 지도자의 태도는 선수에게 의욕을 불러 일으켜 어려운 연습을 감내할 수 있도록 만들어 주기도 한다.

자신의 상태를 제3자에 관찰해 달라고 요청하는 방법도 수련 효과를 올리는 좋은 방법이라고 말할 수 있다. 힘든 일, 재미없는 일이라도 그 노력이나 성과를 제3자가 지켜 볼 것이라고 생각하면 잘 보이고 싶어서도 조금이라도 더 연습하는 것이 인지상정이다. 즉, 남 앞에서 창피를 당하기 싫어서 열심히 연습하게 되고, 그 결과 기능이 크게 향상될 수 있는 것이다. 아동이 운동회나 발표회 등에 "와서 봐줬으면" 하고 부탁하는 심리도 이와 유사한 것이다. 아동이 고통스러울 때는 교사도 부모도 같이 고통스러워해야만 하며, 또 즐거울 때나 슬픔 때에도 양자 간에 공감대가 형성되는 것이 필요하다.

아동이 운동이나 기술에 처음부터 흥미가 있는 경우에는 문제가 없지만 흥미가 없는 경우에는 무엇인가 관심 있는 점을 하나라도 찾아내어 칭찬해 주는 것이 좋다. 더 좋은 방법은 그것과 관련지어 그 중의 무엇에 감동하거나 동경하는 것을 생각해서 그 조건을 달게 하고 또 그것을 발견시키는 등의 기회를 만드는 것이다

지육·덕육·체육이라든가, 또는 몸만들기·행동만들기·마음만들기라든가 인간에 관계되는 모든 일들은 머리 위의 일(두뇌)이기 때문에 머리 밑을 아무리 단련시켜도 그리 큰 효과를 얻지 못한다. 오히려 하면 할수록 도리어 마음이 위축되어 버리는 경향을 보인다. 도 머리 위쪽을 생각하지 않는 트레이닝만큼 위험한 것은 없다.

2) 청년전기(사춘기)

최근 매스컴에서는 중학생의 따돌림이나 폭력문제, 학업부진에서 오는 등교거부, 여러 가지 활동의 실패에서 오는 반사회적 행위나 비행, 가출 등에 대해 연일 생생한 보도가 나오고 있다. 물론, 이러한 문제가 일어나는 원인으로서 문화적·사회적 제도의 불건전성을 첫 번째로 들 수 있으나, 여기서는 발달과제의 문제와 관련하여 건강한 지도방법의 문제를 언급하기로 한다.

(1) 발달과제

청년전기는 생물학적으로 생식기능이 크게 발달하는 시기로서 일반적으로 이것을 사춘기적 상징이라고 부른다. 중학생 때는 감정에 좌우되는 행동이 많아지며 행동의 의미를 자기 자신에게 질문하여 개인적인 내면화가 확대되어 가는 시기이다. 성이나 환경의 차이가 개인차나 개성의 문제로 환원되어 나타나며, 신체적인 차이와 병행하여 심리적인 발달도 다양화된다. 사회적으로는 사회적・문화적 정보내용이 많아져 신체의 성장과 더불어 한 사람의 인간으로서 사회에 참가하는 준비시기이기도 하다.

일반적으로 중학교 시기에는 자아교육이 중심이 되고, 고등학교 후반기에 들어서면서 점차 문화교육으로 이행해간다. 전자는 불안한 시기로서 사춘기라고 불리며, 후자는 사회생활을 위해 정열을 갖고 대응하는 시기라고 할 수 있다. 사춘기의 불안은 신체적 변화가 마음에 반영되어 나타내는 것이다. 또 내분비선의 작용이 증가하여 신장이 연평균 10여 cm이상 자라며, 체중은 5kg 이상 늘어나고, 여자는 초경을 경험하고, 남자는 대부분 정통(精通)을 경험한다.

이와 같은 신체적인 변화와 함께 감수성도 풍부해지며, 자기의 몸에 대한 관심도 한층 강해진다. 여자는 타인과의 비교에서 자신이 뒤떨어진다고 생각할 경우가 수치심이 강해지며, 가끔 이런 점에 과민하게 반응하는 사람도 나타난다. 이밖에 성적호기심에 끌려 자기 몸에 만족하거나, 동성이나 이성에게 접근하는 등 성적인 자각이 현저하게 나타난다. 사춘기가 끝나갈 무렵이면 마음에 맞는 친구를 선택하여 우정이나 애정의 형태로 진전되어 간다. 이 애정의 욕구는 열렬한 우정을 키움과 동시에 순수한 연애감정으로 발전해 나가기도 한다. 이 시기에는 감정이 앞서 쉽게 뜨거워지고, 쉽게 식으며 흥미나 관심도 변하기 쉽다. 이것이 심해지면 현실에 적응하지 못하여 공상적인 태도를 갖는 경우도 있다.

제2차 신경기라고 불리는 이 시기는 신체면・성격면의 불안정과 더불어 강한 반항심을 수반하여 사람에 따라서는 등교거부나 가출에 이르는 경우도 있다. 이것을 자아의 발견과 자기주장의 표현이기도 하다. 이 자아의식에 의해 그들은 주어진 역할을 기꺼이 받아들이며 자기의 과제수행의 모델이 되는 사람을 상정하여 그와 동일화하려고 애쓴다. 중학생기에 볼 수 있는 인기가수에의 열광적인 태도나 수험생이 유명 야구선수가 쓴 「투혼」이란 문자를 벽에 부쳐놓고 시험공부에 전념하는 자세 등은 모두 자기 동일화의 현상이다.

이와 같은 본보기 내지 이상에의 동경은 때로는 변덕스럽고 약한 것인지도 모른다. 약하다고는 하지만 젊은 유연성에 찬 이 시기의 의식의 전환은 그들에게 두 번 다시 가질 수 없는 꿈을 갖게 만들어 주며, 장래의 생활설계에 새로운 힘과 기초를 부여 해주기도 한다. 따라서 이것을 잘 도와주어 의욕을 불어넣고, 그 다음에 서서히 현실속으로 돌아 올수 있도록 인도하는 것이 바람직하다.

(2) 발달과제와 교과와의 관계

① 지육

사춘기에 청소년의 지적 능력은 매우 높아져서 기억력이 왕성해지고, 이해력에 있어서도 괄목할 만한 성장이 이루어진다. 이 시기에 청소년이 개념적 사고를 할 수 있도록 도와줄 필요가 있으며, 동시에 장래의 사회생활에서 부딪히게 될 문제들에 대처할 수 있든 고유의 능력을 길러줄 필요도 있다. 개념적 사고의 발달은 법칙적 · 인과적 관념의 발달을 동반하는 것이기도 하니까 과학적 사고에 필요한 물리나 화학 등의 교과에 의해 현상간의 관계를 명백히 밝혀주는 귀납적 추리를 장려해나가도록 한다.

아동기에서는 특히 환경이 생물에 미치는 영향에 관심을 갖고 자연현상을 관찰하지만 사춘기에 들어서면 거꾸로 생물체가 환경에 미치는 여러 가지 기능에 대하여 알고 싶어 하므로 물리나 화학 외에 지리나 생물, 사회나 역사 등의 교과도 청소년의 개념적 사고의 발달에 효과적이라고 할 수 있다. 인간이 자신이 생활하고 있는 세계에서 자신을 바르게 자리매김할 수 있게 하기 위해서는 개인과 환경이 서로 관계하는 방법을 이해시켜주는 일이 중요하다.

그러나 그들의 정신적 능력 가운데서 판단력이나 분석능력은 매우 증진되어 있지만 어른의 객관적 판단에 비추어 보면 여전히 자기중심적이거나 감정적인 수준에 머무르고 있음을 알 수 있다. 이것을 성인의 삶이 그들이 경험하는 일상생활에 있어서의 사회적 관계와 같이 단순한 것은 아니며 상황에 따라 인과관계가 계속 바뀌어가는 복잡한 것이기 때문에 청소년들은 이러한 경험을 아직 많이 해 보지 않아서 이러한 정황을 잘 알지 못한다.

아동기의 이상적 교육을 모든 아동을 평등하게 학습시키는 것이지만 사춘기에 들어가면 앞에서 말한 바와 같이 학생에 따라 특수한 능력을 계발시켜주기 위해서 개별화교육이 필연적으로 요청된다. 따라서, 교과과정 구성에 있어서 전술한 발달특성에서 지원하는 공통과목, 나아가서 기타의 2차적 과목을 두도록 해야만 한다. 요컨대 학생 개개인에 대하여 그들이 지닌 특수능력을 잘 이끌어 낼 수 있도록 교육과정을 조정하는 것이 바람직하다.

② 덕 육

이 시기의 도덕교육은 아동기의 약속과 협동에 기초한 도덕에서 스스로 좋다고 생각하는 것을 요구하고 이행해나가는 도덕으로 발전해 나간다. 아동기의 도덕은 외부에서 강제되어 그것을 받아들여 행동하는 도덕이었으나 사춘기의 도덕은 스스로의 자율에 기초하여 보다 좋은 것을 지향해서 노력하는, 스스로가 스스로에게 부여한 도덕인 것이다.

그러나 이시기의 도덕은 진정으로 사회적 규범을 이해하고 그와 같은 이해에 기초하여 스스로에게 부여한 규범이라기보다는 오히려 개인 스스로가 생각하여 이상이라고 판단한 것을 자기 혼자서 지키려고 하는 지극히 개인적인 도덕이라고 할 수 있다.

따라서, 자기 혼자만 좋아하는 독점성이 너무 강해지고, 그 결과 그의 주변인들은 이것을 반항으로 받아들이기 쉽다. 그러나 그들의 입장에서 생각해보면 그들은 주변인들에게 반항하는 것이 아니라 자기의 독창성이나 자아의식을 다소 독선적으로 표현하는 것에 불과한 것이므로 어른들은 그와 같은 청소년의 행동이 반사회적 성격을 띠지 않는 이상은 될 수 있는 대로 그대로 인정해 줄 줄 아는 관용의 미덕이 필요하다.

이것이 또 감정교육으로도 연결되어 자율성을 확립시켜주는 계기로 작용하여 따돌림의 마음이나 폭력심을 억제해 주고, 나아가 타인을 생각해주는 마음을 키우게 될 수도 있는 것이다. 그들이 마음속에 품고 있는 도덕적 모델은 전술한 바와 같이 자기도 그와 같이 되고 싶어하는 사람을 지향하고 있으며, 이 이상향이 그들의 도덕적 행위의 기준이 되는 경우가 많다. 그리고 이 기준에 부합하려고 노력하는 태도와 이와 같은 노력에 가해지는 타인의 비판에 용기를 갖고 상대하는 의지는 노력의 과정에서 맛보게 되는 과시적 만족 등에 의해 더욱 강화된다.

사실 말은 이렇게 하지만, 이들의 행위 경향은 정말 혼돈스럽기 짝이 없기 때문이다. 또 이시기 청소년의 자기확립기라고는 하지만 이들은 너무 독자적으로 행동하고, 버릇이 없으며 오만하기조차 하다. 따라서 이기적 행위가 허용되는 상황에서 자신의 욕망에 따라 부도덕한 행위도 망설임 없이 하는 경향을 보인다. 요즘의 청소년의 비행은 이러한 경향의 한 증거라고 볼 수 있다.

이런 의미에서 자아형성을 위한 보조수단으로서 청소년을 대상으로 한 각종 스포츠, 서클이나 문화단체 등과 같은 사회교육단체에 참가하는 것을 권하거나 선전 행위가 양성되는 기회를 적극적으로 제공한다거나 하여 우정에 의한 공감 감정을 품게 하여 감정의 승화를 도모하는 등의 자리를 마련해 주는 것이 바람직하다.

그러나 이러한 수단이 모든 학생에게 다 적합한 것은 아니며 발달이 늦은 학생에게는 역시 따끔한 충고나 체벌을 통한 타율적 억제도 필요하다. 자기 확립은 다음에 올 청년기에 완성하는 것으로서 이 시기가 그 과도기라는 것도 잊어서는 안 된다. 따라서 교사나 부모는 학생의 개인차를 고려하여 사회가치에 호소하거나, 이상이나 명예의 감정에 호소하거나, 공감적 동기를 부여하거나 하는 등 넓은 시야에서 성격교육을 해나가는 것이 필요하다.

③ 체 육

이 시기는 전술한 바와 같이 제2차 신장기에 해당하므로 신체의 가속도적 성장에 필요한 영양을 충분히 공급해 주어야 하고, 신진대사를 왕성하게 하기 위해서 적당한 운동을 해줄 필요가 있다.

운동생리학적 관점에서 볼 때 인간의 신체는 사춘기에 이르면 신경감각중추가 거의 완정단계까지 발달한다. 주지한 바와 같이 운동의 성적(퍼포먼스=P)는 체력(C)과 에너지(E), 또 의욕(M)이라고 하는 세 가지 조건의 역함수, 즉 P=CfE · M으로 나타낼 수 있으나 아동기의 중 · 고학년에서는 신경감각적인 체력(C : 협응성 · 균형 · 조정력 · 유연성 · 리듬감각 등)을 배양하는 동적 만들기나 기능 만들기를 위주로 한 운동재료를, 사춘기에는 에너지적인 체력(E : 순발력 · 민첩성 · 스피드 · 근력 · 지구력 등)을 배양하는 스포츠교재나 양자의 체력(C와 E)의 동시에 촉진시켜 주는 운동재료를 부여하는 것이 바람직하다.

심신 모두가 불안정한 이시기에 수행하는 스포츠가 결코 과도하게 이루어져서는 안 된다. 또한 될 수 있으면 모든 사람이 즐길 수 있는 운동재료를 골라서 게임화하고 전면적인 발달을 조장하는 운동을 배려해 주며, 필요할 경우에는 의학적 진단을 받도록 한다.

④ 성 교 육

성교육은 통합교육의 한 영역이다. 따라서 성을 인간이외의 모든 생물체의 생활과 관련지어 취급해야 한다. 이를 통하여 성적인 무지와 초조함을 해소할 수 있는 적절한 정보를 제공해 줄 수 있다. 성교육 지도는 개인적 대화를 위주로 해서 수행되어야만 하며, 남성의 경우 부모와 협력하여 그들이 사춘기의 한 특징인 변성기를 겪고 있다는 것을 미리 이해 시켜주는 일이 필요하다. 일반적으로 이것이 행해지게 되면 성에 대해서 부끄러운 감정을 품거나 놀라거나 하는 일없이 자연의 현상이라는 것을 앎과 동시에 오히려 스스로 생리에 필요한 지식을 갖게 될 것이다.

확실히 어머니가 딸의 생리기간 중의 모든 주의나 모성의 의의에 대해서 설명하거나 아버지가 아들의 사정이나 몽정현상에 관한 지식이나 이것을 둘러싼 미신 등에 이해를 돕는 것은 한편으로 부모자식간의 신뢰관계를 자연스럽게 강화해 주는 계기가 되기도 한다. 인간의 존엄은 신체를 존중하는 태도에서 생겨하는 것이기 때문에 성문제를 계기로 자신의 육신의 존엄을 가르치는 것은 좋은 기회이기도 하며 중요한 일이기도 하다. 싹터온 성적 욕망을 승화하기 위하여 교사나 부모는 건정한 활동의 장을 준비하는 것이 필요한데 그 좋은 활동의 장으로서 스포츠를 들 수 있다.

맨 몸으로 운동하여 에너지를 소모하는 스포츠를 통해 심신이 모두 욕구로부터 해방될 수 있다. 이런 일들을 생각하여 서유럽제국, 특히 서독 등의 성교육은 보건체육이 일환으로 해당교사가 담당하고 있다.

어쨌든 이 시기에 식물이나 동물 · 인간의 생식기능에 대해 계획적으로 교육이 이루어지면 성교육이 학생의 마음을 그다지 동요시키지 않고 올바르게 이루어 질 수 있다. 어떤 학생이 스스로 조숙한 친구나 항간의 책 등으로부터 단편적이고, 불확실한 지식을 받아들여 이루어지는 성교육보다는 계획적으로 이루어지는 성교육 쪽이 훨씬 성에 대한 호기심을 자극하는 일이 적으며, 폐해도 적다고 할 수 있다.

사춘기는 신체적 에너지가 풍족하니까 스포츠 외에 마음을 기울일 수 있는 취미를 찾아내어 몰두하게 도와주어야만 하며, 일상생활에서는 수면 · 운동 · 식사 · 학습 · 생리생활(입욕 · 세면 · 기상 · 취침 등) 등을 규칙적으로 수행할 수 있도록 관심을 가져주어야만 한다.

(3) 건강한 지도법

과학화 · 정보화가 고도된 현대사회에서는 기술도 문화도 다양해서 이에 응하는 교과는 과밀하지 않을 수 없으면 나아가서는 이 시기의 가장 중요한 성격교육보다는 대학으로 올라가는 사다리를 지향하여 지육에 휩싸이는 꼴이 되기 쉽다. 중학생을 다루기가 어려운 것은 몸은 어른 수준인데 마음이 아직 미성년이란 점에 있다. 즉 생물적으로는 완성되어 있으나 사회적으로는 미완성으로 누구나 사회적 부적응의 요인을 갖추고 있다. 또한 어른들로 그들을 때로는 아이처럼 취급하고 때로는 어른처럼 취급하기도 한다. 여기에 양자 간의 혼란이 생기는 원인도 있으나 한편으로는 그들도 어른의 마음을 생각하지 않고 어른에게 요구하거나 반항하거나 한다.

지도에 임해서는 학생 개개인의 고유의 인격을 진단하여 학생 스스로가 자아를 발견하여 바람직한 자아를 형성해나가도록 도와주어야만 한다. 사춘기는 그 이름이 보여주듯이 성 본능이 싹트면서부터 오는 이성에 대한 흥미와 불안, 자기중심성에서 오는 공격성, 중학생으로서의 특수한 정서적 변덕이나 강박관념 등에 의해 반사회적 · 비사회적 행동을 하는 경우가 있으나 이러한 대다수는 개인의 내면에 나타난 사춘기 장애의 일부분에 불과한 것이므로 여기에 대처하기 위해서는 정신위생이나 심리요법을 전문으로 하는 카운슬러의 지식을 갖춤과 동시에 먼저, ① 그들의 생활에 질서를 부여해주고, ② 공부와 놀이에 균형을 잡아 주며, ③ 생활의 목표를 갖게 해주고, ④ 자주적 활동을 권장하며, ⑤ 공감대가 생기도록 분위기를 조성하는 일들이 절실하게 필요하다.

사실 이와 같은 문제에 직면하여 교사와 학생, 부모와 자식이 일체가 되어 적극적으로 대처해 나갈 때 사춘기 소년의 자주성과 주체성도 함께 생겨나는 것이다. 당연히 같이 걱정하고, 같이 수고하며, 또 때로는 같이 즐거워하는 가운데 「질풍노도의 시기(strum and drang)」라고 표현할 수 있는 중학생 시기는 매우 유의미하게, 또한 유효하게 지나가게 되 는 것이다.

3) 장 년 기

20대 후반에는 결혼이라는 사건을 경험하게 되고, 사회생활의 변화로부터 가해지는 스트레스의 양도 점차 증가되어 간다. 스트레스가 증가해도 업무에 익숙해져 가면서 자신의 능력도 적절하게 발휘될 수 있게 되며, 동시에 독립된 개인으로서 가정이나 사회의 책임을 지니며 살아가게 된다.

이 시기에 개인에게 있어서 체력의 의미는 아동기나 청년기의 경우와는 확연하게 다르다. 20대에서 30대 초반에 걸쳐서 모든 체력 요소가 최대의 수준에 도달하기 때문에 이 시기는 체력적으로 일생 중 가장 충실한 시기라 말할 수 있다. 또한 하루하루의 운동연습과 훈련 강도에 따라서 뛰어난 운동성취를 거둘 수 있는 가능성을 가진 시기이기도 하다. 그러나 여성의 경우 20대에 들어서면 운동기능이 저하되기 시작하며, 체형의 변화가 일어나는 장년기에 들어서게 된다.

장년기에 체력을 향상시키기 위해서는 아동기와 같이 단지 운동하는 것만으로는 충분하지 못하고 우선 체력의 문제점, 즉 뒤떨어진 체력의 요소가 무엇인가를 확인하고 그 능력의 향상을 위해서 특별히 필요한 운동처방이 무엇인지 아는 것이 중요하다. 장년기 되면 일단 운동능력이 최대수준에 도달하여 있기 때문에 약간이라도 방심하면 그 능력이 쉽게 저하한다. 따라서, 매사에 주의하여 예방책을 수립하여 이를 규칙적으로 실행한다면 최고수준의 체력을 유지할 수 있다. 개인의 노력으로 체력저하를 얼마나 지연시키는가 라는 것이 장년 체력관리의 주요 목표가 된다.

장년기는 자신의 건강관리에 각별히 유의해야하며, 병적인 이상을 조기에 발견하여 치료하는 것이 중요하다. 이와 동시에 적절한 신체운동을 실천하여 질병에 걸리지 않는 강건한 신체를 만들기에 적극 힘쓰지 않으면 안 된다. 장년기에 이르면 신체의 발육·발달은 이미 완성되어 있으므로, 체력이나 운동능력을 향상시키고 강화하는데 목적을 둘 것이 아니라, 체력을 적절하게 관리하여 연령의 증가와 함께 저하되는 체력을 적정 수준으로 유지·증진하는 데 주안점을 두는 것이 바람직하다.

4) 노 년 기

노년기에는 집중력이 약하고 체력적으로 노쇠기에 접어들기 때문에 신체활동에 적극적으로 참가하기가 매우 어려운 상태이다. 그러나 노년기의 운동부족 현상은 노화 현상을 더욱 촉진시키고, 더욱이 각종 질병에 저항하는 능력을 저하시킴으로써 질병에 쉽게 감염되며, 감염으로부터 회복하는데 상당한 시간과 어려움이 저하된다. 따라서, 노년기의 체육활동은 무리하지 않은 범위 내에서 지속성을 유지해야 하며, 규칙적으로 참여하는 것이 바람직하다.

실제 세포 수준에서는 세포의 재생능력이 감퇴하며, 세포에 있어서 생화학 반응이 적절하게 진행되지 않는 경우나 이른바 생화학 오반응(biochemical error)이 일어나는 경우가 많아진다. 조직 수준에서 생각하면 몇 가지의 조직을 협조시키는 기능이 현저하게 저하한다. 즉, 신경조직에서 신경에서 신경으로, 신경에서 근으로, 자극(impulse)을 전달하는 기능이 저하되며 구체적으로 전달속도의 저하, 전달된 임펄스에 대하 조직의 적절한 반응능력의 저하 등의 나타난다.

이러한 노년기에 신체활동을 할 경우에는 에너지 소비가 많은 운동을 피하고 시간과 장소에 구애받지 않고, 유희성과 흥미가 있는 종목을 택하여 규칙적인 운동을 지속적으로 할 수 있도록 해야 한다.

5) 신체장애자

장애의 원인은 선천적인 것과 후천적 사고에 의한 것 두 가지로 나눌 수 있다. 장애인은 정신적, 육체적, 정서적 측면뿐만 아니라, 행동에 있어서도 정상인들과는 현저하게 다른 특징을 지니고 있으며 또한 그들 나름대로의 잠재력을 발견하고, 발전시키기 위해서는 특별한 도움이 요청된다.

정규교육과정을 통해서 적절한 학업 성취를 얻기가 힘든 특성을 지닌 사람을 지칭하는 용어는 매우 다양하지만 가장 흔히 쓰이는 말은 장애자(handicapped person)이다. 이는 육체적, 정신적, 정서적 무능 때문에 사회생활에서 정상적인 행동이나 반응을 나타낼 수 없는 사람을 총칭하지만, 그 무능이 노력에 의해 극복될 수 있는 사람이라면 더 이상 이 범주에 속하지 않는다고 볼 수 있다.

다른 용어, 즉 손상된(impaired)이나 불구의(disabled)라는 서술어는 육체적으로 이상이 있어도 어느 정도 조절할 수 있는 상태에만 해당된다. 따라서, 장애(handicapped)라는 말은 이런 단점으로 해서 사회에서 가장 널리 받아들여지는 행동이나 반응을 나타내지 못하는 절망의 상태일 때를 의미한다.

이런 장애자와 체육을 연관시킨 교육적 접근방법을 크게 교정체육(corrective physical education), 발달체육(developmental physical education), 적응체육(adapted physical education) 등으로 표현하는데, 이것들은 근육활동을 통해 신체적의 전반적인 조건과 자세의 개선을 꾀하는 복지활동이라는 측면에서 공통적 목적을 지닌다. 우리는 무엇보다도 장애자에 대한 국민들의 의식을 개혁시키도록 노력하고, 장애자가 자발적으로 신체 활동에 참여할 수 있도록 유도하는 범국민적인 계몽운동을 전개해야 할 것이다.

제 5 장

사회체육 지도 방법

1. 지도방법의 기술적 요소
2. 지도방법의 유형
3. 지도방법의 선택 요인
4. 지도의 절차
5. 사회체육 지도의 기본 과제
6. 지도 단계의 설정

사회체육 지도방법은 종목의 특성, 참여자의 능력, 참여자의 수, 참여활동의 목표, 지도자의 특성 및 능력, 전반적인 지도환경 등의 요인에 의해서 결정된다. 이장에서는 사회체육지도에서 사용되는 기술적 요소와 활동 양태 및 활동조직 측면에서 이용되는 구체적인 지도방법에 대해서 설명하고 사회체육지도에 필요한 단계적 절차와 모형을 제시한다.

여기에서 제시하는 지도방법 가운데 어느 한 가지 방법에만 의존하여 지도할 경우에는 다양하게 전개되고 있는 사회체육 활동의 복잡한 양태에 효과적으로 대처할 수 없다. 따라서, 여러 요인을 충분히 고려하여 상활에 따라 적절한 지도방법을 복합적으로 적용하여야 한다.

1. 지도방법의 기술적 요소

사회체육지도에서 사용되는 지도의 기술적 요소는 강의, 토론, 시범, 연습 등으로 구성된다. 활동의 진행상황과 활동의 특징에 따라 이와 같은 요소들을 적절히 배합하여 지도함으로써 지도의 효과를 더욱 높일 수 있을 것이다.

1) 강 의

강의는 지식이나 기능을 지도자의 해설에 의하여 대상자에게 전달하고 이해시키는 방법인데, 사회체육지도의 현장에서는 종목의 개요, 규칙, 역사, 예절 등 지도내용의 인지적 부분을 가르칠 때, 또는 지도의 도입 단계에서 유효하게 적용시킬 수 있다. 강의에서는 대상자들의 주의력을 포착하고 유지하는 동시에 참여자들의 자세를 바르게 하고 본 활동참여의 필요성과 중요성을 인식시켜주는 계기가 되어야 한다. 즉, 강의는 참여자들의 동기유발을 제 일차적인 목적으로 하며, 활동과정상 활동의 효율적 전개와 안전에 대한 주의를 환기 시킬 때 활용될 수 있다.

또한, 참여자로 하여금 활동의 구체적 윤곽과 목표의 대해서 주의를 환기시키고 참여자의 흥미가 더욱 새로워지도록 유도하는 기술이 필요하다. 따라서 강의에 따른 단점에 대해서 알고, 그것을 유효한 방법으로 활용하는 것이 중요하다. 강의는 연기자의 연기기술과 같이 하루아침에 개선될 수 있는 것이 아니다. 강의는 끊임없는 연습과 각고의 노력을 통해서만이 발전된다.

(1) 강의의 장점

- 강의는 새로운 과업(단원) 및 작업단원의 도입에 유효하다.
- 강의는 참여자가 사용하는 참고자료에 기재되어 있지 않은 사실의 전달, 또는 이해가 곤란한 사항의 설명, 그리고 강한 정서를 일으킬 필요가 있을 때에 효과적이다.
- 강의는 흥미를 환기시켜 참여 동기를 유발하는 데 유효수단이 된다.
- 강의는 과거에 일어났던 사실이나 여러 운동 상황 등을 생생하게 재현시킬 수 있다.
- 강의는 전체적인 전망을 제시해 주는 데 유효한 방법이다.
- 강의는 보조적 자료를 활용할 때 학습자의 이해를 더욱 촉진시켜준다.

(2) 강의의 단점

- 30분 이상 지속되는 강의는 참여자의 주의력과 흥미의 지속을 떨어뜨린다.
- 강의는 지도자의 능력, 특히 지식과 언변에 절대적으로 의존하기 때문에 지도자의 지식수준이 강의의 질에 결정적인 영향을 미친다.
- 참여자의 개성이나 능력이 무시되는 일방적인 주입식 지도가 되기 쉽다.
- 내용분석의 어려움으로 인하여 참여자가 강의내용을 제대로 파악하지 못하는 경우가 빈번하다.
- 강의는 수동적 활동의 형태이기 때문에 잘못하면 흥미가 반감될 수 있다.
- 강의가 관념적인 형태로 이루어지면 구체적인 활동의 습득에 방해가 된다.

(3) 강의 전개의 원칙

- 잘 아는 내용에서 잘 모르는 내용 순으로 전개

- 가장 쉬운 것으로부터 어려운 순으로 전개
- 구체적인 것으로부터 추상적인 것으로 전개
- 특수한 사실로부터 일반적인 원리로 전개
- 과거의 사례로부터 미래의 것으로 전개
- 가까운 것으로부터 멀리 떨어진 것으로 전개
- 직접적인 것으로부터 간접적인 것으로 전개
- 단순한 것에서부터 복잡한 것으로 전개
- 피교육자의 현재의 수준과 흥미 위주로 전개
- 말과 글만이 아닌 시청각 보조 재료의 사용으로 전개
- 논리적이고 체계적인 전개
- 알기 쉬운 단어의 사용으로부터 외래어와 전문용어의 순으로 전개
- 요점을 강조하고 순조로운 전이로 전개해 나가야 한다.

(4) 강의할 때 유의점

- 친절하고 성의 있는 화법으로 진행한다.
- 대상이 쉽게 이해될 수 있는 정도의 내용과 용어를 사용해야 한다.
- 개념적 설명이 아니라 비근한 예를 들어 설명한다.
- 강의의 과정을 동적으로 전개해야 한다. 기승전결의 순서와 항상 기대감을 갖도록 구성한다.
- 사전에 내용을 충분히 숙지한 후 교육과정을 계획하고, 사례 등은 미리 준비해야 된다.
- 강의 도중 대상자의 이해 정도와 흥미 분위기 등 반응을 체크해 보면서 진행한다.
- 학습 분위기를 긴장시켰다가 다시 부드럽게 하기 위해서 유머스러운 표현을 활용한다.
- 일방적인 강의만 계속하지 알고 문답법, 토의법, 특히 시청각지도를 병용해야 한다.
- 강의의 속도에 주의하고 생각할 여유를 주면서 강의한다.

2) 토 의

토의란 어떤 목표와 주제를 설정하고 자유로운 입장에서 자기생각을 발표하고 상호 의존하는 회의방식 학습방법이다. 토의에서는 문제점을 명확히 규명한 다음에 서로 협력하여 그것을 해결하도록 노력해야만 한다. 따라서, 개인의 주장만을 독선적으로 고집하는 태도는 삼가해야 하며, 전체 성원이 참가하도록 하는 것이 좋다. 토의할 때는 가급적 논쟁을 피하는 건설적 태도와 협력적이고 우호적인 분위기가 흐르는 가운데 문제를 해결하여 최후의 일치점 또는 해결책에 도달하는 것이 바람직하다. 따라서, 각 성원은 각자의 경험이나 사고를 문제에 집중시키며 참여자의 상호간의 의견을 교환해야만 한다.

문제가 해결되면 또 다시 새로운 고차원적인 문제가 제기될 수 있다. 이와 같은 문제의 해결과정에서 서로 협력하고 발전하는 토의 결과가 완전한 일치에 도달한다는 것은 결코 쉬운 일이 아니다. 그러나 주의 깊게 시도된 토의는 의견의 차이를 좁혀주고 협의에 참가한 사람의 사고를 심화시켜 주며 그 토의집단의 민주적 분위기 조성에 기여하게 된다.

토의를 계획할 때는 무엇보다도 토론의 목적을 분명하게 설정해야만 한다. 그 다음에 토의 주제와 방식을 선택하고, 결정해야 한다. 이때 참여자들의 능력수준, 흥미나 관심의 정도, 전체 활동 내용의 맥락 등을 충분하게 고려해야만 한다. 토의주제와 방식이 선택되면 시간계획을 짜야 한다. 참여자들이 토의주제에 흥미를 느낄 수 있도록, 그리고 토론에 참여하고 싶은 동기를 가질 수 있도록 사전에 충분하게 준비하는 과정이 필요하다. 만약, 시간적 여유가 없음을 핑계로 재촉하여 곧바로 토의에 들어가 서둘러 토의결과를 발표하면, 그 토의는 피상적으로 전개될 수밖에 없을 것이다.

(1) 토의의 장점

- 깊이 생각할 수 있고, 자기 의사를 분명하게 밝힐 수 있는 기회를 줄 수 있다.
- 타인의 의견을 존중하고, 이를 비판적으로 받아들일 수 있는 태도를 기를 수 있다.

- 참여자로 하여금 문제에 관심과 흥미를 가지게 도와주며, 그들이 자발적으로 활동에 참여하고자 하는 욕구를 가질 수 있도록 해준다.
- 집단에 민주주의적 성격을 조성하는 데 유효하다.
- 집단적 사고에 의해서 보다 정확하고 광범위한 정보를 얻을 수 있다.
- 지도방법, 참여자의 태도, 집단의 운영방법에 대한 정보를 얻을 수 있다.

(2) 토의의 단점

- 회의를 위한 회의로서 형식적인 토의에만 그치고 실제적 보탬이 적을 때가 있다.
- 발표내용보다 발표자에 중점을 두기 쉽고 감정에 흐르기 쉽다.
- 방관적인 태도를 갖게 될 수도 있다.
- 소수의 의견이 무시되거나 경시되기 쉽다.

(3) 토의할 때의 유의점

- 토의될 문제를 참가자 전원에게 주지시켜 전원이 참가하도록 한다.
- 의견발표가 자유롭게 이루어질 수 있도록 분위기를 조성해야 한다.
- 전체의 질서를 존중하고 다수에게 발언의 기회를 주도록 해야 한다.
- 소수의 의견이 무시되지 않도록 한다.
- 발표된 개인의 의견에 대하여 집단 성원 전체가 건전한 반응을 보이도록 유도한다.
- 중요한 사항에 대해서는 재삼 주의를 환기시켜 준다.

3) 시 범

참여자가 학습활동의 목표로 삼을 수 있는 좋은 기능을 명확히 파악할 수 있게 도와주는 유효한 방법의 하나가 시범이다. 초심자의 경우에는 아무리 우수한 기능을 보여주더라도 그것을 바르게 이해하지는 못할 것이다. 참여자 자신이 어떠한 것을 보아야 하는지에 대한 목표 및 방법을 잘 모르는 한 아무리 우수한 모범연기를 보여주어도 그것에서 얻는 이익은 적을 것이다.

시범의 목적은 표본을 모방시키는 데 있다. 즉, 참여자로 하여금 자신이 시도한 짓과 지도자의 시범을 비교함으로써 자기의 잘못을 발견하고 연습에 의하여 그것을 제거하게 하는 데 있다.

특히, 지도자의 열정적이고 활기에 넘친 시범은 참여자로 하여금 그 운동에 대한 관심과 흥미를 대폭적으로 유발시켜줌으로써 운동에 대한 명랑한 기분과 감동을 갖게 해 줄 수 있는 것이다.

이제까지의 시범은 지도자가 운동을 보여주면 참여자들이 그것을 기계적으로 아무런 생각도 하지 않고 모방만 하는 것에 흥미와 기대를 가지고 사고적이며 창조적으로 운동을 재현하게 유도해야 한다.

시범에서 특히 유의해야 할 점은 시범의 방법과 정확성이다. 시범은 참여자의 능력수준에 적합한 것이 아니면 안 된다. 그리고 시범은 그 목표를 명확히 해야 한다. 이를테면 운동의 전체를 이해시킬 때는 시범을 능숙하고 정확하게 해야 하며, 운동의 순서나 일부를 강조할 때는 느린 속도로 하고, 운동의 완성단계에서는 운동의 강도와 리듬을 순서나 일부를 강조하여 그 특징을 쉽게 지각하게 하거나 주의를 집중시킬 수 있도록 하는 것이 교육 효과가 높다. 시범을 실시할 때에는 다음과 같은 여러 사항에 유의할 필요가 있다.

① 참여자의 기능진행의 정도와 능력에 따라 시범에 복잡성과 세밀도를 가감하여 참여자로 하여금 적합한 연습목표를 가지게 한다. 그러기 위해서는 2~3명의 참여자의 시범을 이용하는 것도 좋은 방법이다.

② 부분을 보여주는 것보다는 전체적으로 보여준다. 그러나 동작이 복잡하거나, 너무 빨라서 관찰 또는 비교가 곤란하거나, 특히 요점을 지적해야 할 경우에는 부분적으로 이해하도록 슬로모션으로 보여주고, 또 적당히 설명을 가하는 것도 좋다. 그러나 이 경우에는 관계있는 부분과 연관시키거나, 전체의 연관성을 가지게 하는 것이 필요하다.

③ 참여자를 잘 관리하며, 시범자의 위치와 참여자의 위치를 적절히 조절하고, 시범이 끝나면 곧 연습할 수 있도록 유도한다. 그러나 필요에 따라서는 참여자에게 질문하거나 참여자로부터 질문을 받는 것도 좋다.

④ 바른 시범뿐만 아니라 잘못된 시범도 보여주는 것이 필요하다. 일단 바른

시범을 보여 준 후에 참여자들에게 공통적으로 나타나는 그릇된 동작을 보여주되, 못하는 참여자로 하여금 연기하게 하는 것보다는 지도자가 직접이 동작을 보여주는 것이 좋다.

⑤ 용구를 사용하여 시범할 경우에는 반드시 참여자가 사용하는 것과 동일한 것을 사용해야만 한다. 그 이유는 참여자로 하여금 지도자는 저런 용구로 하니까 잘 된다든지, 전문가니까 잘 한다든지 느낌을 가지지 않도록 하기 위해서이다.

⑥ 시범을 행하는 시기와 장소가 적당하였는지, 시범의 방법은 적합하였는지, 그리고 그 결과가 효과적이었는지 가끔 반성하고 또 참여자들로 하여금 시범에 대한 평가를 시키는 것도 좋은 방법이다.

4) 연 습

대부분의 운동기능이나 기술훈련의 경우 일정한 조건하에서는 연습량과 기능수준은 정비례한다. 처음부터 기능의 숙달을 기대할 수는 없는 것이며, 연습을 통해서만 완전한 기능을 기대할 수 있음은 누구나 주지하고 있는 사실이다. 그러나 연습이 기술을 개선하는데 필수불가결한 요소임에는 틀림없지만, 반면 잘못을 고정화시킬 우려도 있다. 그러므로 연습의 과정에서 지도자의 역할은 계속적으로 연습의 과정을 관찰하고 거기에서 나타나는 잘못된 점을 수정하여 바른 자세를 고착화시켜주는 단계로 이끌어주어야 한다. 지도자는 자신과 참여자, 그리고 참여자들 상호간의 협조와 건설적인 비평을 유도하여 기능향상에 도움을 줄 수 있어야만 한다.

또한, 전체 참여자가 골고루 연습기회를 가질 수 있도록 시간·장비·장소 등을 충분히 고려하고 참여자의 수가 많을 때는 소집단으로 편성하는 것도 필요하다. 연습량은 운동기능의 향상 정도를 좌우하는 중요한 요건이 된다. 그러므로 참여자로 하여금 반복의 지루함을 잊고 충분한 연습량을 갖도록 흥미를 유발시키는 지도기술이 필요하다.

운동연습을 시킬 경우에는 먼저 운동내용이 참여자 자신의 발달과 능력의 정도에 적합한지 아닌지를 잘 확인해보는 것이 중요하다. 또한, 운동내용에는 참여자들의 욕구와 사고를 자극하는 새로운 요소가 내포되어 있어야 한다. 만약 그 운동내용이 참여자의 발달과 능력의 정도에 적합하지 않을 정도로 너무 높으면 활동전개는 잘 되지 않고 무리를 하게 되어 위험상황이 초래될 수도 있다. 반대로, 너무 낮으면 활동 자체에 대한 흥미와 의욕을 잃고 연습 참여가 소극적으로 흐르기 쉽다. 그리고 연습단계에 있어서 처음은 지도자의 지도 및 도움 하에서 연습하며, 연습이 진행됨에 따라 점차 자율적으로 연습할 수 있게 지도하는 것이 바람직하다.

활동의 종결 부분에서는 항시 연습의 절정에 이르도록 하여 참여들이 좀 더 계속하고 싶다는 욕망이 들도록 하고, 새로운 기능에 대한 여운과 기대가 남겨지도록 함으로써 더운 연습의 효과를 높일 수 있다.

다음은 지도자가 연습을 지도할 때 주의해야 할 사항이다.

① 연습은 되도록 경기상황과 유사하게 전개해 나가도록 한다. 기계적인 동작의 반복보다는 경기향상을 항시 생각하면서 연습하도록 한다.

② 연습은 참여자가 직접 필요를 인식하고, 흥미를 느끼며, 대상 운동을 획득하려고 하는 간절한 동기를 갖고 있지 않으면 무의미한 기계적 연습에 그치기 쉽다.

③ 연습의 흥미를 높이기 위해서는 연습의 과정에 반드시 경쟁적 요소를 포함시켜야 하며, 내용도 다양하게 구성해야만 한다.

④ 연습에는 전체 참여자가 모두 참여할 수 있도록 한다. 만약 활동과제가 여러 파트로 나누어지게 되면 그룹으로 편성하여 연습하도록 하고, 모든 시설과 기구를 최대한으로 이용하도록 계획한다.

⑤ 연습은 참여자의 이해를 기초로 하지 않으면 안 된다. 실제의 연습에 들어가기 전에 이에 대한 충분한 이해가 있어야만 참여자의 기술습득이 용이하게 이루어질 수 있다.

⑥ 연습은 의미있는 구체적인 생활과 결합되어 행해져야 한다. 고립한 기능의 단순한 반복이어서는 안 된다. 이것을 위해서는 그 기능을 사용할 수 있는 다양한 생활경험을 풍부하게 준비하여 완전한 행동의 통합적 부분으로서 연습하도록 한다.

⑦ 연습은 개인차를 적용하여 행해져야 한다. 개인은 그 성숙, 기질, 능력에

차이가 있으므로 연습은 개인의 표준속도 또는 개인의 목적에 따라서 행하지 않으면 안 된다. 연습을 집단적으로 하는 경우도 있으나, 이런 경우에도 모든 참여자의 능력에 충족할 수 있는 풍부한 내용에 유의하지 않으면 안 된다.

⑧ 연습과정에서 참여자 상호간의 스스럼없는 충고가 이루어지는 분위기가 조성되어야한다.

⑨ 연습으로 활동시간 전체를 활용해선 안 된다. 적당한 게임을 통하여 기능 숙달을 시험해볼 수 있는 시간이 있어야 한다.

⑩ 연습은 간단한 것에서 복잡한 것으로, 쉬운 것에서 어려운 것으로 단계적으로 해야 한다.

⑪ 지도자는 연습상황을 순회하면서 개인적인 교정과 칭찬을 한다.

⑫ 연습은 참여자들이 성공의 기쁨을 느낄 수 있도록 상당 기간 동안 하도록 한다.

⑬ 연습은 참여자의 진보하는 단계가 명확하도록 행해져야 한다. 연습한 후에는 지도자의의 평가, 참여자간의 평가, 자기 자신의 평가 등에 의하여 노력한 결과나 진보한 상태를 주는 것이 필요하다. 연습의 진도에 있어서도 처음에는 기준을 낮게 잡고 점차적으로 그 정도를 높여서 어렵고 곤란한 과제를 제시하도록 한다.

⑭ 연습은 기간의 분배를 합리적으로 정해야 한다. 연습시간을 너무 길게 하면 피로를 증가시키고 흥미를 잃게 하기 쉬우므로 되도록 짧게 연습하고 연습간격을 적당히 잡아야 한다. 이 간격이 너무 길어도 망각의 우려가 많으며 성적이 나빠지기 때문에 점차적인 성숙에 따라 연습의 시간은 짧고 간격은 길게 하는 것이 효과적이다.

⑮ 반복하는 것만이 연습은 아니다. 열의와 뚜렷한 목적, 동기를 가지고 합리적으로 연습이 이루어져야 한다.

⑯ 틀린 것을 반복하지 않도록 해야 한다.

⑰ 잘못된 동작과 바른 예를 수시로 비교하면서 연습시키도록 한다.

2. 지도방법의 유형

사회체육활동은 지도자와 참여자의 공동 활동으로써 성립되며, 양자의 인간관계는 활동전체의 중요한 요소가 되고 있다. 지도는 집단으로서의 참여자를 대상으로 하는 이상 지도자 대 참여자의 관계뿐만 아니라, 참여자 대 참여자 상호관의 인간관계도 일어나게 된다. 이 같은 인간관계에 의해서 사회체육활동은 일정한 의사소통의 구조를 가지게 되는 것이다. 사회체육활동의 인간관계와 의사전달 또는 소통의 구조를 바탕으로 할 때 지도활동의 조직을 분류하면 일제지도, 개별지도, 분단지도 등의 지도형태가 성립된다.

또한, 사회체육활동의 학습과정에 참여함으로써 배우는, 즉 경험을 재구성하여 배우는 활동과정이라면 자연히 종합적인 생활 활동이어야 하며, 지도의 기술은 매우 다양하게 적용 될 필요가 있게 된다. 즉 어느 한 가지 지도기술의 형태만으로 집단의 인적 구성이나 욕구, 활동의 양태가 다양한 사회체육활동의 지도에 효과적으로 대처할 수 없을 것이다.

따라서, 사회체육지도의 방법은 활동의 장소와 시간, 대상, 그리고 지도내용에 따라 그때그때 필요한 방법을 적합하게 활용해야 한다. 스포츠 지도에 있어서 일반적인 지도방법은 활동의 측면에서는 지시적 지도방법, 과제방식, 문제해결방식, 시청각적 방법이 주로 이용되고, 조직편성상의 지도방법으로는 일제지도, 개별지도, 분단지도 등의 형태가 있다.

1) 활동면에서 분류한 지도의 방법

(1) 지시적 지도방법

지시적 지도방법은 스포츠의 현장에서 가장 일반적으로 이용되는 지도방법으로 대상자게 예상되는 결과를 지도자가 예측하고, 그 결과를 유도해 내기 위해 언어적인 지시의 방법을 통해 활동의 내용을 편성하고 제시하는 방법이라고 할 수 있다. 예를 들어, 어떠한 동작을 20번 반복하라고 했을 때, 지도자는 그 동작을 20번 반복함으로써 대상자에게 형성되는 기술의 자동화를 기대하고 지시하는 것이다. 또 수영의 크롤 스트로크를 처음 가르칠 때 한 팔의 젓기가 완전히 끝난 후에 다음 팔의 젓기를 시작하도록 하는 것은 너무 빨리 팔을 젓을 때 나타나는 리듬의 상실과 추진력의 저하를 예상하고 초보자에게 그렇게 하도록 지시하는 것이다.

지시적 지도과정에서 가장 유의해야 할 점은 그 지시가 지도자의 일방적인 명령투가 되어서는 안 되며, 참여자가 해보고 싶은 의욕이 살아나도록 해야 한다는 점이다. 즉 어떤 동작을 참여자가 단순히 반복하도록 지시하기보다는 사전에 그 동작의 필요성과 중요성에 대해 충분한 인식이 이루어지도록 하고, "자! 이렇게 하도록 합시다."라는 어투를 사용하는 것이 더욱 효과적이다.

지시적 지도방법의 지도과정은 우선 지도자가 동작의 중요성과 방법 등에 대해서 간단한 설명을 하고 그것이 어떠한 상황에서 실현되는지 시범을 보인다. 이때의 시범은 설명과 병행될 수도 있으며, 이전에 한 시범이 선행될 수도 있다. 참여자들은 설명과 시범을 참조로 하여 연습을 하도록 한다. 연습의 초기에는 시범자와 똑같이 행하도록 하고 점차 익숙해짐에 따라 지도자의 구령이나 호각에 따라 일제히 연습하거나 한사람씩 순서대로 연습을 한다. 이때 지도자는 잘못된 점을 지적하고 그에 대한 보충설명을 하고 필요하다면 재차 반복해서 시범을 보여준다. 연습의 과정 중 지도자는 순회하면서 개인적인 평가를 하고 잘못된 동작을 즉시 지적을 하여, 참여자 스스로 교정해 나가도록 유도해 나간다.

이때 참여자는 지도자로부터 계속적인 피드백을 제공받게 되는 것이다. 활동의 종결시에는 활동의 내용을 전체적으로 종합하여 평가해주고 참여자들의 질문에 대답해 주고 다음 활동내용과 준비에 대해 알려주어 다음 활동에의 참여에 대한 기대감을 갖도록 해준다.

지시적 지도방법은 다음과 같은 장점이 있다.

① 지도자의 지시에 의해 활동이 진행되므로 통제가 용이하고 진행이 일사불란하게 이루어지고 시간을 절약할 수 있다.

② 지도자의 목표하는 기능에 가장 적합한 기술적 요소를 지시하므로 목표의 달성이 용이하다.

③ 참여자들은 지도자의 의도를 정확히 이해하여 행동할 수 있다.

④ 힘이 드는 반복적 동작의 연습에 효과적이다.

(2) 과제방식

과제방식은 개인의 능력에 따라 과제를 제시하여 참여자가 목표에 도달하도록 하는 방식으로서 이 방법의 적용은 참여자들의 구성이 연령별, 성별 또는 능력의 차이가 많이 있을 때 적합하다.

과제방식에서는 지시적 방식에서와 마찬가지로 지도자가 무엇을 어떻게 할 것인가를 결정한다. 그러나 활동 장소, 언제 중지할 것인가에 대한 시간조절 문제, 그리고 과제수행속도에 관한 문제 등과 같은 몇 가지 조작적인 문제에 대한 결정 등과 같은 것은 통제하지 않는다. 이것은 참여자들로 하여금 연습을 할 때, 보다 자유롭게 느끼게 하며 책임감을 갖게 한다. 또한 집단 내의 사회적 상호작용을 원활히 하게 한다. 그러나 참여자들은 자신들이 할 것을 스스로 선택할 수 있는 자유와 수행의 다양성을 꾀하지 못한다.

지도자는 언어를 사용해서 과제를 부여하며, 각 참여자는 자신의 페이스에 맞게 반응을 한다. 피드백은 전체적으로 주어지든가, 아니면 각 개인별로 주어지기도 한다. 지도자는 과제를 선정하여, 글로 쓰여진 형태로 참여자들에게 제시할 수도 있다. 여러 수준의 난이도를 가진 과제가 각 참여자들의 준비성에 맞추어 할당되기도 하며, 또는 참여자들이 선택하기도 한다.

과제는 혼자서 수행하든지, 아니면 둘이 짝을 지어 한 사람은 과제를 수행하고 한 사람은 평가한다. 또는 몇 명으로 소집단을 구성하여 과제를 수행할 수도 있다. 지도자가 시범과 설명을 통하여 집단에게 과제를 제시한 후 참여자들이 과제를 수행하든가, 아니면 시각자료와 함께 과제카드 위에 지시문을 적어 놓는다. 지도자가 장시간에 걸쳐 학습자가 해결해야 할 일련의 과제들을 준비하고 참여자가 평가에 대해서 보다 책임감을 갖게 되면, 그것은 개별 프로그램(individualized program)이 되는 것이다.

과제방식을 적용하는데 있어서는 다음과 같은 사항에 유의한다.

① 참여자 전원에게 동일한 과제를 부과하는 것보다는 개인차와 성차를 고려하여 차별성 있게 과제를 부여하는 것이 좋다.

② 과제라고 하면 무엇인가 자유를 속박하는 부담처럼 느껴지기 쉽기 때문에 활동의 참여를 회피하는 일이 있으므로, 흥미를 가지고 자발적으로 실시할 수

있게 지도한다.

③ 활동내용이 확실한 것을 과제로서 주어야 한다.

④ 과제는 창조적 활동을 자극할 수 있는 것이 좋다.

⑤ 수행하는데 필요한 순서를 마련하여 준다.

⑥ 과제는 과거의 경험에 관련된 것을 주는 것이 좋다.

⑦ 과제는 진보나 성공의 판정이 명확히 되는 것을 선택하여 준다.

⑧ 난이도나 소요시간을 잘 고려하여 적당한 과제를 준다.

⑨ 과제를 줄 때는 장비나 기구가 과제의 내용과 잘 연결되도록 한다.

과제의 종류로는 양적 과제와 질적 과제가 있는데, 농구지도를 예를 들어 양적 과제를 소개하면 다음과 같다.

- 과제 1 : 10번의 자유투 중 5개 성공
- 과제 2 : 일정 거리에서 세트 슛 10개 중 5개 성공
- 과제 3 : 10번의 레이업 슛 중 5개 성공
- 과제 4 : 달려 나가면서 패스를 받아 점프 슛 10번 중 5번 성공

질적 과제는 원 핸드 셋 슛(one hand set shot)이나 레이업 슛을 하는 대상자의 속도나 동작이 정확해야함을 의미한다. 양적 과제는 대상자의 수행이 어느 정도 질적인 측면의 수준에 도달했을 때 제시하는 것이 바람직하다. 그렇지 않고 초보자에게 바로 양적 과제를 제시한다며 잘못된 폼이 형성되기 쉽다.

만일, 참여자수가 많고 장소와 장비가 제한되어 있다면 여러 그룹으로 나누어 각 그룹마다 과제를 달리해서 제시하는 것이 효과적이다. 예를 들어 한 집단에서는 레이업 슛을 하도록 하고, 다른 집단에서는 드리블이나 패스를, 또는 다른 집단에서는 피벗이나 후드윅을 하도록 과제를 제시한다. 과제방식의 진행은 지시적 방식과 마찬가지로 설명 후 시범을 보여주고, 각 집단의 연습시간은 상황에 따라 지도자가 조절하도록 한다.

(3) 문제해결 방식

스포츠지도에 있어서 문제해결 방식의 지도는 주로 청소년층을 대상으로 할 때 사용하는 것이 바람직하다. 이 연령층의 심리적 특징을 창조적 의욕이 왕성

하고, 탐구적 성향이 강하여 문제를 해결하는데 따른 성취적 욕구의 충실도가 매우 크기 때문이다.

이 지도방식을 적용할 때 지도자는 하나 또는 그 이상의 해결책을 찾아낼 것으로 기대되는 대상자를 위하여 하나의 문제를 준비한다. 참여자는 탐색과 실험의 과정을 통하여 문제해결을 시도한다. 문제는 다양한 수준의 난이도를 가진 것이어야 하며, 여러 가지 하위문제들을 가지고 있어야 한다. 여러 가지 대안적인 해결책이 있을 수 있다. 그러나 상황에 따라서 수행자에게 가장 적합하고 올바른 하나의 해결방법만이 존재할 수도 있다.

지도자는 문제를 예비하는 과정에서 학생의 준비상태를 명확히 파악하고 있어야 한다. 학생은 문제 해결의 도구들, 즉 지식과 기능을 가지고 있어야만 한다. 그들은 가능한 해결방법들을 찾아서 그것들을 테스트해 보고, 마지막으로 적절한 해결 방법을 선택할 수 있는 인지적인 준비 상태가 되어 있어야 한다.

문제는 구성 요소의 수, 관련되는 사람의 수 등에 따라 그 복합도가 다양하다. "저 바스켓에 공을 던져 넣을 수 있는 방법은 몇 가지나 있겠는가?" 라는 물음은 진정한 문제해결방식을 제공해 주지 않는다. 문제해결 방식은 탐색이다. 그것은 "한 손만을 사용하여 공이 바스켓에 들어가기 전에 백보드를 맞도록 하여 공을 바스켓에 던져 넣을 수 있는 방법을 이용하라" 등과 같이 보다 제한적인 방식으로 주어져야 한다. 아마도 최초의 탐색 행위는 공이 바스켓에 들어갈 수 있는 확률이 가장 높은 백보드 지점, 공을 놓는 각도 등을 결정하거나 공이 백보드까지 가기에 충분한 정도의 힘이 사용되기에 가장 편리한 방법을 행위자가 가능한 한 빨리 알 수 있도록 하는 데 도움을 줄 것이다.

문제를 준비하고 난 후에 지도자가 해야 할 역할은 참여자가 도움을 청할 경우 도움을 위한 자료원을 제공해 주는 일, 활동자료를 제공해 주는 일, 다른 참여자들처럼 독자적으로 문제를 해결하지 못하는 참여자들을 돕기 위하여 하위문제를 만들어 놓거나 가장 훌륭한 해결 방법을 선택하도록 도와주는 일, 전 과정을 거치는 동안 피드백과 강화를 제공해 주는 일 등이다.

문제해결 방법에서 이용되어지는 일반적인 운동기능 지도형태는 다음과 같다. 지도자가 운동기능을 소개하면서, "그 기능으로 성취해야만 하는 것이 무엇이다"라는 형식으로 문제를 제시한다. 그러면 그 집단은 문제를 해결하기 위한 실험을 실시한다. 실험이 끝나면 참여자들과 지도자는 동료 참여자의 행동을 관찰하고 그 과정을 토론한다. 이 과정을 통하여 자신의 수행을 평가할 수 있는 기초가 마련된다. 지도자가 돌아다니면서 개별적인 지도를 하는 동안 각 참여자들은 자신들의 기술을 세련되게 하기 위하여 계속 연습한다.

이 과정에서 참여자들은 문제를 분석 인지함으로써 운동방법의 원리를 깨닫게 된다. 이러한 방식의 단점은 지시적 방법보다도 많은 시간을 요하게 된다는 점이다. 그러나 참여자가 어떤 운동기능의 수행방법을 스스로 발견하게 된다면 그 효과는 매우 크고 지속적인 것이 된다. 문제해결 방식의 지도기술은 지도자가 기술의 계통과 요점에 대해 명확하게 숙지하고 있어야만하며, 문제를 계통성 있게 준비하기 위한 노력과 성의를 필요로 하고, 활동의 과정이 산만하게 되지 않도록 운영의 기술을 높여야 한다.

다음은 농구로 예로 든 문제의 유형이다.

① 장신인 상대 수비가 밀집되어 있을 때 적합한 패스는?

② 러닝 슛의 마지막 스텝을 높게 홉(hop)하는 이유는?

③ 슛 동작에서 볼에 스핀을 주는 방법과 그 이유는?

④ 패스할 때 자기편이 볼을 정확히 잡고 다시 신속하게 패스하도록 하기 위해서 자기편의 어느 위치로 볼이 가도록 해야 하는가?

⑤ 볼을 가졌을 때 그것을 가장 안전하고 다음 동작을 신속하게 취하기 위한 자세는?

⑥ 스크린플레이를 하는 목적과 그 방법은 어떠한 것이 있는가?

(4) 시청각적 방법

사회체육지도에 있어서 시청각자료를 활용하는 것은 여러 측면에서 매우 효과적인 지도방법이라 할 수 있다. 시청각매체는 대상의 신체적 감각, 특히 시각과 청각에 직접 호소하기 때문에 활동의 대부분이 이러한 감각의 전달을 통해 이루어지는 사회체육지도에 활동가치가 매우 높다. 선진 각국에서는 각종 운동기능을 지도할 때 비디오, 슬라이드 등의 시각매체를 널리 이용하고 있다. 특히, 어떠한 동작의 슬로모션을 통해서 실제의 운동으로는 불가능한 세밀한 동작의 분석이 가능하고, 관찰하고 싶은 부분을 몇 번이라도 반복해서 보거나 정지시켜서 볼 수 있다는 이점이 있다. 또한 지도자 자신의 시범이 정확하지 못할 경우 이러한 시각매체를 통해서 보다 정확한 폼을 모델로 제시할 수 있다.

시청각 자재를 이용할 때에는 다음과 같은 사항에 유의해야 한다.

① 시청각 자재는 지도의 보조물로 이용되어야 하며, 지도의 대용물이 되서는 안 된다.

② 시청각 자재와 설비는 지도목표에 비추어 합당한 것을 신중히 선택하여야 한다.

③ 지도자는 다양한 자재가 갖는 특수한 기능에 대해서 잘 알고 있어야 한다.

④ 대상자의 흥미나 관심, 그리고 경험이나 능력에 맞는 자료를 사용해야 한다.

⑤ 시청각 자료는 보충적인 것이기 때문에 그냥 보이는 것으로 그쳐서는 안 되며, 명확한 지도목표를 위해 최대한 효과적으로 이용해야 한다.

⑥ 지도자는 시청각 매체의 기능이나 효과에 대한 이해, 평가 또는 그 조작법 등에 대해 사전에 철저하게 숙지하고, 사용계획을 세워서 효과적으로 이용할 수 있도록 해야 한다.

⑦ 지도의 효과를 살리기 위해서는 너무 많은 자료를 한 번에 사용하는 것은 피한다.

2) 조직면에서 분류한 지도의 방법

(1) 일제지도

일제지도는 한 사람의 지도자에 의해서 집단의 성원 모두가 일제히 활동을 하도록 하는 지도의 방식이다. 이 지도방식은 모든 참여자에게 공통되는 기초적 내용을 지도할 때 주로 이용되며 좁은 장소에서 짧은 시간에 할 수 있는 준비운동, 정리운동, 보조운동이나 새로운 내용을 지도할 때, 시설 및 용구가 부족할 때, 참여자의 자발성이 부족할 때 사용되는 지도방법으로 적합하다.

일제지도를 할 때에는 지도내용의 난이도를 대상자의 중간정도 수준으로 해야 하며, 수준이 너무 높거나 낮으면 학습자들의 학습의욕이 감퇴하거나, 심한 경우 운동을 싫어하게 되는 수도 있으니 특히 유의해야만 한다.

일제지도는 개인차를 무시하고, 획일적으로 이루어지며, 깊이 없는 지도가 되어 학습자로 하여금 흥미를 상실케 하고 자발성을 감퇴시키는 단점이 있다. 또한 지도자가 집단의 중심이 되어 지도하는 형태이므로 여러 가지의 지시나 집단 단체의 토론에서도 지도자가 중심이 되는 지도자 중심의 지도형태가 되기 쉽다. 그러므로 유능한 지도자는 참여자의 요구를 알고 활동상황을 정확하게 파악하여 주체적인 활동장면을 구성할 수 있어야 한다.

일제지도의 장점과 단점으로는 다음과 같은 것을 들 수 있다.

① 일제지도의 장점

- 단시간에 많은 내용을 체계적으로 지도할 수 있다.
- 단시간에 많은 대상자를 비교적 좁은 장소에서 지도할 수 있다.
- 새로운 지도의 내용을 지도하는데 효과적이다.
- 시설이나 용구의 부족에 크게 구애받지 않고 지도할 수 있다.
- 복잡하고 어려운 내용에 대해 요점을 명백히 지도할 수 있다.
- 동일한 지도내용을 대상자의 상태에 따라 자유롭게 변화시켜 효과적인 학습활동을 이끌 수 있다.

② 일제지도의 단점

- 참여자는 지도자의 설명만을 맹종하여 자기 활동의 기회가 적고 수동적이 되기 쉽다.
- 활동의 주체가 참여자보다는 지도자 중심이 되기 쉽다.
- 지도자의 능력에 따라 활동의 내용이 크게 좌우된다.
- 참여자의 개성이나 능력이 무시되는 획일적 지도가 되기 쉽다.
- 개인의 요구에 응하기 어려우며 흥미를 지속시키기가 어렵다.
- 일방적 지도에 의해서 활동이 사회화라는 목적에 부응할 수 없다.

(2) 개별지도

개별지도는 지도 및 활동을 개별화함으로써 참여자 개개인의 능력의 다양성을 고려할 수 있으며 참여자들의 참여 활동이 개성적이며 주체적으로 이루어지도록 하는 지도방법이다. 지도자가 개별적으로 참여자와 접촉함으로써 성취의 정도를 이해하고 기술습득의 지연이나 연습방법상의 오류를 발견하여 이를 도와줄 수 있는 중요한 측면을 지니고 있다. 일제지도의 경우에도 적당한 지도나 조언에 의한 개별지도가 필요하다. 또한 참여자의 활동 양태는 집단 내에서 보충이나 확인을 통해 질적으로 한층 더 향상되어 진다고 볼 때, 개별지도와 일제지도는 분리, 대립되는 것이 아니라 지도자의 일정한 계획과 통찰에 따라 양자를 적절히 병행하여 지도할 필요가 있다.

즉, 기술을 요하는 수영종목의 지도와 같은 것은 일제지도를 하면서 개개인의 동작을 보조 또는 구두로 개별지도를 하여야 하며, 분단지도시에도 다른 분단은 단체경기를 실시하게 하고 일개분단만 기술적인 운동을 개별로 지도한다거나 지도자를 대신하여 기능이 우수한 참여자로 하여금 개별지도를 시킬 수도 있다.

개별지도의 장점은 참여자의 능력에 따라 적절한 지도방법을 적용할 수가 있고 참여자 자신의 참여의욕을 극대화시킬 수 있다는 점이며, 단점으로는 다수의 참여자로 이루어진 집단일 경우 시간적으로 능률이 오르지 않는다는 점이다. 개별지도를 주로 이용하게 되는 경우를 보면 다음과 같다.

① 참여자 개개인의 능력차가 심하게 나타날 때
② 특별히 우수하거나 열등한 사람이 있을 때
③ 기타 개인적으로 문제가 있는 참여자를 지도할 때

(3) 분단지도

분단지도는 집단을 여러 개의 소집단으로 나누어 지도하는 형태로서 개별지도의 장점을 살리는 동시에, 일제지도의 능률적 지도방식의 장점도 활용하는 것이다. 분단지도에는 참여자의 능력, 종목의 특성, 시설장비의 상태를 충분히 고려해야만 한다.

분단지도의 장점을 들면 다음과 같다.

① 참여자 전원이 활동과제 해결에 공헌할 수 있는 기회가 주어진다.
② 참여자로 하여금 자발적 활동을 하게 하는 데 효과가 있다.
③ 종목의 성질에 따라 개인차가 나타나는 종목의 경우에는 능력이 같은 참

여자들을 동일집단으로 합쳐서 지도할 수 있으므로 자연히 지도효과가 높게 나타난다.

④ 릴레이나 단체경기에 있어서 능력이 같은 분단을 구성함으로써 경쟁의식이나 학습의욕을 높이는데 효과적이다.

⑤ 참여자가 서로 활동정도를 비교하며 서로 지도하는 기회가 많이 주어진다.

⑥ 지도성과 협력성을 육성하는 데 효과가 있다.

분단지도의 단점으로는 다음과 같은 것을 들 수 있다.

① 분단지도의 운영기술이 부족하면 시간적으로 비효율적이 되기 싶다.

② 능력별 편성시 우월감이나 열등감이 형성될 위험이 따른다.

③ 개별지도에 비하여 개인적인 지도를 철저히 할 수 없다.

④ 분단간에 경쟁의식이 지나쳐 적대감이 생길 우려가 있다.

⑤ 지도력이 분산되며 따라서 관리를 충분히 할 수 없다는 점이다.

분단으로 집단을 나누는 방법으로는 능력별 편성, 균등별 편성 두 가지가 있다.

① 능력별 편성

능력별 편성은 능력이 같은 사람끼리 모아서 분단을 편성하는 방법으로 개인차가 심하게 나타나는 기계체조나 수영, 육상경기의 높이뛰기, 투기 등의 개인기능 향상을 위한 학습지도에 적합하다. 분단 내에서는 능력이 같으므로 서로 자극을 주고받는 기회가 많으며 적극적인 학습의욕이 높아지고 지도하는데 비교적 변화가 적고 능률이 오른다. 그러나 분단에 의한 우열이 명백하게 되므로 분단간에 우월감, 열등감을 갖기 쉬우며 각 분단의 인원수를 일정하게 하기 어렵다.

능력별 분단의 지도시 유의할 사항은 다음과 같다.

- 각 분단의 능력에 따라 활동의 내용을 제시한다.
- 각 분단에 리더를 두고 자율적으로 연습하게 한다.
- 지도자는 되도록 개인적으로 지도하는 기회를 많이 가진다.
- 적시에 검사를 하여 상위의 분단으로 끌어올리도록 한다.

② 균등별 편성

균등별 편성은 분단간의 능력은 균등하나 개인차가 심한 참여자가 같은 분단에 혼합되어 있으므로 분단끼리 경쟁하는 구기나, 릴레이 경기 등의 단체경기의 기능향상을 위한 지도에 접합하다. 각 분단의 능력이 비등하므로 경쟁에 열의가 있어 효과적이며 능력이 우수한 자가 능력이 낮은 자를 상부상조하는 기회가 많아 협동단결의 민주적 집단 분위기를 조성할 수 있으며 자발적, 자치적인 집단활동을 조장하여 능률의 향상을 기할 수 있다.

그러나 같은 분단 내에서 개인적으로 우월감, 열등감을 갖기 쉬워 단합을 깨트리는 수도 있으며 능력이 낮은 사람으로 인하여 자기편이 진다고 하며, 비난이나 배척할 염려가 다분히 있다.

균등별 편성시 지도상의 유의점은 다음과 같다.

• 분단의 단결을 통하여 상부상조하는 협력적 분위기를 조성하는데 효과가 있으므로 분단은 어느 정도 고정해 두고서 상당한 기간을 계속시킨다.

• 각 분단마다 그 분단의 결점을 보충하며, 장점을 신장시키기 위한 연습을 적극적이고, 자발적으로 할 수 있도록 유도한다.

• 지도자는 각 분단의 결점 및 장점을 잘 파악하고, 그에 합당한 연습방법 또는 전법 등을 지시해 준다.

• 능력이 우수한 사람과 능력이 열등한 사람의 사이에서 친절하게 지도해주며, 기꺼이 지도를 받는 좋은 분위기를 조성해 준다.

• 개개인의 능력을 상세히 파악하고, 가능한 각 분단의 실력이 균등하도록 편성하다.

3. 지도방법의 선택 요인

지도방법이란 지도자가 효과적으로 지도의 내용을 대상자에게 전달하기 위해 사용하는 지도의 전반적인 과정과 기술을 말한다. 지도의 방법은 종목의 특성, 참여자의 능력, 참여자의 수, 활동의 목표, 지도자 사이의 특성과 능력, 지도의 전반적인 환경 등 여러 가지요인에 의해서 결정된다. 여기에서는 지도내용의 특성, 활동의 목표, 참여자의 구성 특성 등에 대해서 설명하기로 한다.

1) 지도내용의 특성

사회체육 지도과정을 다양한 내용으로 가르치기 위해서는 여러 가지 지도방법을 적용해야만 한다. 개인운동을 가르칠 때는 개인적인 접근이, 단체경기를 가르칠 때는 전체적인 접근이 필요하다. 그러므로 지도방법의 선택은 교재의 내용에 따라 변화가 있어야 한다.

2) 지도의 목표

지도목표 달성은 지도방법의 선택에 의해서 이루어진다. 참여자들이 활동에서 기대하는 것은 무엇인가? 참여자들이 운동기능을 습득하는 것이 이 시간의 목표라면 이 목표를 달성하기 위하여 지도자는 여러 가지 방법을 이용할 것이다. 창의적이고, 참여자를 위하는 지도자라면 게임 상황에서 목표를 달성하려고 할 것이기 때문에 참여자들은 매우 열성적으로 게임에 임하게 될 것이다. 지도자는 참여자들의 요구를 들어주어야 하며, 그들이 활동목표를 달성할 수 있도록 유도해야만 한다.

3) 참여자의 구성 특성

지도방법을 선택할 때에는 구성인의 특성, 수, 능력 들을 고려해야만 한다, 특히 남녀간 능력의 차이, 흥미, 관심, 태도 등을 세심하게 고려해야만 한다. 예를 들면 청소년 수준에서는 참여자들의 다양한 흥미에 따라 여러 가지 방법이 적용되어야 한다. 참여자들에게 오랜 시간 동안의 강의는 지루함을 준다. 참여자들간의 능력의 차이가 많이 날 때에는 능력에 따라 적절한 방법을 선택해야만 하고, 시설, 장비, 장소에 따라 적절한 지도방법을 적용할 수 있어야만 한다.

이처럼 지도자의 활동과 지도방법을 결정하는데 영향을 미치는 요인들을 종합해보면 〈그림 5-1〉과 같이 나타낼 수 있다.

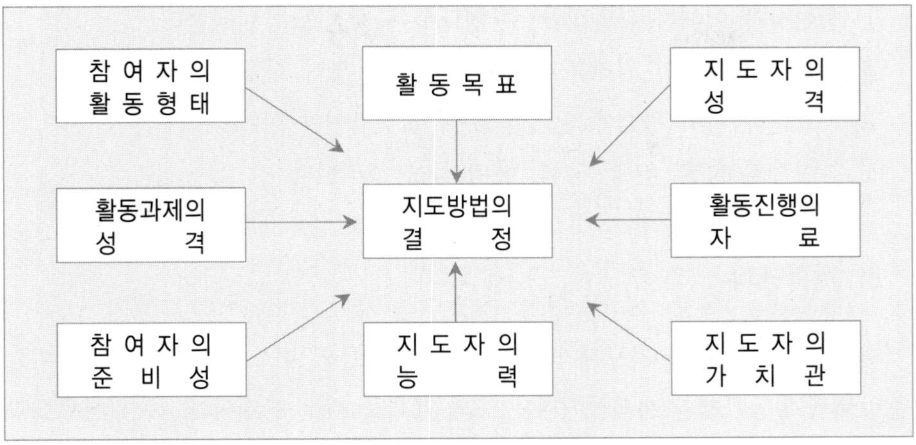

그림 5-1. 지도자의 활동과 지도방법의 결정에 영향을 미치는 요인들

4. 지도의 절차

스포츠 지도의 절차에 대해서는 앞서 지도의 기술적 요인을 설명하면서 대략적으로 다루었다. 여기에서는 스포츠지도의 총괄적인 지도 모형과 지도절차에 대해 좀 더 상세히 살펴보기로 한다. 스포츠 지도의 모형은 다음과 같은 단계로 구분하고 대상 및 종목의 특성에 따라 적절하게 변형하도록 한다.

1) 목표설정

목표의 설정은 다음에 이어지는 활동계획과 진단, 지도자와 평가라는 지도과정의 절차에서 가장 먼저 시작되는 출발점으로, 이러한 목표의 설정에 의해서 지도자의 지도방법과 참여자의 활동내용, 그리고 평가의 방법을 우선적으로 결정하는 중요한 단계이다. 목표는 참여자의 능력을 충분히 고려하여 달성 가능하거나, 달성함으로써 성취감을 맛볼 수 있는 수준으로 전하고 참여자의 활동의욕과 흥미를 높이기 위해서 목표 성정의 과정에 참여자의 의견이 반영될 수 있도록 한다.

목표를 설정할 때의 유의할 사항은 다음과 같다.

① 참여자가 이해하고 달성할 수 있도록 구체적으로 설정한다.
② 목표는 과학적인 원리를 바탕으로 객관성 있게 세워야 한다.
③ 목표는 과거의 경험에 근거를 두어 설정하여야 한다.
④ 참여자의 성별, 연령, 능력, 흥미 등을 고려한다.

2) 계획단계

계획의 단계에서는 지도자가 한 종목이나 활동의 어느 단계의 지도를 위한 준비로서 활동과제를 분석하거나 지도의 계획을 짜는 단계이다. 즉 활동목표와 내용을 확인하고 집단과 집단을 둘러싸고 있는 제반 환경을 고려하여 알맞은 계획을 수립하는 단계이다. 활동의 계획을 수립할 때에는 집단과 관련기관의 자원을 최대로 활용하고, 활동의 진행이 단절되지 않고 연속적으로 이루어지도록 해야 하며, 활동의 목표에 가장 부합되도록 하여야 한다.

3) 진단단계

진단단계에서는 가르치려고 하는 운동종목에 대해 참여자의 선수학습능력을 미리 진단다. 진단단계에서는 활동내용의 정보와 방법 등을 가능한 여러 가지로 제시하여 참여자들의 요구에 맞는 프로그램을 작성하여 최종적인 기술 활동의 수준을 알기 위한 진단이 필요하다. 진단의 내용은 활동의 형태, 운동기능이 수준, 단원목표 달성 등이다.

진단결과에 따라 ① 완전결손, ② 부분결손, ③ 무결손으로 분류하여 소집단을 구성하고, 무결손 집단은 부분결손 집단과 상호 협조에 의한 교정이 이루어지도록 하고, 완전결손 집단은 지도자가 직접 지도하는 것이 바람직하다.

4) 지도단계

지도단계는 준비, 탐색, 발전, 연습, 정착의 다섯 단계로 나눌 수 있다. 이 단계에서는 운동기능의 지도를 주로 하되, 운동의 특성과 규칙, 태도, 전술 등에 대한 지도 역시 포함되어야 한다. 지도단계를 더욱 세분하여 각 과정에서 일어나는 활동을 구체적으로 설명하면 다음과 같다.

① 준비과정

준비과정은 활동과제 및 목표인식, 관련지식습득, 시범활동이 이루어지는 지도의 도입단계이다.

- 지도자는 참여자들이 어떤 운동의 기술을 배울 것인가를 제시하고 여기에 따른 목표를 설명해 준다.
- 운동기능과 관련된 운동의 방법, 경기규칙 등을 설명해 준다.
- 활동과제에 대한 시범을 보인다.

② 탐색과정

탐색과정은 시범을 보고 실제로 해보아 요소기능(要素機能)에 대해 탐색하는 과정이다.

- 참여자는 지도자의 시범을 그대로 모방하여 시행해본다.
- 요소기능을 하나하나 부분적으로 나누어 연습한다.

③ 발전과정

발전과정은 자기평가와 기능을 재구성함으로써 동기를 강화시키는 단계이다.

- 참여자 스스로 동료와 비교하거나 지도자의 평가에 의해 운동기능의 습득 정도를 평가한다.
- 올바른 동작을 한 참여자에게 격려를 통해 동기를 부여한다.
- 평가에 의해서 얻어진 결과에 따라 잘못된 것을 버리고 기능의 교정을 시도한다.

④ 연습과정

발전과정을 거쳐 재구성된 기능을 그 종목의 특성에 따라 분습법 또는 전습법에 의하여 반복 연습하는 단계이다. 이 단계에서는 앞서 지도한 활동 내용과 관련시켜 연습하도록 하고, 기본적인 체력 요소도 함께 향상되도록 지도한다.

⑤ 정착과정

정착단계는 기능을 완성시키고 자동화시키는 단계이다.

- 반복연습에 의해 훈련된 부분 기능을 자동화하게 한다.
- 부분 기능을 종합하여 일련의 운동을 완벽하게 해낼 수 있도록 한다.

5) 평가단계

활동과제에 대한 일정기간의 지도가 끝났을 때 그동안의 성과를 총괄하여 평가한다. 지도자의 입장에서 계획대로 활동이 진행되었는지 평가하고, 전체적인 활동의 목표, 개인별 목표 달성의 정도를 여러 가지 검사방법에 의해 평가하여 다음 지도의 계획을 수립하는 데 활용하도록 한다.

5. 사회체육 지도의 기본 과제

학습내용을 학습자에게 정확하게 능률적으로 학습시키기 위해서는 환경이나 학습의 조건을 정비하고, 학습계획, 학습활동, 학습결과의 평가에 필요한 지도 조건을 하는 것이 필요하다. 이를 학습지도라고 한다. 그러나 가르치는 일이 단지 사람을 다루는 일만은 아닌 이상 학습효과를 올리기 위하여 가르치는 지도 방법을 연구할 필요가 있다. 다음은 지도법을 연구하는데 고려해야 할 기본적인 문제들이다.

1) 참가자의 기대 충족

스포츠 활동의 목적은 스포츠 자체의 플레이를 즐기는 경우와 동료 사귀기, 신체육성, 신체움직임 등과 같은 스포츠 활동을 통해서 얻어지는 효과를 기대하는 경우로 대별할 수 있다.

이러한 참가 목적을 참가자 측면에서 세분하면 다음과 같다.

- 동료와 함께 플레이를 즐기고 싶다.
- 스포츠를 통해서 친구를 사귀고 싶다.
- 체력을 육성하고 싶다.

- 한껏 몸을 움직여서 땀 흘린 기쁨을 맛보고 싶다.
- 스포츠 기술을 숙달시켜 잘하고 싶다.
- 스포츠를 통해서 지적 호기심을 만족하고 싶다.
- 일상생활에 활력을 붙이고 싶다.
- 기분을 유쾌하게 하고 싶다.

그러나 이러한 목적을 개개인에 따라 달라질 수 있으며, 상호관계에 있어서 실제의 경우에는 그 중 몇 가지로 서로 겹쳐서 작용하게 된다. 따라서, 활동자는 이와 같이 천차만별의 기대를 갖고 운동에 참가하고 있기 때문에 지도자는 운동자가 기대하는 바를 충분히 파악해서 지도하지 않으면 안 된다.

2) 자발적인 학습

지도방법을 다각적으로 연구하여 학습자가 능동적으로 학습할 수 있도록 유도하지 못하고 지도자가 일방적으로 교재를 결정하고 학습자는 그것을 기계적으로 수용하도록 하는 교육은 결코 바람직하지 못하다. 교육의 목적은 교사가 있을 때나 없을 때나 자율적으로 학습하는 태도를 배양시켜주는 것이야 말로 참된 교육의 목적이다.

학습자로 하여금 자발적으로 학습에 임하게 하는 학습의욕을 인위적으로 불러일으키는 교육적 행위를 동기부여라고 하는데, 동기부여 방법에는 다음과 같은 것들이 있다.

(1) 학습목표와 학습내용을 충분히 이해시킨다.

학습자는 자신의 학습목표와 학습내용을 명확하게 이해함으로써 무엇을 어떻게 학습하는 것이 좋은가를 알게 되고 자신의 행동에 대한 소신을 가질 수 있게 된다. 이와 같은 소신은 자율적 학습에 대한 강한 동기가 된다.

(2) 능력에 따른 목표달성과 과제, 극복 과제를 갖는다.

스포츠의 장은 구체적이며, 객관적인 장이다. 다른 사람의 면전에서 실시함으로써 성공실패가 각 타인에게 평가되어 집단 내에서 자신의 위치가 분명하게 규정된다. 성공으로부터 맛볼 수 있는 즐거움은 학습에 대한 적극적인 의욕을 일으키지만, 실패는 용기를 잃게 만들며, 학습의욕을 저해한다. 그러나 실패도 가끔은 학습을 자극하는 요인이 된다. 성공과 실패의 균형을 고려하여 개인의 능력에 따른 목표를 갖게 하는 것이 중요하다.

(3) 경쟁적 · 공통적 기회를 만든다.

경쟁에 의해 학습을 고무하기도 하고, 공동으로 타인의 도움을 받아 학습을 촉진할 수도 있다. 그러나 항시 경쟁에 패하는 자는 학습의욕이 감퇴하여 전력을 다하지 않으므로 승리의 기회를 주는 클럽 편성 방법 등을 연구할 필요가 있다.

(4) 격려, 질책, 상벌 등에 의한 동기 부여

칭찬하는 일은 성공과 같이 사람에게 만족감을 주고, 학습동기가 된다. 때로는 질책과 벌도 학습을 촉진시킨다. 그러나 질책과 벌은 사람에 따라 자극이 대단히 강할 수도 있다. 또 칭찬만을 기대하는 경우가 있으므로 상이나 벌에 대해서는 충분한 주의가 필요하다.

(5) 학습환경 정비

스포츠 활동에는 실시용구가 필요하다. 학습의욕은 시설과 용구에 의해서 영향을 받는다. 운동장, 코트, 체육관, 강의실이 잘 정비되고, 용구가 정비되어 있고, 수도 충분히 있고, 선이 잘 그어져 있는 것 등은 학습의욕을 환기시키는 데 큰 힘이 된다.

3) 학습동기의 방향 · 강도 · 지속

학습이 추진 · 지속되기 위해서는 무엇보다 학습동기가 강해야 된다. 강한 학습동기야 말로 학습을 지속시키는 주요 동인인 것이다. 학습자로 하여금 강한 학습동기를 갖게 만들기 위해서는 그가 운동의 의미를 분명하게 이해할 수 있도록 충분하게 납득시킬 필요가 있다.

(1) 학습동기의 방향

다양한 생활행동의 동인이 되는 동기 또한 다종다양하다. 여러 가지 동기는 인간의 행동을 규제하여 일정한 방향으로 몰고 간다. 즉, 인간의 행동 에너지를 분출시켜 목표하는 학습의 방향으로 향하게 하며, 동시에 목적 이외의 사건들에 대해서는 에너지 개방을 억제시킨다.

학습동기는 이와 같이 인간의 행동을 특정한 학습활동의 방향으로 유도하기도 하고, 그 행동을 강화시켜 주기도 하며, 반대로 목적 이외의 행동에의 동기를 약화시키거나 해소시키는 역할도 한다는 점을 이해할 필요가 있다.

(2) 학습동기의 강도

학습동기의 방향이 결정되었을 지라도 그 동기가 약하면 충분한 학습행동이 이루어지지 않으며, 오히려 보다 강한 동기를 갖는 다른 방향으로 행동으로 이끌려간다.

학습동기를 강화한다는 것은 반드시 학습자에게 주어지는 자극을 그저 강하게 하는 것만이 아니고, 오히려 학습자의 상황, 능력에 따른 적절한 자극을 주는 일이고, 지적 호기심을 왕성하게 하는 일이다.

(3) 학습동기의 지속

학습은 연속적 활동의 시계열(時系列)이다. 즉 학습활동은 어느 일정 기간 여러 가지 장애와 저항을 넘지 않으면 안 된다. 그것을 위해서는 학습동기의 지속이 필요하다. 학습이 계속되기 위해서는 일정한 동기가 계속되는 것보다는 오히려 동기를 계속해서 갱신할 필요가 있다. 즉 학습목적을 항시 확인하면서 성공감 혹은 성공하지 못해도 과제의 해결에 접근한다고 하는 진보의 인식을 자극해서 학습동기를 갱신하기도 하고, 학습자를 둘러싸고 있는 환경에 변화를 주기도 하고, 학습자에게 명심시키기도 하고, 기대를 의식시키고 고무하는 것에 의해 학습동기를 지속시키는 일이 중요하다.

4) 개 인 차

스포츠 활동은 신체활동이고 신체적 조건은 물론 심리적 조건은 개인의 자원과 밀접한 관계를 맺고 있다. 따라서, 이러한 요소를 무시한 스포츠 지도를 할 수는 없다.

(1) 형태적 개인차

형태의 대해서는 신체의 크기가 스포츠 성적에 직접적으로 관계하는 경우, 근력과 파워는 신장에 비례하기 때문에 형태가 간접적으로 기능의 발현에 관계하는 경우 등이 있다.

농구와 배구는 신장의 크기가, 씨름과 포환, 창, 원반 등의 던지기 운동에서는 신장, 체중이 무거운 사람이 유리하다. 스포츠 지도에 있어서는 형태의 개인차가 특히 유의하지 않으면 안 되다.

(2) 체력적 개인차

스포츠는 신체활동이므로 체력의 차이는 스포츠 활동에 직접 관계한다. 운동기술에 있어서도 기본적 체력이 결여되어 있으면 기술 습득이 불가능한 것도 많다. 점프력이 약하면 스파이크를 강하게 할 수 없고, 근력이 약하면 스피드 있는 공을 던질 수 없다. 또 연습에 있어서도 체력에 따라 반복회수와 연습강조를 조절할 필요가 있다.

특히, 체력육성을 지도할 때 개인의 체력 수준을 무시한 지도는 효과적인 체력육성이 되지 못하고, 안전 측면에서도 피해야 되는 일다.

(3) 지적 · 심리적 개인차

운동학습도 단지 동장의 반복연습만으로 달성할 수 없기 때문에 학습자의 지적 사고와 인식이 필요하다. 따라서, 지적 발달이 불충분하여 운동인식이 좋지 못한 학습자와 그렇지 않는 학습자와는 지도방법이 당연히 다르지 않으면 안된다. 또 개인에 따라서 운동과제에 대한 심리적 반응도 다르다.

즉 일정의 과제에 대해서 불안감, 공포감을 갖고 소극적으로 학습하는 사람도 있는 반면에, 경쟁심이 끓어오르고 적극적으로 도전하는 학습자도 있다. 지도시에 이러한 개인의 심리적 경향을 고려하지 않으면 안 된다.

(4) 성 차

남녀 간에는 형태적 · 체력적 · 심리적 성향에 차이가 있다. 즉 여성은 남성에 비해서 일반적 형태에서는 작고, 체력적으로는 약하며, 심리적으로는 운동에 대해서 소극적인 측면이 있다.

(5) 운동경험의 개인차

처음으로 새로운 운동을 학습하는 경우라도 그것이 전혀 처음이라고는 말 할 수 없다. 지도자의 설명 · 시범을 지적으로 해석하고, 여기에 학습자가 지금까지 쌓아온 정보를 더해서 새로운 운동을 시도할 수 있다.

배구의 스파이크와 테니스 및 배드민턴의 스매싱 동작은 오버핸드 스루의 경험, 혹은 학습에 따라서 숙달의 정도에 차이가 생긴다.

5) 시설, 용구 및 학습 환경의 정비

인간의 학습활동은 인간을 둘러싸고 있는 지도자, 학습동료, 교재, 용구 등을 포함한 환경과의 상호작용 중에 이루어지는 것이다. 특히 스포츠 학습지도를 할 때에는 학습장소의 대소, 용구의 수 등 환경으로서의 시설 · 설비 및 용구는 학습효과를 올리는 데 중요하고, 때로는 결정적 조건이 된다. 모든 학습자가 충분히 활동할 수 있는 시설 · 용구를 준비하는 것은 쉽지는 않다. 충분한 시설, 설비, 용구 등이 없는 경우에는 거기에 참가한 사람들에게 보는 것만이 되므로 현명한 방법이 아니다. 참가하지 못하는 사람을 위해서 지도하는 방법으로 다음과 같은 것을 생각할 수 있다.

(1) 이미지트레이닝

옛날부터 일본 무도에서는 "훑어보고 마음으로 택해 배움"이라고 해서 연습을 보는 것으로도 배우는 이미지트레이닝이 행해져왔다. 오직 어렴풋이 보고 배우기도 하고, 순서를 기다리며 자기 자신이 일류선수가 된 듯이 학습하는 이미지트레이닝을 머릿속으로 그려보는 것은 기술 습득에 효과가 있다. 그러나 이미지트레이닝을 하기 위해서는 운동의 이론을 알아야만 한다. 이와 같은 인지적 파악이 선행됨이 없으면 이미지트레이닝으로부터 효과를 기대할 수 없다. 이를 위해서 운동경과를 확실히 관찰할 수 있는 장소를 구비할 필요가 있다.

(2) 병행 지도

반별학습이든 클럽학습이든 간에 각 반, 각 클럽 모두 공통의 과제에 대해서 학습하는 것이 보통이다. 그러나 시설, 용구, 능력의 차이에 의해서 동일과제에 대해서 학습할 수 없는 경우에는 몇 개의 과제를 준비해서 병행적인 학습을 시키는 것이 좋다.

6) 스포츠에 대한 인식의 폭과 깊이를 강조하는 지도

스포츠 활동에서 목전의 승패와 운동의 성과, 정신, 그것을 지지하는 배경인 「움직임(기술), 신체(체력), 동료(공동체)」에 대해서 인식을 깊게 하는 과정은 목전의 승패 이상으로 중요한 것이다. 기술만 하더라도 오랜 역사적 변천 속에서 여러 가지 조건의 바탕으로 생겨나는 것이고, 하나의 기술이 단독으로 존재하는 것은 아니다. 예를 들면, 높이뛰기에서 배면뛰기의 폼은 착지 장소에 부드러운 매트가 구비되어 있어야 나올 수 있는 기술이다, 같은 스포츠 종목에서도 그 실시방법에 따라서 신체에 대한 영향이 다르다. 예를 들면, 천천히 달리는 조깅에서는 달리면서 대화도 가능하고, 땀도 천천히 나고, 장시간 달리기를 계속할 수 있다. 그러나 페이스를 높이면 곧 피로해 진다. 이와 같이 운동 강도와 신체의 반응은 밀접한 관계를 맺고 있는 것이다.

동료와 상대의 존재에 대해서 왕왕 인식이 치우치는 경우도 있다. 예를 들면, 게임은 상대가 있어서 그 게임이 성립되고 상대가 전력발휘를 해서 좋은 게임이 성립되는 것이다. 자기와 자기 자신만의 게임은 결코 성립될 수 없고 더구나 좋은 게임은 할 수 없다. 프로야구에서는 게임 전후의 애정은 없지만 고교야구에서는 팔팔하고 시원스러운 애정의 주고받음이 있다. 또 팀웍은 동료가 가지

런히 연습하는 것에 의해서 만들어지는 것은 아니다. 동료 개개인의 개성을 상호이해하는 것에 의해서 진정한 팀웍이 나오는 것이다.

이와 같이 스포츠는 단지 땀만이 아니고 「움직임, 신체, 동료」에 대해서 인식을 깊게 하는 장인 것이다. 그것을 위해서는 지도자 자신이 깊은 스포츠관을 갖는 것이 필요하고 지도에 있어서도 참가자 모두에게 풍부한 스포츠관을 육성시키는 것이 대단히 중요하다. 이러한 스포츠관의 학습은 생애 스포츠의 진흥으로 연결된다.

6. 지도 단계의 설정

1) 지도 단계의 의미

스포츠지도는 어떤 특정 종목을 하고 싶다든가 또는 더욱 잘하고 싶다든가 하는 생각을 가지고 운동에 몰두하는 사람들을 대상으로 이루어진다. 스포츠지도에는 운동의 기능을 높여 경기력을 향상시키는 지도와 운동을 행하는 방법, 연습을 향상시키는 방법 또는 매너를 몸에 익히게 하는 지도의 두 가지가 있다. 이러한 지도를 전개시켜나갈 때 중요한 점은 운동을 행하는 사람의 바램을 만족시켜주고, 운동과 다양한 관계를 깊이 맺을 수 있도록 하기 위해서는 어떠한 순서로 지도할 것인가를 고려하는 일이다.

한편, 여러 가지 스포츠 종목의 기술에는 쉬운 것에서 어려운 것에 이르기까지 하나의 계통이 서 있다. 이 점을 무시하고 스포츠 지도를 하면 너무 어려워 도중에 그만 두는 사람들이 많이 나오게 되고, 스포츠상해가 발생할 수도 있다. 이 부정적인 측면을 피해서 사람들이 스포츠의 좋은 점을 알고, 스포츠에 친숙해지고, 스포츠를 깊이 이해하도록 하기 위해서는 지도단계를 어떻게 할 것인가 생각하는 것이 중요하다.

지도단계는 2개의 레벨로 나누어서 생각할 수 있다. 첫째는 어느 스포츠 종목에도 공통적으로 고려하지 않으면 안 되는 「일반적 · 공통적인 지도단계」이고, 두 번째는 「스포츠종목의 특성에 따른 지도단계」이다.

2) 일반적 지도 단계의 설정

(1) 신체적 발달과의 관계로부터

스캐몬(Scammon)은 인체의 발육패턴을 4종류로 분류하였다. 〈그림 5-2〉는 발육형을 나타낸 것인데, 횡축에는 연령을, 종축에는 완성기를 20세로 해서 각 시기에 대한 각 연령시 값을 백분율로 나타낸 것이다.

첫째는, 임파조직에서 보여지는 것으로서 소년기에는 성인기의 2배에 가까운 수치를 나타내지만, 차차 임파조직에서 보여지는 것으로서 소년기에는 성인기에 2배에 가까운 수치를 나타내지만, 차차 감소해서 성인의 크기가 되어 가는

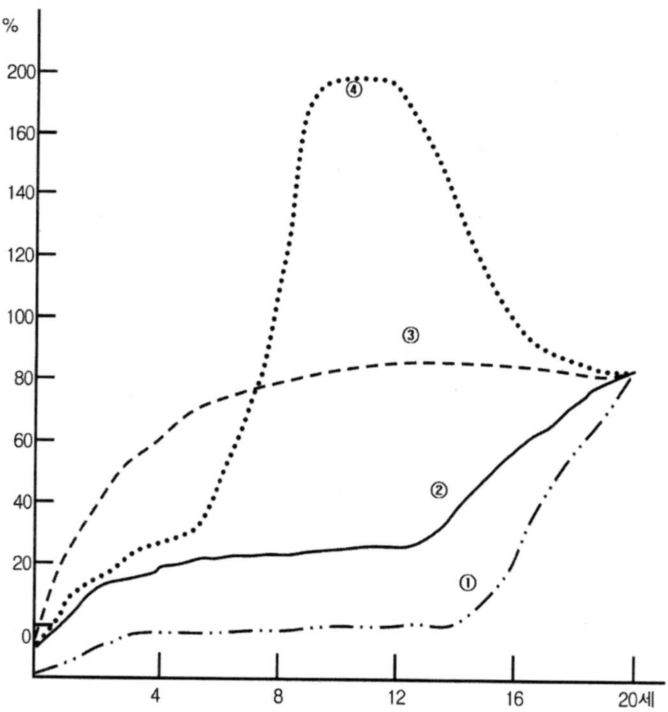

<신체의 발육형>

① Genital type (생식형) ② General type (일반적 신체형) ③ Neural type (신경형) ④ lymphoid type (임파형)

※ 자료: 체육총서간행회, (1980). 체육원리

그림 5-2. 인체의 발육패턴

데, 이것을 임파형(lymphoid type)이라고 부른다. 둘째는 뇌, 척수, 신경 등의 발육에서 나타나는 신경형(neural type)인데, 이 경우는 탄생하면서 급격하게 발달해서 2세에 60%, 4세에는 80%, 6세에서는 90%, 12~14세까지는 거의 100% 가까운 발육상태를 보인다. 셋째는 신장, 흉위, 좌고, 근육, 골격 등의 발육에서 나타나는 일반형(general type)으로 신경형보다 조금 늦게 발육에서 나타나는 생식형(genital type)이라 불리는 것이 있다.

이 중에 신체활동과 특히 관계가 있는 것은 신경형과 일반형이다. 운동의 적시성이라는 측면에서 보면, 청소년에게 운동을 지도하는 경우에 이 발육곡선을 무시하면 안 된다. 즉, 보다 신경기능이 요구되는 신체활동, 운동종목이라고 말해지는 체조와 피겨스케이트와 같은 종목, 체력요소라고 말해지는 조정력과 같은 종목은 신경형 타입의 발육에 보이는 것같이 내용적으로는 비교적 일찍 운동을 경험시키는 것이 좋다. 또 일반형의 근육과 골격의 발육은 신경형보다 늦게 발육하기 때문에 신경형과 달리 12세를 경과한 후부터 트레이닝을 전문적으로 실시하는 것이 좋다.

이 일반형의 근육트레이닝 효과를 나타내는 것으로 Gezer의 유명한 실험이 있다. 쌍생아 가운데 한 아이에게는 계단오르기를 실시하게 하고, 다른 아이에게는 아무 것도 하지 않게 한 다음에 경과를 살펴 본 결과, 트레이닝 직후 양자를 비교한 경우 트레이닝을 행한 클럽과 행하지 않은 클럽 사이에는 유의한 차이가 나타났지만, 그 후 기간을 두고서 재차 측정한 결과 양자 간에 차이가 나타나지 않았다. 스포츠지도에 있어서 이러한 사실을 이해하고 운동수단을 선택하는 것이 필요하다고 생각한다.

(2) 운동에 친숙해지는 방법

스포츠에서 실패한 경험이 있거나, 부정적인 체험을 한 사람은 스포츠상황에서 불안감과 두려움을 갖기 쉬우며, 실패의 책임 때문에 자신감을 잃는 경우도 있다. 이런 사람은 대개 스포츠상황으로부터 도피하려는 경향을 보인다. 반대로, 스포츠 활동에서 즐거움을 경험했거나 칭찬을 받는 경험이 있는 사람은 스포츠에 친근감을 느끼는 경우가 많다. 이 점을 고려한다면 스포츠지도에서 스포츠를 할 때 느끼는 만족감과 즐거운 감정을 충분히 고려하지 않으면 안 된다.

마음의 만족은 욕구가 충족되었을 때 얻어지지만 이 욕구충족에 대해서는 〈그림 5-3〉의 Maslow의 계층적 욕구 구조를 참고하면 사람의 욕구에는 저차원의 생리적 욕구로부터 고차원의 자기실현의 욕구에 이르기까지 일련의 계층성이 있다고 한다.

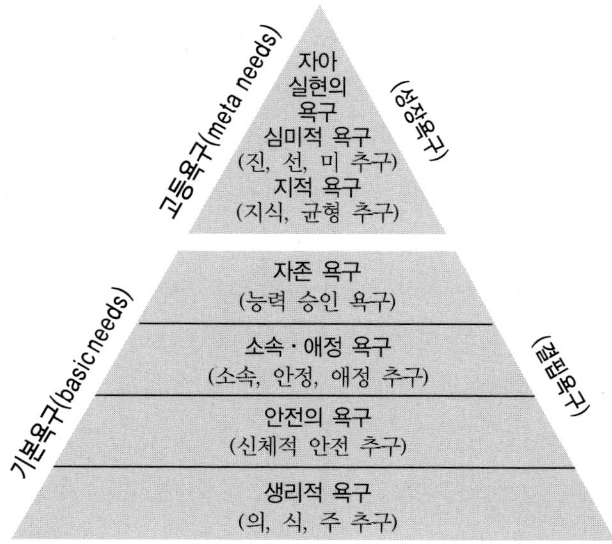

그림 5-3. H.A.Maslow의 계층적 욕구 구조

이것을 스포츠장면에서 생각하면 "생각대로 몸을 움직일 수 있다."는 유쾌함(생리적 욕구의 만족감)과 "능숙하게 칭찬을 잘한다."는 즐거움(애정욕구의 만족) 등이 앞서 있고, 다음으로 "기록이 좋아져서 스스로 크게 기뻐한다." 등의 즐거움(자기실현의 욕구충족)을 체험한다고 한다.

이 점을 고려할 때 스포츠를 할 때 마음의 만족을 중요시하는 지도는 생리적 욕구와 애정의 욕구의 충족에 의한 「얕은 친숙」의 단계로부터 자기실현의 욕구충족에 의한 「깊은 친숙」의 단계로 발전해 나간다는 원칙을 고려해야만 할 것이다.

다음으로 마음이 만족에 중요한 것은 운동의 의해서 얻어지는 즐거움과 감동은 스포츠종목의 특성에 따라 각기 다르기 나타나기 때문에 「종목특성에 따라 얻어지는 유쾌한 감정(妙味)」을 중요시하는 것이다.

(3) 이벤트 참가와 관련된 지도

근래 청소년을 대상으로 하는 스포츠 이벤트행사가 다양해지고, 많아짐에 따라 여기에 참가하는 청소년들의 수도 점차 증가하고 있다. 이벤트 참가는 운동자의 활동에 구체적인목표를 주는 동시에 클럽활동을 활성화하는 역할을 한다. 또한, 경기대회의 체험은 그 후의 스포츠 생활에 여러 가지 의미에서 영향을 준다고 말하고 있다. 스포츠를 행하는 사람들에게 도움이 되도록 장기적인 계획을 갖고 참가하도록 유도하면서 여러 면에서 순기능적인 영향이 기대된다.

그러나, 참가회수가 너무 빈번해지면 연습량이 지나치게 과도하게 되고, 이로 인하여 신체의 발육・발달에 역기능적 영향을 줄 수도 있다. 심리적으로도 「들뜬 상태」를 일으킬 수 있고, 의욕을 상실하는 경우도 있다.

제6장

사회체육 지도의 계획

1. 지도계획의 의의와 필요성
2. 지도계획 수립의 요점
3. 지도계획의 모형
4. 스포츠 기술 지도의 유의점
5. 지도상의 문제점과 해결 방안
6. 지도계획의 유형과 지도안

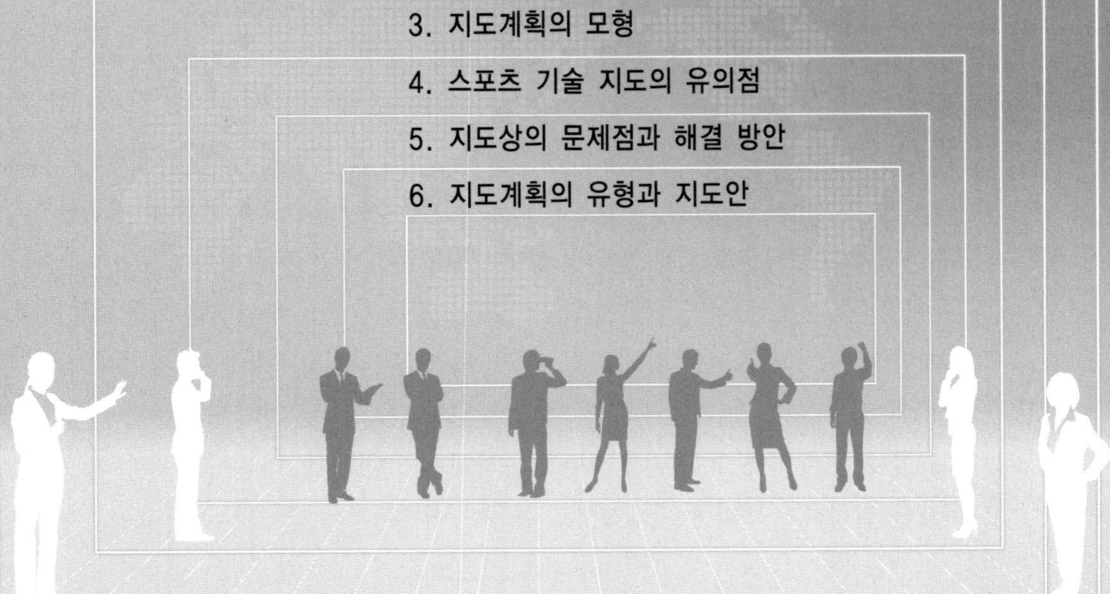

지도계획이란 어떠한 활동목표를 참여자들에게 효율적으로 성취시키기 위하여 수행되어야 할 제반 활동과 요소를 계획하는 행위라 할 수 있다. 즉, 지도계획은 효과적인 활동장면으로 이끌기 위한 사전계획인 것이다. 우연성과 즉흥성이 지도활동의 전반을 주도해서는 안되며, 보다 많은 참여자들이 목표하는 성과에 도달할 수 있기 위해서는 지도활동에 앞서 충분한 준비와 치밀한 계획이 반드시 필요하다.

지도계획 수립시에 고려해야 할 단계적 모형은 활동목표와 내용의 세분화, 대상자의 기본능력 측정, 지도전략의 결정, 활동 집단의 조직, 활동시간의 배분, 활동현장과 자료선정, 성취도 평가와 수정을 위한 피드백으로 구성된다.

1. 지도계획의 의의와 필요성

지도계획이란 한마디로 표현하면 어떠한 활동목표를 참여자들에게 효율적으로 성취시키기 위하여 수행되어야 할 제반 활동과 요소를 계획하는 활동이라고 말할 수 있다. 즉, 지도계획은 효과적인 활동장면으로 이끌기 위한 사전계획이라 할 수 있다. 이를 좀 더 구체적으로 풀어서 지도계획이 무엇인지 알아본다면 지도계획은 다음 세 가지 질문에 대한 대답을 찾는 일이라 하겠다.

첫째, 사회체육활동의 참여자는 무엇을 배워야 하는가?

둘째, 첫째 질문에 도출된 활동목표를 참여자들이 획득하기 위해서 제공될 활동의 자료는 무엇이며, 그 활동의 진행은 어떻게 해야 하는가?

셋째, 참여자들이 활동목표를 성취했는지의 여부를 어떻게 밝히는가?

이 세 가지 질문을 가지고 각각에 대한 대답을 찾는다면 그것이 바로 지도계획을 위한 활동이 되고, 그 활동의 결과로 지도계획이 산출될 것이다. 1년이라는 기간 동안 이 세 가지 질문에 대한 대답을 찾는 활동을 하였다면 연간 지도계획이 되는 것이고, 1주의 지도를 위해서하면 주간 지도계획이 될 것이다.

위의 세 가지 질문 가운데서 첫 번째 질문의 답을 찾는 일이란 활동의 최종목표를 근거로 하여 그 목표를 보다 분명하게 규정하고, 또 다음어진 최종 활동목표를 달성하기 위하여 단계적으로 활동이 이루어져야 할 세부 활동목표, 즉

보다 하위 수준의 활동목표를 분석하여 보다 명확한 형태로 기술하는 일이 여기에 포함된다.

둘째 질문에 대한 대답은 앞으로 보다 많은 참여자들이 달성하도록 하기 위해서 어떠한 자료, 어떠한 사람, 어떠한 활동장소, 어떠한 집단조직, 얼마만큼의 시간배정 등을 계획하는 일이 여기에 속한다. 활동목표의 달성을 위해서는 다양한 방법과 다양한 지도·활동의 자료가 요구될 것이다. 이 때 효과성과 적용 가능성을 감안하여 가장 알맞은 것을 선택하여 하나의 체제 속에 통합시키지 않으면 안 된다.

셋째 질문에 대한 대답은 활동목표에 타당한 평가도구를 제작하고, 이를 언제 실시하며, 그 결과를 어떻게 활용할 것인가에 대한 계획을 수립하는 활동이라고 할 수 있다.

지도계획을 수립하는 이유 중에서 가장 큰 것은 활동에 들어가기 전에 충분히 계획한 활동은 그렇지 않을 때보다 활동의 효과를 높이는데 더 효과적일 것이라는 전제 때문이다. 참여자들이 소기의 활동목표에 도달할 수 있도록 하기 위해서 제공될 활동내용은 너무나 다양하며, 따라서 그 효과도 다양하다. 그러므로 외부적으로 제동될 활동조건을 가장 접합하게 해 주는 일은 치밀한 계획과 사고의 과정을 통해서만이 가능한 것이다. 활동의 우연성과 즉흥성이 활동의 전반을 주도하기 위해서는 활동을 지도하기 전에 충분한 생각을 통해 치밀한 계획을 세워야 한다.

이러한 전제하에서 다음과 같은 몇 가지 이유로 지도계획의 필요성이 강조될 수 있다.

첫째, 오늘날 사회체육 활동의 양태는 매우 다양하고 끊임없는 변화의 양상을 띠고 있다. 이에 따라 스포츠 지도의 현장에서 계속적으로 유입되는 정보의 양도 급격히 늘어나고 있는 현상을 보인다. 스포츠지도자는 이러한 변화의 추세를 민감히 받아들여야 하지만, 수집된 정보를 무조건적으로 전달하는 것은 문제가 있다. 지도자는 수집된 정보를 대상자의 능력과 수준, 활동조건, 자신의 지도 스타일에 맞게 재구성하고, 적절하게 편집해야 한다. 즉, 어느 것이 낡은 기술이고 어느 것이 새로운 기술인지 분간해내고, 새로운 기술이라면 그것이 충분히 실정에 맞고 타당한 것인지를 파악하여 활동이 시작되기 전에 무엇을 가르치고 무엇을 뺄 것인지를 결절해야 한다. 이와 같은 일이 바로 지도계획에서 이루어져야 한다. 따라서, 지도계획은 활동의 목표와 자료를 정선한다는 측면에서 꼭 필요한 활동이라 하겠다.

둘째, 참여자의 개인차를 최대한 고려한 지도가 이루어져야 한다. 참여자의 개인차를 고려한 지도를 하기 위해서는 활동이 이루어져야 할 것이다. 참여자들의 개인차를 조직하고 활동장소를 어떻게 활용할 것인가에 대한 구체적인 계획이 있어야 할 것이다.

셋째, 운동기술 습득상의 오류나 실패는 쉽게 교정하거나 되돌리기가 어렵다. 더욱이, 한집단의 참여자가 잘못 배운 것을 모두 고쳐서 다시 교정하는 일은 더욱 어렵다. 이는 처음부터 가르치는 일보다 어려운 일이다. 따라서, 운동의 기술적 계통에 따라 기본기부터 완전한 지도계획을 자지고 활동지도에 임해야 한다.

넷째, 지도의 경제성이라는 측면에서도 활동은 충분한 계획을 토대로 이루어져야만 한다. 투입과 산출의 면에서 투입은 가능한 적게 하고 산출을 최대한 높이기 위해서 어떠한 방법과 자료를 이용하여 어떠한 절차 속에서 활동이 진행되도록 할 것인지를 충분히 계획하여야 한다.

지도자는 확고한 지도관과 지도역량을 가져야하며 창의적 활동에 의해 그 성과를 높일 수 있는 계획을 수립하여야 한다. 그 계획은 평면적인 차원이 아니라 활동장면과 참여자, 지도자료, 지도자의 심리적 역동성, 운동기술 내용과 계통 등에 관한 면밀한 계획을 갖추어야 한다. 활동의 성패는 지도의 사전준비에 의해 크게 좌우됨을 명심해야 할 것이다.

2. 지도계획 수립의 요점

지도계획은 대상자의 능력, 심리적 특성, 활동장면의 조건, 참여자의 요구, 이용 가능한 자료와 기재 등의 사항이 충분히 반영되고 창의성과 융통성이 어느 정도 부여되어야 한다.

지도계획을 수립할 때 고려해야 할 일반적인 원칙을 열거하면 다음과 같다.

1) 목적에 합당한 지도계획

지도계획은 활동목적이나 목표에 직결되어야 하며, 현장에서 이루어지는 활동을 흥미있게 계획하여야 하고, 목적이 있는 활동이어야 한다. 실제로 그 시간에 전개되는 활동목표는 그 집단의 목표에 부합되어야 하며, 또한 그 지역사회와 사회적 목표에 부응하는 것이어야 한다.

따라서, 지도계획을 할 때 가장 기초가 되는 것은 활동목표의 확립인데, 이를 위해서는 구체적이고 명확한 계획이 세워져야 한다. 그리고 이와 같은 목표를 제시할 때는 활용될 수 있고 또 탄력성이 있는 산 기술의 전달이 이루어지도록 계획되어야 한다.

2) 일관성 있는 지도계획

지도에 있어서는 대상자의 기술수준이 단계적이고 계통성 있게 발전되도록 일관성 있는 계획이 필요하다. 또한 참여자의 가정, 직장, 등 사회적 환경과 유기적인 관계를 유지하고, 프로그램의 관리기간, 참여자, 지도자의 목표가 최대한 접근될 수 있는 일관된 계획의 수립이 요망된다.

3) 역동성 있는 지도계획

지도계획은 주로 지도자의 주도 아래 이루어져야 한다. 그러나 활동자체가 지도자 중심으로만 되어야 하는 것은 아니다. 스포츠 지도는 참여자들의 자주적이며 자율적 활동이 활발할 때 성과를 얻는 것이다 지도계획이 지도자의 일반적 활동만으로 계획된다면 그 활동은 타율적이며 수동적 태도를 취하게 된다.

스포츠 지도의 성과는 지도자의 노력만으로 달성되는 것은 아니다. 지도자의 지도성도 중요하며, 참여자의 능동적인 활동은 더욱 중요하므로 이와 같은 상호 관련성이 지도계획에 종합적으로 반영되고 참여자의 능력, 요구, 활동장면의 조건이 지도계획에 고려되어야 한다. 또 스포츠 활동은 지도자의 지도뿐만 아니라 참여자간의 상호작용과 주변 환경과의 영향도 의미 있게 작용됨을 잊어서는 안 된다.

이와 같이 스포츠 지도의 계획은 이에 관계있는 인간관계와 여러 변화요인들의 역동성, 그리고 전개과정에서 이루어질 상황과 활동도 예상하여 작성되어야 한다. 그리고 지도자가 세운 계획이 그 지도과정에서 변경되어야 할 때는 활동조건에 적합한 내용이나 방법으로 변경해야 한다는 점을 명심하고 있어야 한다.

4) 합리적인 지도계획

지도자가 힘들여 작성한 계획이라도 참여자에게 적합하지 못하면 가치가 없다. 또 몇 몇 참여자에게만 타당한 계획이 되어서도 역시 바람직한 것이 못된다.

일반적으로 지도계획은 참여자의 심리적 욕구, 능력, 경험과 배경 그리고 지역사회의 실정과 요구를 기초로 하여 작성되어야 한다. 즉 객관적인 타당성을 갖추기 위하여 지도나 전개에 필요한 모든 조건을 포함하고 있어야 한다. 그리고 계획에는 생활경험의 영역에서 모든 스포츠 활동의 요소가 유기적으로 증명할 수 있는 많은 자료를 준비하는 것이 필요하다.

지도계획에서 말하는 과학성이란 객관적이고 실증적이며 합리적인 뜻을 가지며, 어느 특정인에게만 타당하고 가치 있는 것이 되어서는 안 된다. 모든 참여자에게 타당하고 스포츠 활동의 요소들과 유기적인 관련성을 갖게 한다.

3. 지도계획의 모형

지도자가 어느 종목을 가르친다고 할 때 그 지도자가 우선적으로 해야 할 일은 무엇을 참여자에게 가르칠 것인가를 생각하는 것이다. 그 다음에 지도자는 대상자의 특성을 생각 해야 한다. 지도자는 과연 자기가 지도할 참여자들이 의도하고 있는 활동목표를 무난히 습득할 수 있는 준비가 되어있는지 궁금하게 생각해야만 한다. 지도자가 계획하고 있는 활동목표를 성취해 낼 수 있는 신체적・지적 능력을 갖추고 있어야 그 활동이 성공적으로 이루어질 것이기 때문에 참여자의 특성에 대한 고려는 필수적인 것이다. 그 다음으로는 활동의 목표와 참여자의 특성에 합당한 지도계획을 수립하고 활동을 개시하는 단계가 된다.

이러한 지도계획의 절차를 도표화한 겔라크(Gerlach, 1971)의 「체제적 수업설계모형」을 변형하여 소개하면 다음의 〈그림 6-1〉과 같다.

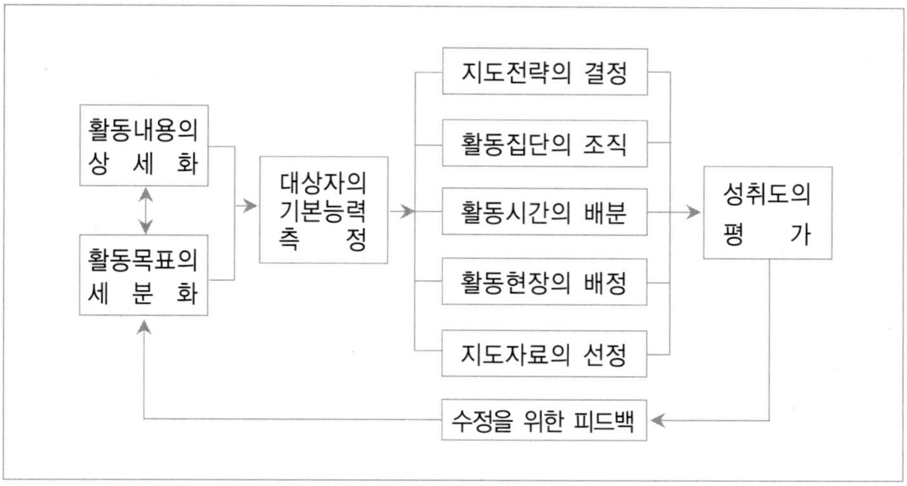

그림 6-1. 지도계획의 모형(Gerlach, 1971)

1) 활동목표와 활동내용의 세분화

모든 스포츠 지도의 계획과정에서 제일 처음으로 시작되어야 할 일이 바로 활동목표와 활동내용의 세분화이다. 한 시간 혹은 한 단원의 활동이 끝난 바로 그 시점에서 참여자가 지도를 받은 증거로서 할 수 있는 것이 무엇인지를 분명하게 진술하는 일이다. 애매하거나 추상적인 활동목표를 피해야 한다. 흔히 비교적 화려하고 번지르한 활동목표, 즉 한 평생을 연습해도 달성이 될는지 모르는 추상적인 목표를 활동목표라고 제시한 일은 삼가 해야 한다. 이 단계에서는 한 시간에서 열 시간 정도에 성취가 가능한 구체적인 활동목표까지 세분화하지 않으면 안 된다. 또 활동목표를 상세화한다고 너무 세분화시키는 것도 좋지 않다. 또 활동목표가 세분화된 후에는 그 활동목표를 참여자들이 달성하는데 바로 도움이 될 수 있는 활동내용을 탐색하여 상세화해야 한다.

2) 대상자의 기본능력 측정

이 단계에서는 참여자들이 주어진 활동과제의 목표를 달성하기 위한 기본능력으로써 갖추어야 할 능력을 어느 정도 갖추고 있는지를 측정하는 것이 주요 목적이 된다. 그리고 또 다른 목적은 여러 가지 활동목표 중에서 참여자들이 이미 어느 목표를 이전에 습득했는가를 측정하는 것이다. 물론, 이러한 기본능력의 측정결과에 따라서 참여자 개인에게 혹은 참여자 집단에 제공될 지도방법은 달라져야 할 것이다.

3) 지도전략 결정

여기에서 지도전력이란 주어진 활동목표를 참여자들에게 성취시키기 위하여 지도자가 접근해 들어가야 할 방법이다. 대개 지도전략이라고 하면 지식이 활용, 자료의 선정, 참여자의 역할 규정 등을 들고 있지만, 여기에서는 지도방법에 주로 관심을 갖는다. 이것은 주요 활동에 관한 방법, 지도의 순서와 절차, 그리고 연습 등에 관한 접근방법을 결정하는 일이다. 예를 들어, 이 접근방법으로 강의와 시범, 연습 등을 들을 수 있다. 이 접근법이 어느 것이냐에 따라 활동의 모습은 사뭇 달라질 것이며, 지도자의 역할이나 참여자의 역할 또한 달라진 것이다. 지도전략은 대체로 활동목표에 따라서 결정되어야 한다.

4) 활동 집단의 조직

활동목표가 규정되고, 참여자의 기본능력이 진단되고, 그리고 지도전략이 대충 결정되고 나면 지도자는 다음과 같은 질문을 자신에게 하면서 활동 집단의 조직을 생각해야 한다. “어느 활동목표가 참여자 혼자서 연습하는 것이 좋은가?” “어느 활동목표가 참여자가 집단 속에서 상호작용을 하는 경우에 연습이 보다 잘 이루어질 수 있는가?”, “어느 활동목표가 참여자 집단을 상대로 지도자가 설명을 주거나, 간혹 참여자들은 상호작용을 통해서 연습할 때보다 유리하게 기능습득을 할 수 있는가?“

이러한 질문을 하다 보면 지도전략이나 방법, 활동현장의 배경, 활동시간 등의 관계 속에서 대답을 얻어야 한다는 것을 알 수 있다. 활동 집단의 조직은 위와 같은 네 가지 요소들의 관계를 충분히 고려하면서 결정해야 할 것이다.

5) 활동시간의 배분

이 활동시간의 배분은 주어진 활동목표에 따라서 배분하는 것이 원칙이다. 한 시간 정도의 활동으로 달성이 가능한 것과 때로는 2~3시간의 연습을 통해야 달성이 가능한 것 등 활동목표에 따라서 시간을 배정해야 한다. 그러므로 참여자의 개인차를 고려하지 않을 수가 없다. 이상적인 개별화 지도에서는 참여자의 기능 습득 속도에 따라서 다음의 단계로 나아갈 수 있도록 계획을 세울 수 있지만, 그렇지 않은 대집단 혹은 소집단의 지도에서는 활동목표의 양에 따라 시간을 배분해야 한다.

6) 활동현장의 배정과 자료 선정

활동장소의 배정은 참여자 수, 지도종목의 특성, 집단의 편성과 지도유형에 따라 체육관, 운동장, 때로는 경기관람, 시청각 교육실, 실내 강의실 등에서 이루어지게 된다. 자료의 선정은 앞서의 네 단계와 유기적 관련성을 갖고 있으므로 그때그때의 활동목표에 따라 적합한 지도 및 활동의 자료를 선정하여야 한다.

7) 성취도 평가와 수정을 위한 피드백

성취도는 지도자와 참여자, 참여자와 참여자, 참여자와 활동매개체 등의 상호작용에 의해서 결정된다. 따라서 지도계획을 실행에 옮기고 그 결과를 측정하여 계획된 것의 효과성과 효율성을 감정해 보아야 한다. 측정결과 미비점이나 잘못된 점이 밝혀지면 계속 수정을 해야 할 것이다. 이러한 지도계획을 위한 모형을 요약하면 다음과 같다.

첫째, 지도계획을 위해서는 무엇보다도 먼저 활동목표를 명료하게 규정하는 일이다.

둘째, 지도계획에는 반드시 참여자의 기본 능력을 정확하게 진단하고, 그 진단결과에 따른 처방을 계획하는 일이다.

셋째, 지도방법이란 활동매체의 선정은 반드시 활동목표를 우선적으로 생각하여 결정하는 일이다.

4. 스포츠 기술 지도의 유의점

스포츠 기술지도에 사용되는 방법은 반복 또는 연습이라고 볼 수 있다. 그것은 학습된 기능을 반복함으로써 고정화되고 어떠한 저항도 없이 원활하게 재현할 수 있도록 하는 것이다. 연습이란 기술의 자동화를 의미하는데 기술지도에 있어서 유의해야 할 점에 대해 다음과 같이 기술하고자 한다.

1) 전체적 파악과 중심기술

기술향상을 위한 연습에서는 학습자에게 그 의미와 필요성을 충분히 인식시키도록 지도한다. 기술을 기계적으로 반복시키는 것은 학습자의 흥미와 학습의욕을 감퇴시켜 효과적·능률적인 학습이 되지 않는 경우가 많다. 즉, 학습한 기술을 필요로 하는 상황과 분리해서 반복하는 것은 그 기술을 어떠한 경우에 사용할 것인가가 이해되지 않기 때문에 애써 연습한 기술이 전체의 상황에 있어서 충분히 활용되지 않는다고 하는 것이 된다.

이를테면 축구의 패스연습을 하는 경우에서도 무엇을 위하여 패스가 필요한 것인가, 어떠한 상황에서 패스를 사용할 것인가를 모르기 때문에 패스를 연습하여도 그 패스의 기술을 경우에 따라서 충분히 활용하지 못한다.

패스기술을 필요로 하는 상황을 잘 알고 그 필요를 인식해서 패스기술의 연습을 했을 때 비로소 패스의 연습의 의미가 있다. 또 기술연습의 초기 단계에 있어서는 잔소리가 많고 세부적으로 계속하는 것을 대충이라도 좋으니까 학습자에게 이해시켜 파악시키는 것이 중요하다.

그러나 대충이라고는 하여도 잘못된 운동기술의 혼잡은 피하도록 지도하며 항상 잘못된 동작회로가 이루어지면 그것을 수정하는데 대단히 노력이 필요하고 때에 따라서는 수정할 수 없는 경우도 있다. 그러므로 대충이라고 해도 과제로 하는 스포츠기술의 핵심이 되는 기술을 반드시 포함하는 것이 필요하다.

2) 결과지식

기술연습을 단순한 동작의 반복이 아니고 학습자에게 있어서 자신의 학습이 바르게 학습목표에 충분히 도달했는가, 또한 목표와의 어긋남은 어느 정도 있었던가를 학습자에게 의식시킬 필요가 있는데 이러한 과정을 결과지식(knowledge of results) 혹은 평가라고 한다.

결과지식에 의해서 학습자는 자신의 학습이 목적한대로 되었는지를 알 수가 있다. 목표-지도-학습-수정-학습-수정의 지도라고 한 일련의 학습과정이 성립되고 한회, 한회의 동작의 반복 속에서 항상 새로운 창조가 첨가되어진다.

이 수정단계에서는 과거의 경험과 자신이 가지고 있는 지식이 동인이 되고 시각적 혹은 내부근감각기에 의해서 판단되어지지만 자기의 기술이 어떻게 되고 있는가를 구체적으로 의식하는 것은 좀처럼 쉽지 않다.

특히 초심자의 경우에는 어느 정도 불가능한 일이므로 VTR 등을 이용해서 지각적으로 호소하는 것은 대단히 효과가 있는 방법이라고 볼 수 있다.

3) 기술체계

기술에는 체계가 있기 때문에 지도자는 기술의 구조를 잘 이해하여 지도해야 한다. 기술을 효과적으로 지도하는 경우에는 단순한 것에서 복잡한 것으로 쉬운 것에서 어려운 기술로 응용한다고 하는 학습지도의 원칙에 따른 교재의 구조화와 체계화가 필요하다. 그러나 자연발생적 요소를 많이 포함하는 스포츠기술에 있어서 무엇이 쉽고 무엇이 어려운 것인가를 혹은 무엇이 기초이고 응용한 것인가를 계통적으로 명확하게 하는 것은 쉬운 일이 아니다.

수학학습에 있는 더하기·빼기로부터 곱하기·나누기, 게다가 소수, 분수, 정·부수라고 하는 발전적 계통화를 스포츠기술에 적용하여 행하는 것은 기술지도에 있어서 대단히 중요하다. 각종 스포츠종목을 몇 개의 기술의 종합으로 행하면 그것은 부분적 기술의 모음으로 성립되고 있다. 이를테면 축구는 킥, 패스, 드리블, 드라이빙, 헤딩 등의 개인기술과 이것을 집단으로 주고받게 하는 집단 기술로부터 성립된다.

그러므로 무엇이 쉽고, 어려운 것인지 그리고 무엇이 단순하고 복잡한 것인가를 간단하게 구별할 수 없다. 더구나 어떤 기술부터 처음에 지도하고 순서대로 단계적으로 지도해 가면 좋을지 기준을 세우기가 어렵다. 그러므로 지도자는 각자의 연구와 경험을 기초로 한 기술체계를 준비해야 한다.

4) 중심적 기술

스포츠가 다양한 부분적 기술로 이루어지고 있다는 것은 이 중심적 기술이 없이는 종목이 성립되지 않는다고 하는 핵심이 되는 기술이다.

축구의 패스와 드리블은 상대의 골로 공을 넣는 슛에 도달하는 과정을 구성하는 기술로서 슛은 중심기술로서의 역할을 가진다고 말할 수 있다. 그러나 슛도 골에 대해서는 패스라고 생각하면 슛도 패스의 일종이라고 할 수 있다. 상세하게 보면 패스는 킥 기술에 속한다고 볼 수 있으며, 이러한 분석은 축구의 중심적 개인기술은 공을 몸으로 정지시키는 것과 머리 혹은 다리로 차는 것이다.

골을 마음대로 세우고 차고 할 수 있는 것은 집단기술을 구성하는 데에서도 필요하다.

5) 동작의 정확성과 신속성

스포츠 기술은 운동동작의 시간적인 계열이고 시간을 무시해서는 성립되지 않는다. 일반적으로 스포츠에서는 스피드가 빠른 것이 중요한 의미를 갖는 경우가 많다. 기술의 학습에 따라서 스피드를 높이는 것은 동작의 부정확성을 가져오게 되므로 기술의 지도는 때에 따라서 스피드를 매개로 하려 정확한 동작의 습득에 중점을 두는 것이 보통이다.

일반적으로 스포츠기술은 전체적으로 종합한 것으로써 느린동작과 빠른 동작에서는 기술 구조가 다른 것이 되는 일도 있고 스피드가 없는 상태로서 될 수 있는 동작이 스피드를 올리기 때문에 될 수 없는 경우도 있다. 따라서 정확성으로부터 스피드에로의 지도와 동시에 스피드로부터 정확성을 요하는 지도도 있을 수 있기 때문에 스포츠 기술의 특성을 잘 알고 지도할 필요가 있다.

6) 학습에 있어서 정체 상태

스포츠 기술의 지도 및 학습과정에 있어서 대다수의 학습자가 학습의 진전이 있으나 특정의 개인에게 학습의 정체가 나타나는 경우가 있다.

이를 방지하기 위해서 지도자는 그 발생 동기나 원인에 대한 지식을 가지고 있는 것이 바람직하다. 정체현상의 발생 메커니즘에는 다음과 같은 것이 있다.

(1) 과제에 대해 정확한 이해를 할 수 없는 경우

학습의 정체상태에 있는 사람은 무엇을 해야 하는지 과제에 대해 이해하지 못하며 과제를 어떻게 해결하는지에 대한 방법을 분간하고 있지 못하는 경우가 많다. 또 기술학습의 초기에는 과제에 대한 시행착오가 있기 때문에 과제의 전체 이미지의 형성이 되어 있지 않는다면 학습의 출발부터 잘못된 방향으로 학습이 진행하고 정체현상의 원인이 되는 경우가 있다.

(2) 운동에 대한 인식을 올바르게 할 수 없는 경우

한 동작이 끝났을 때에 지금 자신이 행한 운동과정이 어떠하였고 어디가 잘못되었는가를 의식할 수 없을 때에는 그 다음단계의 학습에서 어디를 개선하면 좋은가의 대책을 세울 수 없다. 일반적으로 동작의 과정을 의식하는 것은 어렵고 잘못된 동작인 것조차 자각할 수 없는 경우가 많다. 또 동작은 정적인 형태가 아니고 종적인 것이기 때문에 동작에 대한 인식은 지식만이 아니고 근감각을 통해서도 인식되어야 한다고 생각된다. 이론적으로 인식된 동작과 동적으로 근감각을 통해 인식한 동작과의 사이에는 틈이 있는데, 이 틈에 의해서 착각과 지레짐작을 하기도 하고 머리로서는 분간하고 있지만 실제로는 움직이지 못하는 때도 있다.

(3) 체력이 부족한 경우

동작을 익히는데 필요한 절대적인 체력이 부족한 경우에 학습의 정체가 일어난다. 이를 테면 라켓을 스윙하는데 팔의 근력이 없는 사람은 정확한 스트로크

기술을 학습하는 것이 곤란하면 또 체력이 부족하여 피로를 쉽게 느끼면 충분한 연습량의 확보를 할 수 없기 때문에 학습에 정체상태가 발생되는 경우도 있다.

(4) 성격적인 요인

내향적이고 소극적인 성격의 소유자로서 실패에 대해 부끄러워하고 과제에 대한 공포심이 강해지는 성격적 요인에 의해 연습량이 적은 경우와 집중력의 결여, 지도자의 설명을 충분히 듣지 않고 과제를 바르게 이해할 수 없는 경우에도 학습에 정체가 온다.

5. 지도상의 문제점과 해결 방안

사회체육을 지도해 가는 과정에서 우리들은 언제나 많은 문제에 부딪히기도 하고 어려운 점이 많다. 여기에서는 그 중에서 몇 가지 문제에 대해서 어떻게 하면 좋은 해결책이 나오는가 생각해 보기로 한다.

1) 무관심한 사람 끌어내기

(1) 무관심과 스포츠를 좋아하지 않는 사람

스포츠와 운동을 좋아하는 사람은 특별히 지도자가 없어도 스스로 스포츠와 운동을 즐긴다. 그러나 아무리 권유하여도 관심을 갖지 않는 사람도 생각 외로 많다. 사회체육지도자는 이러한 사람들은 스포츠와 운동에 참가시킬 의무가 있다.

일반적으로 스포츠와 운동에 흥미를 나타내지 않는 사람은 다음과 같은 사람들이다.

- 병약하거나 연령으로 보아 운동이 좋지 않는다고 생각되는 사람
- 스포츠와 운동에 정보망이 없는 사람
- 운동신경이 둔하다고 생각하는 사람
- 스스로 열등감을 갖고 있는 사람
- 과거 운동 상황에서 실패감을 맛본 경험이 있는 사람

- 운동기술에 자신이 없는 사람
- 스포츠와 운동에 나쁜 이미지를 갖고 있는 사람
- 스포츠와 운동을 해도 이득을 얻지 못한다고 생각하는 사람
- 대인관계에 문제가 있는 사람

이외에도 다른 여러 가지 문제가 있을 수 있다. 문제들은 어느 한 측면의 문제가 아니라 여러 가지가 복합적으로 뒤얽힌 문제이기 때문에 다음과 같이 다른 측면에서 본 문제도 생각해 볼 수 있다.

① 스포츠와 운동을 하고 싶은 욕구를 갖고 있지만 지금은 다른 욕구 때문에 자제하고 있는 사람

② 스포츠와 운동을 하는 것 때문에 시간・사회・경제적 생활에 영향을 준다고 생각하는 사람

무관심한 사람들을 끌어내기 위해서는 위에서 살펴본 소외 조건들은 어떻게 하면 제거하여 주는가가 관건이 될 것이다. 예를 들면, 운동기술에 자신이 없는 사람들은 대개 "나는 아무리 운동을 해도 잘할 수 없기 때문에"라고 생각하여 운동을 쉽게 체념하는데, 이들에게는 "그렇지 않다. 당신도 잘할 수 있다."는 확신을 주는 지도가 필요하다.

어떻게 격려하고, 어떻게 지도하는가는 실제상의 문제가 된다. 여러 가지 수단과 방법을 동원하여 운동과 스포츠에 흥미를 나타내지 않으면 안 되는데, 다음에 격려와 수단 방법을 생각해 보도록 한다.

2) 흥미를 일으키는 방법

(1) 행사는 가능하면 화려하게 한다.

이 경우 화려함이라고 하는 것은 돈을 많이 들여 화려하게 한다는 의미는 아니다. 어떻게 하면 모두에게 알리는가 하는 것, 즉 기획단계에서부터 마칠 때까지 한 장면 한 장면에 대해서 생각해 보는 것이다. 이러한 것은 PR활동에도 관계가 되는 것이다. 활용할 수 있는 것은 무엇이라도 활용한다라고 하는 마음가짐이 중요하다. 언어의 상징을 비롯하여 시각・청각에도 호소하고, 무관심한 사람들이 깨달을 수 있는 가능한 수단을 모두 동원한다. 소위 활성화 효과를 기대

하는 것이다.

어느 직장이고 스포츠 대회를 기획한다. 그러나 항상 참가자가 적어 사람을 모으는 일로 고심을 하게 된다. 이럴 때 행사 관계자 전원이 리본이나 휘장에 "산뜻하게 땀을 흘리자!" 라고 써서 가슴에 달고 다니면, 사람들의 눈에 띄게 되고 자연스럽게 사람들이 관심을 갖게 되고, 많은 사람에게 알리는 좋은 계기가 될 것이다.

(2) 분위기를 조성한다.

지역이나 직장에서 분위기를 조성하는 방법도 많은 사람에게 관심을 갖도록 하는 하나의 방법인데, 이것을 위하여 아이디어 회의를 열 필요도 있다.

어느 회사에서 전 사원들을 위한 운동회를 기획·실시하였는데, 운동회에서 가장 호평을 받았던 것은 퀴즈프로그램이었다. 그것은 운동회 프로그램 중에 첫 번째 종목으로 그 날의 승패와 시간 등을 예상하는 퀴즈였다. 그 발표는 운동회 당일 마지막 순서로 행하여 큰 호평을 받았다. 그 후 이 운동회의 이야기가 널리 알려지게 되고, 지금까지 스포츠와 운동에 관심이 그다지 없던 사람들도 흥미와 관심을 갖게 됨으로써 참가자의 수가 차츰 늘었다고 한다.

(3) 표창과 참가상을 준비한다.

상장, 메달, 참가상을 준비하는 것은 동기를 부여하는 하나의 방법이고, 종래부터 활용되었다. 이것은 관심을 나타내지 않는 사람에게 자극제가 되기도 한다. 그러나, 이 경우에는 스포츠와 운도에 대한 직접적인 동기부여라기보다는 물질적인 것을 수단으로 하는 동기부여라고 할 수 있다.

따라서, 그 때의 흥미는 어디까지나 일회적이 되기 쉽고, 반복해서 되풀이하여 행하면 그 효과는 줄어들게 된다. 물론, 표창의 방법과 참가상을 무엇으로 할 것인가를 잘 생각하여 보면 필요하다는 것은 말할 필요가 없다.

(4) 엘리트 의식을 갖도록 한다.

자신만이 할 수 있다고 하는 우월감을 갖도록 하는 것이 중요하다. 예를 들면, 골프는 여러 가지 요인 중에서도 엘리트의식을 느끼게 해주는 데 크게 도움을 줄 수 있다. 신사의 스포츠라는 이미지, 회원이라는 자부심, 넓은 면적을 차지하며 운동하고 있다는 느낌 등은 인간내부에서 미묘한 방식으로 엘리트의식을 싹틔워 준다.

3) 개인차가 많이 날 때의 지도

스포츠와 운동을 지도할 때 가장 어려운 점의 하나는 개인차이다. 기술정도의 차이, 연령, 성별, 흥미 등등 여러 가지가 있다. 이러한 차이를 갖고 있는 사람들을 어떻게 지도할 것인가, 가능하면 동질의 집단으로 나누는 방법이 있고, 또는 일대일 지도가 있다. 이러한 지도는 분명 문제를 해결해 줄 수 있을 것이다. 그러나 사회체육의 현장에서는 반드시 동질의 집단으로 나누는 것만이 좋다고는 할 수 없다. 어떻게 하면 더욱 더 적극적으로 모두가 함께 즐길 수 있을까 라고 하는 테마에 도전해 보는 일도 필요하다. 이러한 의식을 염두에 두고 그 해결법을 생각해 보기로 한다.

(1) 능력별 지도

어느 하나의 운동종목을 지도할 때 가장 일반적인 지도법은 능력별로 나누어서 하는 지도법이다. 그때 능력이라고 하는 것은 그 운동에 대한 기능의 정도이다. 능력별 지도는 운동기능을 향상시키기에 가장 좋은 방법이지만, 지도에 따라서 운동에 대한 열등감을 갖게도 하고, 쓸데없는 우월감을 갖게 하는 경우도 많다. 이것은 프로축구, 프로야구의 제1군과 제2군 제도에서 잘 볼 수 있다.

이 방법을 도입할 때는 다음과 같은 사항에 유의하여야 한다.

- 연습시간 내에는 반드시 전원이 같은 것을 하는 시간을 만든다.
- 능력별로 나눌 때는 그 이유를 확실히 한다.
- 능력별 집단을 고정화하지 않는다.
- 지도자는 특정 집단만 특별히 지도하지 않는다.
- 특히, 운동능력이 떨어지는 집단구성원에 대해서는 가능하면 훌륭한 지도가 되도록 노력한다.
- 집단이 서로 다른 사람들이 교류할 기회를 만든다.

(2) 핸디캡의 적용

핸디캡은 골프, 볼링 등에서 예부터 활용되고 있다. 핸디캡을 적용하는 방법은 여러 가지가 있다. 핸디캡을 정한다고 하는 것은 원래 운동의 숙련도가 차이가 나도 함께 즐긴다는 것은 말할 필요가 없다. 골프와 볼링에 한하지 않고, 다른 여러 가지 스포츠에도 적용 하는 것이 어떨까?

핸디캡을 정할 때에는 다음과 같은 사항이 고려되어야 한다.

① 평균득점을 정해 놓고 실제 득점과 비교한다.(골프와 볼링의 경우)

② 룰에 핸디캡을 정하여 놓는다.

- 득점에 미리 플러스해 놓는 방법.
- 기술에 미리 플러스해 놓는 방법: 어렵다고 생각되는 기술에 차이를 두는 방법(패스와 홀딩 등의 규칙을 변경한다.)
- 인원수에 차이를 두는 방법: 인원수가 많을 경우에 유리할 때도 있고, 인원수가 적을 때 유리한 경우가 있다.

(3) 흥미와 지역성에 의한 지도

팀 게임을 할 때는 조를 나누는 것은 물론, 그 연습 과정에서도 공통의 흥미를 갖는 사람들을 집단화하고, 같은 지역으로부터 온 사람들은 한 팀으로 하든가 또는 좋아하는 친구를 페어로 하는 것도 바람직하다. 너무 승패에 신경을 쓰지 말고 몸을 움직여 운동하는 그 자체에 즐거움을 찾도록 한다. 그것과 함께 운동을 통해서 상호 잘 이해하고, 협력하는 것도 경험하게 된다.

6. 지도계획의 유형과 지도안

1) 지도계획의 유형

스포츠 지도계획은 크게 장기계획과 단기계획의 두 가지로 나눌 수 있다. 그러나 지도계획은 주・월・연 등의 시간단위 보다는 활동의 내용적 특성에 따라 수립하는 것이 바람직하며, 이때 참여자의 욕구수준과 능력, 기술습득의 단계,

활동의 성격이 고려되어야 할 것이다.

장기계획에는 전체집단의 경기 참가, 합동 야유회, 토론회, 달성해야 할 총괄적인 목표, 연습의 지침사항 등의 포함되어 있어야 하고, 따라서 이러한 장기계획의 작성에는 지도자가 일방적으로 정하기보다는 집단성원이 되도록 전원 참석한 가운데 작성하는 것이 좋다. 즉 지도자가 일방적으로 정하기보다는 집단성원이 되도록 전원 참석한 가운데 충분하게 의견을 수렴하고 아이디어를 반영케 하여 이루어져야 할 것이다. 그러므로 이러한 계획에는 구체적인 활동의 내용뿐만 아니라 필요와 상황에 따라 예산의 편성 및 임원의 선출, 시설의 개수 및 보수의 활동에 필요한 장비와 용구의 마련, 프로그램 운영상의 방침과 집단활동의 개선점 등의 문제도 포함될 수 있다.

스포츠 지도자는 집단성원과 충분한 토의와 의견의 수합을 통하여 장기간의 지도계획을 수립하여야 하며 실제적인 활동지도의 측면에서 지도자 나름의 지도계획을 수립하고 이를 참여자 전원에게 충분히 인식시켜야 한다. 예를 들어, 어느 종목에 있어서 참여자들의 포지션이 이동될 필요가 있고, 그러기 위한 새로운 지도 및 연습의 과정이 필요하다면, 그러한 사항 역시 장기간의 지도계획에 포함되게 될 것이다. 목표를 수립할 때 다른 스포츠 집단에 대해 올해는 꼭 이겨야 한다거나, 클럽대항에서 우승을 한다는 등의 목표를 세우기보다는 집단자체의 화합과 인간관계의 개선, 구성원 각각의 기량의 향상이나 건강의 도모 등의 가치 있는 목표로 제시되어야 할 것이다.

단기계획으로는 월 단위나 주 단위의 계획이 있을 수 있는데, 단기계획에서 고려할 사항으로는 활동목표의 세분화가 이루어져야 하고, 구체적인 기술수준의 달성으로 잡고 그것을 지도하기 위한 각종 지도의 자료, 연습시간의 배정, 구체적인 지도방법의 적용에 대한 사항을 기재한다.

다음은 주 단위 지도계획의 한 형식이다. 이것은 다만 한 가지 형식이며, 지도자는 여러 조건을 고려하여 실정에 맞게 지도계획안을 작성한다.

2) 전체 계획에 의한 지도

지도과정은 학교교육에 있어서 교육과정에 해당되며 지도전체의 시나리오라고 할 수 있기 때문에 몇 가지 서로 관련이 없는 분리된 각각의 사실을 반복된 학습을 통하여 완성할 수 없다. 학습은 단순한 경험이 우연히 모아진 것이 아니고 순서대로 경험을 조직해가는 것이기 때문에 지도과정은 목표를 향하여 구조적, 계통적으로 구성되어야 하며 무원칙, 무질서한 지도과정으로는 충분한 학습효과를 올릴 수 없다. 전체의 지도계획을 생각하면서 고려해야할 사항에는 다음과 같다.

(1) 전회의 지도에 대한 반성

- 지도목표의 설정 여부
- 단원의 크기
- 지도기간 및 시간
- 시설용구의 준비 정도
- 학습자의 반응 상태
- 학습자의 목표 달성 정도

등에 대해 반성하고 새로운 지도계획 작성의 자료로 하는 것이 바람직하다.

(2) 대상자에 대한 검토

- 참가학습자의 적정인원수
- 성별
- 연령
- 참가의 목적
- 체력주순
- 운동능력수준
- 운동 의욕 및 의식

등에 대해 검토한다.

(3) 단원의 결정

지도의 대상, 학습자의 흥미·요구, 지도기간 등을 고려함과 동시에 목표에 따른 실현 가능한 단원을 설정하는 것이 필요하다.

단원의 설정은 어떠한 교재를 사용하여 지도를 전개 할 것인가와 관련이 있으며 교재에 대한 접근방법에는 「교재를 가르친다.」라고 하는 입장과 「교재로 가르친다.」고 하는 두 가지 입장이 있는데 농구에 필요한 기술을 가르칠 때 학습과정을 통하여 농구만이 아니고 건강, 기분전환, 인간관계 등의 다양한 것을 체험하게 할 수 있다.

(4) 학습 내용의 배열

단원전개의 중심과제인 각각의 학습내용을 교재의 연계성과 구조적 특징을 잘 이해함과 동시에 학습자의 구체적, 지적, 심리적인 측면과 그룹 구성원의 특성을 고려하여 일정한 순서로 배열한다.

학습자의 능력측면에서 보게 되면 학습내용의 배열은 쉬운 것에서 어려운 것으로 단순한 것에서 복잡한 것으로의 기본방향이 있지만 이 순서와 학습내용의 관계구조가 반드시 일치한다고는 볼 수 없다. 그러므로 스포츠지도에서는 일반적으로 중심적 기술로서의 중요도와 사용빈도에 기인한 학습내용의 배열이 행하여져야 한다.

(5) 학습 환경의 검토

인간의 학습활동은 지도자를 포함하여 환경과의 상호작용 중에 나타난다. 이 같은 의미에서 학습은 환경과 밀접한 관계에 있으며, 특히 스포츠지도 및 학습에 있어서 학습 환경으로서의 시설, 용구는 학습을 추진하는데 결정적인 조건이 된다.

수영장이 없으면 수영지도는 곤란하나 실내수영장이 있으면 계절에 구애받지 않고 언제나 수영지도가 가능하다. 또 배구의 지도는 실내・외 어느 곳에서도 가능하지만 학습자의 움직임의 양이나 다양함, 즐거움에 차이가 있다. 시설 규모, 용구의 수에 의해서도 지도의 전개는 영향을 받는데, 지도할 학습 집단의 구성은 시설과 용구에 의해 결정되는 경우가 많다. 이를테면 5면의 테니스코트가 있는 경우는 학습 집단을 5개 그룹으로 3면일 때에는 3개의 학습 집단 혹은 그룹으로 나누는 것이 일반적이다. 5면에 비해 3면 테니스코트가 준비되어 있을 때 학습자는 교대로 학습하게 되고 운동량이나 학습량의 차이가 발생하게 되지만, 이러한 경우에는 다른 사람의 움직임을 관찰하고 연습과 게임의 양상을 기록하는 등 인지적인 측면에서 트레이닝을 할 수 있도록 준비해 두는 것이 바람직하다.

이상과 같이 시설, 용구가 갖은 스포츠지도에 대한 역할에서 지도계획의 작성에 따라서 현재 보유하고 있는 시설, 용구의 이용방법은 물론 부족한 시설, 용구에 대해서도 명백하게 하고 부족함으로 인한 학습 활동으로의 영향을 어떻게 지도의 전개에서 보충할 것인가에 대해서도 배려한다.

특히 지도가 주로 실외에서 행하여지는 종목에 대해서는 날씨에 따라 지도계획에 차질이 오기 쉬우므로 우천시 지도의 계획도 세워둘 필요가 있다.

3) 지도계획의 작성 및 전개

학습지도계획은 학습자의 학습활동을 전개해 가는 경우에 어떠한 학습활동을 어떠한 교재로 그리고 어떠한 순서로 실시하느냐하는 예정표이다. 그러므로 정확한 목표와 방법론적인 제시 및 학습목표의 평가 그리고 이에 따른 학습내용이 구체적으로 서술되어 체육교사나 지도자의 학습계획은 일반적으로 연간계획, 단원계획, 일일계획 등의 순서로 점점 세분화되고 보다 구체적으로 된다.

(1) 연간계획

각 학교나 스포츠클럽 또는 단체의 관리상의 조건에 따라 일년간의 학습내용을 결정하고 순서, 비율, 시간배당 등에 대한 개요를 알람표에 명시하는 것이 편리한데 이것이 연간계획이다. 연간계획은 정해진 연령그룹과 특별히 지도그룹의 사회적 배경, 장소에 대한 상황, 스포츠시설 등 실제로 지도시간수 사이의 Gap 등이 고려되어야 한다.

이러한 연간계획을 입안함에 있어서 구체적으로 포함되어야 할 내용을 살펴보면 다음과 같다.

- 일년간 실제사간수의 배정
- 계절을 감안한 학습내용의 대략적인 배분
- 인지적 · 정의적 · 사회적 학습목표와 교육의 중점에 대한 안내 및 지시
- 학습목표에 대한 평가

- 특별행사를 위한 일정

(2) 단원계획

지도과정을 편성하기 위해서는 학습내용을 일정한 질서를 가진 하나로 통합하여야 하는 데 이러한 통합을 단원이라고 하며, 단원구성의 기준에 따라 기능과 지식의 습득을 중심을 둔 단원과 학습자의 흥미와 관심에 중심을 둔 단원으로 나눌 수 있다.

전자는 학습해야 할 대상중에 이론적 통일이 있는데, 학습자가 그 통일성을 따름으로 학습경험의 통일을 도모하는 것으로서 지도자 중심의 지도가 되고 후자는 학습과 자신의 심리상태에서 통일을 구하는 것으로써 학습자를 중심으로 한 지도의 전개가 이루어진다. 그러나 실제로는 양자를 절충하는 방법을 택하는 것이 좋다.

① 단원계획의 작성

단원계획을 작성하는데 필요한 내용과 유의사항을 들어보면 대략 다음과 같다.

- 단원은 새로운 학습내용을 모은 것이 아니고 전체성과 통일성을 가진 것으로 한다.
- 단원의 목표가 명확하게 진술되어 있을 것 즉, 단원의 학습에 의해서 어떤 기술, 지식, 체력, 습관 등이 학습자의 몸에 익숙해질 것인가를 명확하게 한다.
- 학습자의 자주적, 자발적인 학습을 추진하는 것일 것.
- 기술과 지식습득이 보다 정확해질 수 있도록 간이 게임과 자기표현의 기회를 많이 감안 할 것.
- 개인차를 고려하여 누구나 다채로운 학습활동을 할 수 있을 것.

② 단원계획의 형식

- 단원명 : 단원명은 그 단원의 중심과제와 활동의 목표를 표시하는 것이 좋다.
- 단원설정의 이유 : 단원을 설정한 근거를 서술한다.

• 단원의 목표 및 내용 : 단원의 목표, 단원에 있어 학습해야 할 내용을 명확하게 한다.

• 단원의 지도기간 : 어느 정도의 기간으로 단원을 지도 할 것인가에 대해 언급한다.

• 단원전개의 순서 (지도과정) : 도입, 전개, 정리의 지도 과정을 명확하게 한다.

• 단원의 평가 : 언제, 어떤 방법으로 평가할 것인가, 등에 대해 상세하게 서술한다.

③ 단원의 전개

스포츠의 효율적인 지도과정은 스포츠종목에 따른 특성, 목표 등의 관점에서 스포츠기술의 향상과 체력증진을 중심으로 하여 사회적 태도의 육성과 건전한 여가선용의 터득 등을 고려하여 도입단계, 전개단계, 정리 및 평가의 세단계로 구분하는 것이 적정하다고 생각된다.

• 도 입

지도계획을 학습자에게 이해시키고 학습자가 스스로 학습 전망을 묘사할 수 있도록 지도하는 단계이다. 중요한 것은 이용할 수 있는 시설, 용구는 무엇이고 어떠한 자료를 사용할 것인가 하는 것과 그룹의 구성 등에 대한 전반적인 학습 전개의 준비를 위한 단계이다.

• 전 개

학습내용과 학습활동에 대해 각각 필요한 것은 기입한다. 학습자는 어떻게 무엇을 학습 할 것인가, 지도자는 어떠한 도구를 사용하여 어떻게 지도할 것인가를 가능한 한 구체적으로 기입한다.

• 정 리

정리 단계는 학습자들이 학습한 지식, 기능, 태도, 습관 등을 단편적으로 이해하는 것이 아니라, 그것들이 어떤 객관성이나 사회성을 갖도록 체계적으로 계층화하고 정리하는 단계이다. 그러므로 진행해 온 학습의 결과를 정리하고, 반성하고, 목표달성의 정도를 평가하며 성공감, 만족감, 충실감, 우호감, 실패감

등을 다음에 진행될 학습에 참고자료로 한다.

지도자는 이처럼 학습자의 학습결과를 기록으로 남김과 동시에 실시된 지도계획, 지도 전개에 대한 반성, 평가를 한다.

(3) 일일 지도안

지도안은 일일지도안 이라고도 하며 매일의 지도에 대한 지도자의 계획을 나타낸 것으로써 한층 구체화된 1회의 지도계획이다. 지도안의 형식과 내용에는 일정한 틀이 있는데 형식은 단원의 전개와 같이 도입, 전개, 정리의 3단계로 하고 그 내용은 다음과 같다.

- 그날의 지도의 목표
- 지도 장소
- 지도내용의 요점
- 학습자의 활동
- 준비해야 할 자료와 용구
- 지도상의 유의점

이와 같은 내용을 중심으로 한 일일 지도안을 실제로 작성한 보기는 다음과 같다.

〈보기〉

1. 단원
2. 대상자
3. 기간
4. 본시의 목표
5. 지도계획

구분 / 단계	시간	학 습 활 동		지도상의 유의점	용구
		지 도 자	학 습 자		
도입					
전개					
정리					

4) 지도안 작성의 예시

지도안은 효과적으로 활동을 이끌기 위한 조직적이고 구체적인 진행계획을 제시하는 것이다. 이것은 활동의 목적을 최대로 효과적으로 달성하기 위한 것이기에 주도면밀한 계획이 있어야 한다. 그리고 지도안은 너무 세밀하여도 융통성이 없어지고 실제 계획한 대로 진행되기가 어렵다. 또 너무 간단하면 있으나 마나 한 결과가 된다. 그러므로 실제 활동을 지도하는 데 혼란을 야기 시키지 않을 범위 내에서 정밀하게 작성해야 한다.

표 6-1. 주 단위의 지도계획 (예)

제 18주 지도계획			
금주의 활동목표	1. 농구의 cut in 기술을 숙달한다. 2. 농구 디펜스 대형 중 존 디펜스 대형을 배운다.		
	월	수	금
기본 체력 단련		3km 조깅	
개인 기능 연습	running shoot pass, dribble	jump shoot pivot play	

팀 전술 훈련	cut in play	존 디펜스 반코트 게임	
지도상의 유의점			
비고 (시합, 용구 준비 등)		video	A팀과의 연습게임 장소: 시간:
참석 사항	○○○씨 불참 사유:		
반성			

(1) 지도안 작성의 구비요소

지도안을 작성할 때에는 다음과 같은 사항이 구비되어야 한다.

- 지도안을 작성할 때에는 다음과 같은 사항이 구비되어야 한다.
- 지도안은 활동내용에 이어지는 활동과도 관련되도록 계획되어져야 한다.
- 지도안에는 기능습득을 통해 예상되는 달성결과에 대해서도 설명되어 있어야 한다.
- 지도안에는 목표달성 여부에 대한 적절한 평가방법이 마련되어 있어야 한다.
- 지도안에는 활동진행의 기능습득 형태에 합치되는 지도기술이 제시되어야 한다.
- 지도안에는 활동내용에 상응하는 자료, 활동 및 준비물이 적절히 선택되고 또 조직되어 있어야 한다.
- 지도안에는 활동환경을 적절히 조정할 수 있는 준비태세가 갖추어져 있어야 한다.
- 지도안에는 예상되는 활동사항이 세밀히 분석되고 또 정리되어 있어야 한다.

(2) 지도안 작성 시 유의사항

지도안을 작성할 때 유의해야 할 사항은 다음과 같다.

- 지도자는 계획을 스스로 세워야 한다.
- 지도자는 계획을 자신의 편리를 위하여 이용해서는 안 된다.
- 상세한 계획과 무계획과의 양극단을 피하여 적절한 안을 작성해야 한다.
- 계획은 독립적이어서는 안되고, 과거와 미래에 관련되며 이론적으로 진행시켜야 한다.
- 참여자와 지도자의 쌍방목적을 설정해야 한다.
- 계획에는 신중히 선택된 질문과 토의를 위한 자료 및 설명요점이 포함되어야 한다.
- 계획에는 활동 진행의 형성에 사용될 필요한 자료가 준비되어 있어야 한다.
- 계획에는 다음 날의 활동을 위한 계획이 조금이라도 표시되어 있어야 한다.
- 지도안이 너무 복잡하거나 간단하면 안 된다. 꼭 필요한 사항이 빠지지 않도록 한다.

지도안은 형식이 고정된 것이 아니라 지도종목의 특성에 맞게 형식과 내용을 적절히 변형하여 작성하여야 한다. 다음은 수영지도에 있어서 월간지도계획과 평영지도의 중간단계에서의 지도안을 예로 든 것이다.

표 6-2. 월 지도계획의 예 (수영)

	초급반(20시간)	중급반(16시간)	고급반(12시간)
1 주	• orientation pool의 구조, 수영에 대한 주의사항, 모든 규칙, 물에 길들이기, 물에서 걷기, 물 끼얹기, 호흡 엎드려 뜨기, 서기, 뗏목 띄우기 등 • 능력별 분단 편성 • crawl, beat, pool side에 앉거나 벽을 붙잡거나, beat판을 사용 • 팔작용(pull)과 beat와의 timing	• crawl form을 중심으로 beat, combination의 반복연습, 팔동작(pull), 호흡법. 평형-손발의 timing을 중심으로 반복연습 • pool벽에서 kick, 발바닥에 걸리는 물의 저항을 늘리도록 kick에 맞추어 팔을 펴게 한다. • 횡영-다리동작, 손발의 timing과 펴기	• crawl combination 힘 위주의 영법에 주의한다 • 평영 • combination 느긋하고 크게 동작함 • butterfly 개구리발 butterfly로 • 팔동작 dolphin kick과 timing
2 주	• crawl 호흡과의 timing beat, combination의 반복연습 • 평영 kick의 방법, 발바닥으로 물을 차는 느낌을 차악하게 한다. 발동작의 교정 kick만으로 전진하는 평영(beat판을 상용하여 두 팔을 펴고 한다. • 배영 자세, kick	• crawl dash, form을 흩트리지 않고 힘차게 한다. quick turn • 배영 경영을 위한 팔동작 start와 turn 수중에서의 pull, dash 서서헤기 제자리걸음 헤기 부채질 헤기 횡영	• crawl • 평영 50m씩의 반복 힘 위주로 말고 느긋하고 크게 동작함 • butterfly • dolphin kick으로 한다.
3 주	• 뛰어들기 수면과 가은 높이에서 뛰어든다. start대에서 뛰어든다. • crawl start. dash. turn • 평영 팔 동작과 timing 얼굴을 들기 위하여 물을 잘 누르도록 하며, 느긋하고 큰 동작으로 한다. • 배영 pull과 kick의 combination start와 turn의 방법 • 잠수 호흡의 양과 멈추는 방법 • 수중의 전진법	• crawl • dash • 평영 20분 원영, 천천히 대열을 흩트리지않고 한다 • 배영 • 잠영 • 인공호흡법	• crawl • 평영 100m를 전력으로 한다. • 구조법 헤지 않고 구조하는 방법을 중심으로 익수자가 달라붙었을 때 이탈법 • 인공호흡법 • medley relay 4인 1조로 25m씩
4 주	• 습득사항의 반복연습 특히 crawl,평영을 위주로 함 • relay 1인 15m로 crawl relay 평영 relay • touch와 인계의 timing test • crawl, 평영의 영법(50m time 측정)	• 습득사항의 반복연습 relay 1인 25m crawl 평영의 relay test crawl 평영의 영법(50m time 측정)	• test crawl 평영의 영법 (50m time 측정) butterfly 또는 배영 50m
비고	본 계획에 있어서는 지도의 중심을 crawl과 평영의 2종목에 두었으며 각각의 종목에 있어서는 능력별로 분단을 편성하여 지도한다.		

표 6-3. 수영(평영) 지도안 작성의 예 (평영지도 12차시 중 제7차시)

단계	활 동 내 용	지도상의 유의 사항
도입	1. 현재의 목표, 학습활동의 설명 2. 준비운동 특히 어깨, 발목, 넓적다리 관절, 힘줄 3. shower	1. 신체적 이상의 유무, 안전 확인 2. 보호자와 start의 신호 3. 말단부에서 중심부로 서서히 강하게 4. 관절의 최대의 가동범위까지 움직인다. 5. 손, 발, 몸통 등을 깨끗이 씻는다.
전개	1. 평영의 팔동작 복습 물속으로 서서 어깨까지 잠그고 팔 및 손으로 힘차게 물을 긁어 넣는다. 제자리에서 20회 긁은 다음은 긁으면서 15m 전진한다. a분단 17명, b분단 13명, c분단 6명의 순서로 실시한다. 2. 평영의 다리동작의 복습 전기의 순서로 pool side를 붙잡고 kick을 20회한다음 kick으로 15m 전진한다. c분단은 beat판을 사용한다. 3. combination 25m×2(7 course 사용) a분단부터 차례로 7명씩 앞 group이 중앙을 넘으면 차 례로 start 한다. 4. dash 25m×6 start의 연습을 겸하여 대상에서 힘차게 뛰어들며, pull과 kick을 힘차게 하여 빨리 헨다. 5. down 25×2	1. 전방으로 팔을 폈을 때는 손바닥이 외하방으로 보게 비튼다. 2. 손끝에서 양외측으로 물을 헤치게 하여 끌어당기며, 그대로 세게 가슴으로 긁어 넣게 한다. 3. 팔꿈치에서 당기지 않도록 주의한다. 4. 발끝이 바깥쪽을 보게 한다. 5. 무릎이 아래로 쳐지지 않도록 허리를 젖히며, 무릎을 조금 바깥쪽을 내민다. 6. 발바닥으로 catch한 물을 단수에 후방까지 차서 편다. 7. 균형이 잡힌 느긋하고 큰 동작으로 천천히 헨다. 8. c분단에는 beat판을 사용하여 kick연습을 철저히 시킨다. 다리 및 발의 동작이 제대로 잘 안되는 사람은 pool의 벽을 붙잡고 연습을 하게 한다. 9. 수중에서의 한 번 긁기, 떠오르기에 대해서도 시범하여 timing을 파악하게 한다. 10. 손발의 timing이 흩어지지 않도록 주의한다. 11. 몸뜨기를 하는 기분으로 힘을 빼고 느긋하고 큰 동작으로 헨다.
정리	1. 정리운동 2. 반성, 정리, 다음의 예정	1. 힘을 빼고 가볍게 행한다. 2. 진보가 뚜렷한 자는 승급시킨다.

표 6-4. 수영 초급과정(물에 적응하기) 지도안 작성의 예 (2)

단계	활 동 내 용	지도상의 유의 사항
도입	1. 현재의 목표, 학습활동의 설명 2. 준비운동 특히 어깨, 발목, 넓적다리 관절, 힘줄 3. shower	1. 신체적 이상의 유무, 안전 확인 2. 보호자와 start의 신호 3. 말단부에서 중심부로 서서히 강하게 4. 관절의 최대의 가동범위까지 움직인다. 5. 손, 발, 몸통 등을 깨끗이 씻는다.
전개	1. 평형의 팔동작 복습 물속으로 서서 어깨까지 잠그고 팔 및 손으로 힘차게 물을 긁어 넣는다. 제자리에서 20회 긁은 다음은 긁으면서 15m 전진 한다. a분단 17명, b분단 13명, c분단 6명의 순서로 실시 한다. 2. 평영의 다리동작의 복습 전기의 순서로 pool side를 붙잡고 kick을 20회한 다음 kick으로 15m 전진한다. c분단은 beat판을 사용한다. 3. combination 25m×2(7 course 사용) a분단부터 차례로 7명씩 앞 group이 중앙을 넘으면 차례로 start 한다. 4. dash 25m×6 start의 연습을 겸하여 대상에서 힘차게 뛰어 들며, pull과 kick을 힘차게 하여 빨리 헨다. 5. down 25×2	1. 전방으로 팔을 폈을 때는 손바닥이 외하방으로 보게 비튼다. 2. 손끝에서 양외측으로 물을 헤치게 하여 끌어당기며, 그대로 세게 가슴으로 긁어 넣게 한다. 3. 팔꿈치에서 당기지 않도록 주의한다. 4. 발끝이 바깥쪽을 보게 한다. 5. 무릎이 아래로 쳐지지 않도록 허리를 젖히며, 무릎을 조금 바깥쪽을 내민다. 6. 발바닥으로 catch한 물을 단수에 후방까지 차서 편다. 7. 균형이 잡힌 느긋하고 큰 동장으로 천천히 헨다. 8. c분단에는 beat판을 t사용하여 kick연습을 철저히 시킨다. 다리 및 발의 동작이 제대로 잘 안되는 사람은 pool의 벽을 붙잡고 연습을 하게 한다. 9. 수중에서의 한 번 긁기, 떠오르기에 대해서도 시범하여 timing을 파악하게 한다. 10. 손발의 timing이 흩어지지 않도록 주의한다. 11. 몸뜨기를 하는 기분으로 힘을 빼고 느긋하고 큰 동작으로 헨다.
정리	1. 정리운동 2. 반성, 정리, 다음의 예정	1. 힘을 빼고 가볍게 행한다. 2. 진보가 뚜렷한 자는 승급시킨다.

표 6-4. 수영 초급과정(물에 적응하기) 지도안 작성의 예 (3)

구 분	구분설명	세 부 내 용	준비물	시간
1교시 시상에서의 도입단계		물에 들어가기 전에 준비체조를 행하며, 스트레칭을 병행한다. 강사소개, 수영강습 과정상 주의할 사항: 수영지역의 한계, 안전수칙, 수영장의 상태 등에 대한 설명과 함께 수강자가 자신감을 갖고 입수 태세를 갖도록 한다.	휘 슬	5분
물익히기		1. 수영장의 플사이드에 일렬로 앉아 자연스럽게 물장구치기를 실시한다. 2. 수영장에 입수하여 4열 횡대 대형을 갖추고 물젓기를 하며 경쟁적으로 걷기, 한발로 뛰면서 걷기를 행한다. 3. 함께 짝을 이루어 손을 맞잡고 물속에서 얼굴 잠그기 4. 물속에서 눈뜨기, 숨오래 멈추기 5. 짝을 지어 물끼얹기, 수중에서 가위바위보, 동전줍기 놀이를 행한다. 6. 가슴 깊이의 물에서 짝끼리 손을 잡고 번갈아 솟구쳐 올랐다 내려가며 보빙 연습을 행한다. (각자 50회의 보빙연습)	휘 슬 동 전	20분
뜨 기	새우동 뜨 기	숨을 내뱉고 무릎굽혀 뜨기 숨을 크게 들여 마시고 무릎굽혀 뜨기를 동해 호흡과 부력의 관계를 느끼게 한다.		20분
	해파리 뜨 기	1. 해파리 뜨기 자세에서 앞으로 뻗고 다리는 뒤로 뻗어 엎드려 뜨는 자세를 유지하도록 반복해서 강조한다. 2. 머리를 숙여서 밸런스를 잡는 것이 중요하다는 점을 숙지시키고 몸을 릴랙스한 상태로 유지하도록 반복해서 강조한다. 3. 팔을 몸 옆에 붙이거나, 머리를 들고 엎드려 뜨기를 해서 몸의 하체가 가라 앉는 것을 느끼게 하고 신체중심의 변화에 따른 부력의 작용에 대해 설명한다.		
	뒤로누워 뜨 기	1. 두사람씩 짝을 지어 등을 가볍게 받쳐주도록 한다. 2. 혼자서 누워뜨기를 반복해서 연습할 수 있도록 한다. 3. 엎드려 뜨기와 뒤로 누워 뜨기의 대형은 가급적 커다란 원형대형으로 실시하도록 한다.		
	휴 식	(휴식시 체온저하를 막기 위해 옷을 걸치도록 한다.)		10분

구분	구분설명	세 부 내 용	준비물	시간
2교시	제자리 보빙	1. 4열 횡대의 대형을 유지하여 옆 사람과 손을 잡고 보빙 50회를 실시한다. 2. 1열종대로 앞사람의 어깨에 손을 짚고 수영장 사이드를 따라 보빙하면서 가기 3. 수면 밖에서는 가급적 단기간에 충분한 공기를 들이마시고 수중에서는 길게 충분히 내쉬도록 한다(한, 둘, 셋, 넷의 구령에 맞추어 보빙을 하도록 한다) 4. 보빙을 하면서 눈을 감지 않도록 강조한다.	휘 슬	20분
글라이딩 (gliding)	엎드려 글라이드 하기	1. 2열종대로 시범대행을 갖추어 지도자가 시범을 보인 후 한 사람씩 수영장의 벽면을 차고 글라이딩 하도록 한다. 2. 지도자는 풀장 밖에서 한 사람씩 결점을 지적하고 되풀이 연습하도록 한다.(얼굴을 아래로 숙이고, 어깨나 몸에 힘을 빼고, 몸을 곧게 뻗어 신체의 자세가 유선형이 되도록 강조한다)		20분
	뒤로 누워 글라이드 하기	1. 역시 2열 종대의 시범대형을 갖추어 한 사람씩 뒤로 누워 글라이드 하도록 한다. 2. 허리를 띄워 엉덩이가 가라앉지 않도록 유의하고 얼굴이 물에 잠기지 않도록 가볍게 벽만을 차도록 한다. 3. 손을 옆에 붙이고 누워 글라이드 하도록 한다. 수영장벽면을 따라 일렬로 서서 지도자의 신호에 따라 일제히 엎드려 글라이드 하기 반복하도록 한다.		20분
	휴식	(휴식시 체온저하를 막기 위해 옷을 걸치도록 한다.)		10분
다리차기	지상연습	1. 크롤의 다리차기 연습을 지상에서 행한다. 2 앉은 자세에서 팔을 뒤로 짚고 다리를 곧게 뻗은 자세로 행한다. 3. 무릎을 굽히지 않도록 하고, 얕게 다리차기를 하는 경우에는 무릎이 스칠 정도로 크게 차도록 시정해 준다. 4. 엄지발가락이 서로 스치는 느낌을 갖도록 하여 다리가 벌어지지 않도록 유의하고, 다리를 차내릴 때 발가락 끝이 앞쪽을 향하도록 한다. 5. 어느 정도 폼의 교정이 끝나면 4호간의 구령에 맞추어 반복한다.	휘슬	20분
	수중연습	1. 풀장 벽면을 잡고 다리차기 연습 : 풀장의 벽면을 잡고 차기 연습을 하며, 한 사람씩 주의 깊게 동작을 교정하여 준다. 2. 글라이딩하고 난 후 다리차기 하기: 엎드려 글라이드 동작을 시작하여 전진력이 완전히 없어지기 전에 다리차며 전진하도록 한다. (이 때 다리차기는 최고 5회 이상 하도록 한다) 3. 킥보드 잡고 다리차기 1) 4열 횡대 대형으로 차례로 수영장 맞은편까지 킥판을 잡고 다리차기를 실시한다. 2) 처음에는 머리를 숙이고 다리차기를 실시하도록 하고 점차 호흡까지 하면서 행하도록 거리를 증가시킨다. 3) 처음부터 머리를 들고 크롤 킥으로 전진하도록 하여 킥이 강하게 이루어지도록 한다. 4) 킥보드 없이 팔을 앞으로 뻗고 다리차며 전진하도록 한다. 충분히 연습한 다음에는 몸의 중심을 유지하고 엉덩이가 들리는 결점을 수정하기 위해 팔을 등뒤로 모아 열중쉬어 자세로 다리차며 전진하기를 연습한다.	휘슬 킥보드	10분
보빙 (bobbing)	제자리에서 보빙하기	앞서 배운 보빙을 다시 한 번 복습하고 교육을 마치도록 한다.		10분
정리단계	지 상	1) 정리체조를 간단히 실시한다. 2) 집에서 행할 개인연습 사항의 중요성을 일깨워 주고 부진한 사람에게는 용기를 주도록 한다.		5분

제 7 장

사회체육과 지도력

1. 지도력의 의의
2. 지도력의 이론과 내용
3. 지도력 기술의 학습내용과 방법

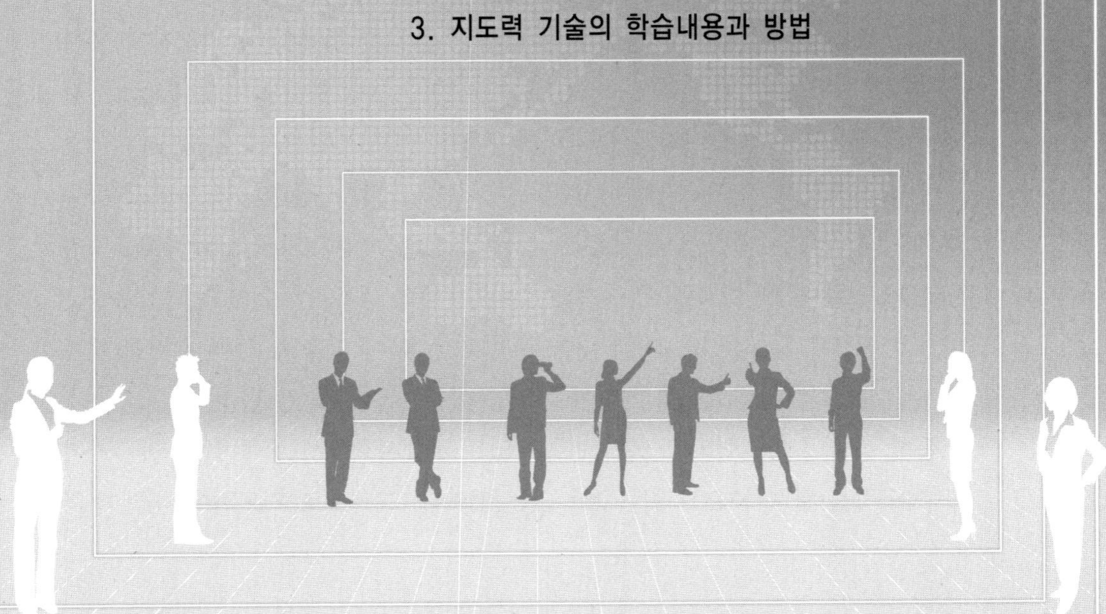

사회체육 현장에 있어서 지도자의 본질적인 역할은 체육활동에 참가하는 국민의 운동효과를 극대화 시키고 활동의 합리성을 제고하는데 있다. 즉, 전면성, 반복성, 안정성, 적합성 등의 지도 원리를 적용하여 한층 효율적인 체육활동이 이루어지도록 지도·관리하는데 있는 것이다. 사회체육 현장에서 지도자가 효과적으로 수행하기 위해서는 기능이나 자질 뿐만 아니라 구성원을 효과적으로 통솔하고 관리할 수 있는 지도력이 필연적으로 요구된다.

본장에서는 사회체육 현장에서 요구되는 지도자의 자질과 관련하여 지도력의 의미 및 유형을 알아보고, 지도력과 관련한 개념을 살펴보고, 지도력 기술의 학습 내용 및 방법에 대하여 제시한다.

1. 지도력의 의의

1) 지도력의 정의

인간은 고립되어 혼자서 살 수 없는 사회적 동물이기 때문에 집단을 형성하여 생활하며 이러한 모든 인간 집단 내에는 지도자와 추종자가 존재한다. 놀이하는 어린이 집단이라 모임중의 성인집단을 관찰할 때 지도자를 발견하는 일은 그리 어렵지 않다.

지도력(leadership)을 정의하는 일은 상당히 복잡한 문제이다. 지도자의 예를 들 때 정치지도자, 군지휘자, 사회활동지도자, 노동조합지도자 등과 같은 강력하고 행동지향적인 사람을 생각하게 되지만 일상생활중 매일 만나는 사람중에서도 훌륭한 지도력을 지니고 있는 경우가 많다. 훌륭한 지도자에게 공통적으로 나타나는 일반적 특성은 인내심(patience), 이해력(understanding), 정열(enthusiasm), 덕망, 조직력, 청취기술, 그리고 체력 등을 들 수 있다. 이 특성은 다른 한편으로 훌륭한 지도자에 대한 완전한 상(象)이 있을 수 없다는 점을 시사해 주는 것으로서 지도자의 역할이 그만큼 어렵다는 것을 잘 반영해 주고 있다.

특히 나날이 다원화되고 복잡해지고 있는 현대사회에서 이들 특성만을 가지고 지도력을 완벽하게 정의할 수는 없는 것이다. 그러므로 지도력에 대한 정의는 다양할 수밖에 없다. 지도력에 관한 간결하고 이해하기 쉬운 정의 중의 하나로 Ben solomon의 정의는 다음과 같은 3가지 요소를 가지고 있다.

지도력의 정의를 위한 첫 번째 요소는 영향력(influence)으로, 셀 수없이 많은 지도력기술과 기법들이 학습을 통하여 습득되는 반면에, 이 영향력은 모든 인간에게 있어서 선천적인 것이라 할 수 있다. 인간은 누구나 타인에게 영향을 미칠 수 있는 잠재력을 지니고 태어난다. 영향력이 이처럼 인간의 내면으로부터 나오는 것이 분명하지만 지도자가 되기 위해서는 이것을 효과적으로 사용하는 방법을 학습하여야 한다. 어떤 사람일지라고 타인을 행동에 나서도록 하는 영향력을 사용하지 않고는 지도자가 될 수 없다. 타인에게 암시를 주고 설득하며 친절하게 인도하는 경우와 같이 지도자는 배후에서 이끌어 감으로써 영향력을 행사하게 된다.

두 번째 요소는 "지도력은 지도자가 하고자 하는 것을 하려는 사람들을 모으는 것"이다. 지도자는 자신의 전문분야에 관련된 권위를 사용하지 않고 타인(추종자)의 동의를 구하면서 이끌어 가는 능력을 지녀야 한다. 지도자가 타인들을 이끌기 위하여 비록 가끔은 권위를 사용해야 할 경우도 있지만 현명한 지도자라면 권위를 과도하게 사용하지 않는다. 타인이 자연스럽게 따르지 않는 지도자는 단지 명칭만 지도자일 뿐이기 때문이다.

세 번째 요소는 앞의 두 요소보다 더 구체적으로 지도력을 설명하여 준다. 즉, 지도력은 지도자가 타인들을 집단의 공동목표에 귀를 기울이고 동의하게 하며 자신의 조언에 따르게 하고 공동목표를 달성하도록 행동하게 하는데 사용하는 영향력이라고 하여 청취(listen), 동의(agree), 행동(action), 영향력(influence)이라는 4개의 의미있는 단어를 동원해서 지도력을 정의하였다.

지도자에게 귀를 기울이고 공동목표에 동의하며 이 목표의 성취를 위하여 함께 활동하고 일하려는 타인들 없이는 아무리 능력이 뛰어난 사람일 지라도 지도자가 될 수 없다. 우리는 재산과 명성 또는 좋은 직업을 가진 것 때문에 타인에 대하여 권위와 권세를 내세울 수는 있지만 영향력 없이 지도력을 효과적으로 발휘하지 못한다. 지도적 위치에 있는 어떤 개인이 현재 보유하고 있는 금전과 명성 및 지위가, 만일 그것들이 적절히 이용되어 진다고 할 때, 그 사람의 영향력을 증대시킬 수 없다는 것을 말하고자 하는 것은 아니다.

Edward Kennedy, Lee Iacocca, Bill Cosby, 인도의 간디, 폴란드의 바웬사와 같은 사람들은 그들이 지위 때문이 아니라 바로 그들이 타인들에게 큰 영향을 미칠 수 있었기 때문에 모두 탁월한 지도자로서 임무를 다하였거나 지금까지도 지지를 받고 있는 것이다. 지도자는 자신이 권위를 갖고 있고, 또한 추종자들이 집단목표를 함께 인식하고 이 목표성취를 위해 흔쾌히 작업하려 들기 때문에 그들을 행동으로 유도하는 것이 가능하다.

이러한 이유 때문에 타인이 행동하도록 더 이상 영향력을 미칠 수 없는 지도자는 유능한 지도자가 될 수 없기 된다. 부당하게 사용된 권위는 사람들이게 저항을 낳게 하고 멀어지게 하는 반면 지도자의 영향력은 사람들을 한 군데로 결집시키고 충성심을 불러일으키게 한다.

이렇게 볼 때 지도력은 집단의 공동목표를 달성하기 위하여 성원과 집단을 조성하고 동작하게 하는 지도자의 기술이라 할 수 있으며, 여기에는 집단성원들로 하여금 설정된 목표를 열성적으로 수행할 수 있도록 설득하는 능력 내지 영향력을 내포하는 것으로 설명 할 수 있다. 집단성원들을 설정된 집단의 목표에 자발적으로 따르고 협동하게 만드는 지도자의 영향력이 곧 지도력인 것이다.

2) 지도력과 영향력

지도자는 타인을 통제하려고 하기 보다는 그들이 잘 활동 할 수 있도록 해주어야 한다. 이러한 의미에서 지도자의 영향력을 법이나 교육 그리고 다른 어떤 것보다도 더 큰 힘으로 세상을 변화시키는 중요한 능력이라고 할 수 있는데, 지금부터 영향력으로 나타나는 몇 가지 요소들을 설명해 보고자 한다.

첫째, 지도자가 타인에게 영향력을 미치는데 사용하는 중대한 요소중의 하나는 진실성이다. 사람들은 지도자를 신뢰할 수 있을 때에 비로소 따른다. 이의 예로서 "행동은 말보다 더 웅변적이다(Actions speak louder than words)"라는 격언이 잘 입증하여 주고 있다.

실제에 있어서도 인간의 가치와 신념을 말보다는 행동이 타인에게 솔직하게 전달하고 보여준다. 그러므로 어떤 지도자가 시간에 관계없이 타인들에게 지속적으로 추종될 것인지에 관한 가장 핵심적인 결정요건은 자신의 행동에 대한 진실성이라고 할 수 있다.

타인들이 더 이상 지도자를 믿지 않을 때 자신의 효력(effectiveness)을 잃게 되는 정치·경제·종교·스포츠·노동계의 지도자들을 종종 목격하게 된다. 자신의 추종자나 타인을 기만하는 지도자를 신뢰하기는 어려운 일이다. 따라서 지도자는 타인들이게 항상 진실로서 대할 것이 요구된다. 그러나 이 진실성은 인간이 태어나면서부터 지니고 있는 것이 아니기 때문에 지도자가 되기 위해서는 행동과 경험이라는 학습을 통하여 습득할 수 있는 성질이다. 타인에 대하여 진실성을 유지하고 쌓기 위해서 지도자는 성실해야 한다. 그 이유는 성실이야말로 진실성의 기초가 되기 때문이다.

둘째, 유력한 지도자가 되기 위해서는 역시 유능하여야만 한다. 지도자로서 필요한 지식과 기술을 갖추는 것은 매우 긴요한 일이다. 사람들은 자신의 지도자가 하려고하는 일이 어떠한 것이든지 간에 그 무엇이던 전부 할 수 있고, 또 다 안다고 느낄 때 그를 따른다. 사람들은 지도자가 자신들의 삶에 영향을 주는 올바른 결정을 내릴 역량을 지니고 있다고 생각하지 않으면 그를 믿고 따르지 않게 된다.

셋째, 지도자는 진보적 사고를 하여야 한다. 지도자가 어떤 작업에 대한 진취적이고 합리적인 계획과 방향감각을 갖고 있지 못한다면 사람들을 행동으로 옮기게 하는 일은 쉽지 않을 것이다. 사람들은 지도자로부터 자신들이 나아갈 방향을 발견하지 못하게 되면 다른 지도자를 찾게 될 것이다.

3) 지도력과 권위

(1) 권위의 정의

행정조직과 같이 계층제(階層制)의 형태를 갖춘 집단에서는 집단성과 함께 목표달성을 위한 일을 추진하는데 필요한 명령·지휘·감독의 지위에 있는 사람에게 일정한 권한과 책임을 부여하는 것이 일반적이다. 따라서 지도자와 권위는 상호 밀접한 관계를 맺게 된다.

그런데 본질적으로 이 권위(authority)는 권력(power)이 제도화된 것을 일컫는다. 권력은 힘의 행사 또는 그렇게 할 수 있는 능력이라고 할 수 있는데 반하여 권위는 타인의 행동을 지도하기 위한 의사 결정의 능력임과 동시에 타인에 대하여 영향력을 행사할 수 있도록 집단의 법규와 부여한 힘으로서 집단의 목표 달성과 직결되는 것이라고 할 수 있다.

(2) 권위의 유형

집단성원에 대해서 명령하고 복종시켜 공동목표의 성취를 위해 일하게 하는 권위의 유형에 대하여는 학자에 따라 주장하는 관점이 다른 경우도 종종 있지만 대개 심리적 유형과 사회 · 역사적 유형이라는 두 가지로 분류하여 설명하는 것이 보편적이기 때문에 이 두 가지 유형에 대해서 간단히 소개하고자 한다.

① 심리적 유형

심리적 측면에서 볼 때 권위는 다음과 같이 4가지 유형으로 나누어진다.

- 신뢰의 권위(authority of confidence) : 집단성원들이 지도자의 능력과 경험 및 실천력을 전적으로 믿고 그에 대하여 복종하는 권위.
- 동일성의 권위(authority of identification) : 집단성원들이 자신들이 속한 집단의 모든 결정에 무조건 복종하려 할 때 나타나는 것으로서 집단이나 조직에 대한 충성에서 나오는 권위.
- 제재의 권위(authority of sanction) : 실제 제재(制裁)가 가해지지 않더라도 제재를 두려워하여 복종하려는 권위.
- 정통성의 권위(authority of legitimacy) : 집단성원 대다수의 의식속에 공유되는 가치관, 규범, 관습 등에 근거한 권위.

② 사회 · 역사적 유형

사회 · 역사적 유형으로는 Max Weber의 권위유형이 대표적이다. Weber는 지배를, 권위를 지닌 권력과 동일한 개념으로 간주하고 지배의 유형을 다음과 같이 세 가지로 구분하여 설명하였는데 이것은 곧 권위유형과 동일한 의미로 해석된다.

- 전통적 권위(traditionale herrschaft)

이것은 사회가 아직 개명(開明)되지 못한 상태에 있을 때 예부터 내려오는 제도 · 관습 등의 전통에 따라서 지도자가 된 사람에게 복종하는데 근거를 둔 권위이다. 예컨대 세습적인 군주제하의 국왕에게 백성이 무조건 충성하고 또 충성하도록 하는 권위를 전통적 권위라고 한다.

- 카리스마적 권위(charismatische herrschaft)

카리스마(charisma)라고 하는 용어는 초인간적인 사람의 능력을 의미한다. 따라서 카리스마적 권위란 이와 같은 사람의 초인적 능력을 신뢰하고 복종하는 데에서 유래하는 권위이다.

- 합법적 권위(legale herrschaft)

합법적 권위는 전통적 권위나 카리스마적 권위에 의한 지배가 불가능해지고 권한이 합법적으로 제정된 법규에 의해서 부여된 지위에 대해서만 복종하게 되는 경우의 합법적 지위가 갖는 권위를 의미한다.

Weber에 의하면, 집단은 인류의 역사와 사회속에서 이러한 권한관계 즉, 권위의 변화에 따라 발전되어 왔고 또 발전하고 있음을 강조하며, 이상의 세 유형의 변천과정을 통해서 집단이 점차 합리화되어 나간다고 주장하였다.

(3) 권위와 영향력

거의 모든 지도적 지위는 어느 정도의 권위와 책임이 함께 수반된다. 그러나 지도자는 특별한 경우를 제외하고는 어떤 목표를 성취하기 위하여 지나치게 권위에 의존해서는 안된다. 진정한 지도자는 결코 타인에게 함부로 명령해서는 안되며, 오히려 타인의 감정과 사고 및 행위를 이끌어 가기 위한 영향력이나 설득력을 사용해야 한다.

설득력은 지도자가 타인들에게 그들이 취해야 할 행동이 그들 자신의 욕구충족에 적합하다는 것을 확신시키는 능력을 포함한다. 반면에 권위는 추종자들의 어떤 행동이 자신들의 최대관심사이기 대문이 아니라 지도자가 권력(power)을 갖고 있기 때문에 어쩔 수 없이 행하여지고 있는 많은 예에서 그 의미를 암시받을 수 있다.

표 7-1. 권위와 영향력의 비교

권 위	영 향 력
① 권위는 추종자들에게 수행 또는 활동하도록 명령을 내리기 위한 힘을 말한다. ② 권위는 자기자신이외의 타인들이나 어떤 조직에 의해서 한 개인에게 부여될 수도 있고 또 박탈당할 수도 있다. ③ 권위는 지위(position)와 직위(rank)에 속하며, 우연하게 지위나 직위를 차지한 사람에게 부여되지 않는다. (부모자식관계는 하나의 지위) ④ 권위는 명령을 내린다. ⑤ 권위는 동의나 승인을 무시하고 맹종을 낳게 한다. ⑥ 권위는 요구하며 강요한다. ⑦ 권위는 1인 통치이다. ⑧ 권위는 저항을 낳는다. ⑨ 권위는 '하라' 또는 '가라'고 말한다. ⑩ 권위는 일방적인 계획이 완수되기를 기대한다. ⑪ 권위는 위로부터의 지배이다. ⑫ 권위는 선택의 여지를 제공하지 않는다.	① 영향력은 인간의 행동시 결과를 생산하기 위한 능력 및 자질이다. ② 영향력은 모든 인간에게 내재하는 선천적 자질이며, 자기이외의 다른 어떤 사람도 자신에게 줄 수 없고 또한 박탈당할 수도 없다. ③ 영향력은 영구히 개인에게 속한다. ④ 영향력은 제의를 한다. ⑤ 영향력은 자발적인 협조와 동의 및 승인을 낳는다. ⑥ 영향력은 인도한다. ⑦ 영향력은 민주적이며, 행동시 '우리'라는 이식을 함께 하게 된다. ⑧ 영향력은 협동을 낳는다. ⑨ 영향력은 '오라' 또는 '나를 따르라'고 말한다. ⑩ 영향력은 우리의 계획이 성취되길 제안한다. ⑪ 영향력은 평등의 원칙하에 추종자들을 설득한다. ⑫ 영향력은 선택의 여지를 둔다.

〈표 7-1〉에 있는 항목들은 어떤 집단의 장이나 보스(boss)에 의해서 사용되는 권위와 지도자가 사용하는 영향력을 비교하여 이해하는데 도움을 줄 것이다. 상기 〈표 7-1〉에서 권위와 영향력을 서로 비교해 보았는데, 지도자는 여러 가지 상황속에서 이 권위를 이용해야 할 것인지 또는 영향력을 사용할 것인지 선택해야 할 때가 있을 것이다.

만일 지도자가 영향력을 사용하기를 결정한다면 그가 제안하고 인도하는 행위가 곧 공동목표의 성취로 결과한다는 것을 타인이나 추종자에게 납득시킬 수 있어야 한다. 반면에 어떤 지도자가 권위의 사용을 선택한다면 타인들이 그 지도자를 따를 것인지 결정할 때 지도자의 지위, 직위, 또는 자신들의 감정에 의존하는 것이 일반적이다.

그럼에도 불구하고 비록 권위에 의한 지도력이 집단성원들을 가끔 성공으로 이끌지 못한다 하더라도 지도자는 어떤 목표를 달성하기 위해서 권위를 사용하여야만 할 때가 있다. 큰 빌딩의 화재나 주택단지의 풍수해와 같은 위급한 상황이 발생했을 경우 건물주인, 동장, 시장 등은 이러한 급박한 상황의 해소에 도움을 주기 위해서 자신의 부하직원이나 집단성원들에게 그곳에 가주기를 설득할 시간을 충분히 갖지 못한다. 이러할 때의 지도자는 직접 구조시도를 명령할 자신의 권위를 즉각 사용하여야 한다.

이러한 예에서와 같이 지도자는 자신의 추종자들을 성공적으로 이끌기 위하여 설득보다는 오히려 권위를 사용해야만 할 상황이 있다는 점도 인식하고 있어야 한다. 단지 중요한 것은 설득이 사용되어져야 할 상황에서 권위를 사용하는 일이 있어서는 결코 바람직스럽지 못하다는 것이다.

2. 지도력의 이론과 내용

1) 지도력에 관한 이론

어떤 집단을 막론하고 지도력은 그 조직을 동작화하는데 있어서 중요한 변수로 작용한다. 이 지도력에 관한 본질을 규명하기 위한 접근방법이나 학설은 지도자를 위주로 하는 입장과 지도자와 집단성원간의 관계에서 보려는 입장 두 가지로 크게 나누어지고 있다.

즉, 지도자가 되기 위해서는 일정한 자질을 필요로 한다는 위인론(偉人論)과 집단의 목적이나 구조 및 집단성원의 기대에 따라 지도력은 달라진다는 시대론 또는 상황론이 그것이다.

(1) 위인론(great man theory)

어떤 사람이 지도자가 되기 위해서는 평범한 일반인과는 다른 일정한 특성이나 자질을 지니고 있어야 한다는 것을 근거로 하는 이 학설은 지도력을 지도자가 선천적으로 부여받은 능력 즉, 위인의 기질이라고 주장한다.

따라서 개성을 지도력의 결정적 요인으로 단정하고 있는 이 견해에서는 어떤 개인이 갖추고 있는 지식·의지·감정·신체적 특징·용모·정열·성취도·책임감·사교성·창조력·인내심·유머 등 무려 164종 이상의 요소를 추출하여 지도력을 설명하였는데 그 대표적 주창자는 플라톤과 피고스(P. Pigors)이다.

그러나 지도력에서 요구되는 것은 비단 인간의 일정한 개성이나 특성뿐만이 아니고 집단 성원과의 상호작용을 필수로 하며 또한 지도력 기술은 후천적으로 학습된다는 점 등 여러 가지 모순 때문에 이 견해는 오늘날 비판을 면치 못하고 있다.

(2) 시대론(time theory)

이 견해는 평범한 사람도 시대나 상황이 지도자를 만든다는 말과 같이 처해 있는 상황에 따라 지도자가 될 수 있다고 주장한다. 즉, 시대론에서는 지도력을 선천적으로 타고난 개인적 특성에 의하여 결정되는 것으로 보거나 한 개인의 능력으로 보지 않고, 이끌어야 할 집단과 집단 성원의 성격에 따라 결정 된다고 주장하며 아울러 집단내의 환경이나 상황에 따라 특별한 지도력이 요구된다고 본다.

이 입장은 지도력이 집단과 밀접한 관계를 갖는 것을 전제로 하기 때문에 집단이 처한 상황에 따라 군대조직·행정집단·기업조직·교사조직·스포츠집단·청소년집단 등에서 필요로 하는 지도력은 각각 달라질 수 있으며, 또한 우리나라 행정집단과 스포츠집단의 지도력과 미국·독일·일본 등의 동일집단의 지도력이 같은 영역일지라도 달라질 수밖에 없다는 것이다.

다시 말해서, 지도력을 지도자 개인의 능력에만 의존하는 것으로 보지 않고 이에 더하여 집단의 성격, 문화적 환경, 관습, 시간과 장소 등 집단이 처해 있는 환경과의 상호작용 관계속에서 규명하려고 하는 것이 이 이론의 핵심이다.

$$L = f(l \cdot f \cdot S) \quad \text{(L : 지도력, l : 지도자, f : 집단성원, S : 상황)}$$

이 견해의 지지자는 알포드(L.P. Alford), 비틀리(H. Beatley), 사전트(S. Sargent),

알포드(F.H. Allport) 등이다.

이 시대론에 의하면 인간은 원래 지도력을 가지고 태어나므로 누구나 지도자가 될 수 있는데 실제 유독 몇 사람의 특정 인물들만이 지도자로 등장하고 또 성공하고 있는 이유를 그들이 처해 있는 집단이나 사회의 상황 즉, 시대가 그들로 하여금 지도자의 역할을 수행 하도록 만들기 때문이라고 설명한다.

그런데 종전까지는 지도력을 논의하는데 주로 위인론이 중점적으로 다루어졌었고 따라서 지도자가 된 사람은 일반인과는 우선 지능지수나 유전인자 등 생물학적인 면에서 구별된다고 주장하였으며, 이 결과 지도력이라 하면 바로 지도자의 소질 또는 타고난 자질만을 의미하는 것으로 해석되어 왔다.

최근에는 지도자란 천부적으로 일반인과 다른 사람이 아니라 특정의 상황이 지도자를 만들어 낸다는 후천설이 강력하게 대두됨에 따라 지도력이란 개인의 타고난 재능과 자질만을 의미하는 것이 아니고, 평범한 사람이 주어진 기회(opportunity)나 상황(situation)에 의하여 지도자로 변모하게 되는 전 과정(全過程)을 통틀어서 지칭하기에 이르렀다.

2) 지도력의 학습과정

인간은 정도의 차이는 다소 있지만 지도력을 위한 잠재력을 지니고 태어난다. 어떤 사람은 항상 지도적 역할을 맡고 싶어하기 때문에 선천적인 지도자인 것처럼 보인다. 다른 어떤 사람은 지도자의 역할을 회피하지만 가끔 예기치 않은 사건이나 상황에 의해서 지도자역에 억지로 떠맡겨 지기도 한다. 또 다른 어떤 사람은 결코 타인들 보다 앞장서려고 하지 않는다. 그는 자신의 지도력 기술이나 재능을 실천하거나 발휘하지 않기 때문에 항상 추종자로서 남기를 좋아한다.

모든 인간은 대개 이 세 가지 유형 중 어느 하나에 해당된다. 그러나 중요하게 인식해야 할 점은 어느 누구라 할지라도 지도자로서 선천적으로 태어나지 않는다는 사실이다. 천부적인 지도자인 것처럼 비치는 사람이 존재한다면 그는 아마 지도력 기술이나 기법을 부단히 학습하여 온 사람일 것이다. 누구나 지도력 기술을 배우고 실천할 시간과 기회를 갖는다면 훌륭한 지도자로서 성장할 수 있다. 그러므로 지도자가 되기 위하여 인간은 어떻게 학습을 하여야 하는가라는 문제가 제기된다.

이 문제에 대한 대답은 아주 간단하고 자명하다. 인간이 사회생활에 필요한 어떤 다른 기술이나 행동을 학습하는 것과 똑같이 지도자가 되기 위해서는 필요한 기술과 기법들을 배워야 한다. 농구, 테니스, 수영과 같은 어떤 경기를 하기 위해서는 우선 그 경기의 기본(fundamentals)이 되는 것을 학습하고, 그 다음 연습과 추가훈련을 통해서 경기에 필요한 다른 기술을 향상시키기 위한 단계를 거치게 되는 경우와 지도력 학습을 위한 과정은 대동소이한 것이다. 지도력의 학습을 위해서는 실수에 대하여 항상 유의하여야 하며, 실수 발생시 즉각 그 실수를 정정하고 다음에는 같은 실수가 재발하지 않도록 배전의 노력을 기울여야만 할 것이다.

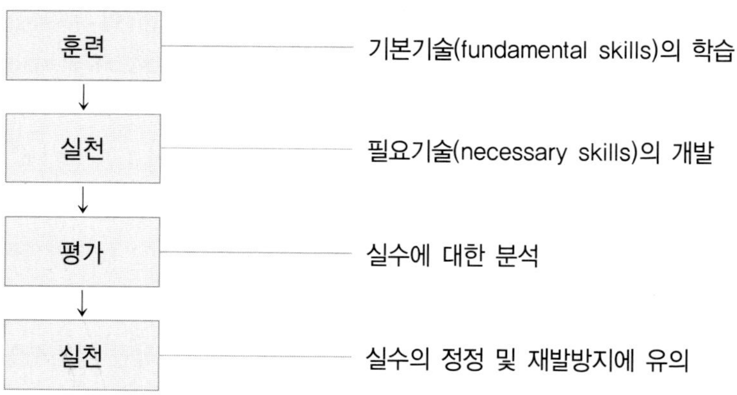

그림 7-1. 지도력 학습의 과정

훌륭한 지도자가 되기 위한 방법을 학습하기 위해서는 〈그림 7-1〉에서 보여주는 것과 같은 과정을 거칠 것이 요구된다.

지도자가 되기 위해서는

첫째, 지도자가 되는 것이 무엇을 의미하는지 이해하고 지도력과 인간행위의 중요성에 대해서 학습하여야 한다.

둘째, 지도자는 어떤 일을 하여야 할지, 그리고 멀리 해야 할 유혹은 어떤 것인지를 인식하여야 한다.

셋째, 자신의 지도력 기술을 실천과 훈련을 통해서 발전시켜 나가야 한다.

그런 다음 마지막으로 타인을 공동목표로 향하여 나아가도록 동기유발하는 방법, 팀조성 기술과 지도자로서 구비해야 될 더 많은 것들을 습득할 수 있도록 학습하여야 한다.

그렇다면 과연 누가 지도자가 될 수 있는가? 전술한 바와 같이 인간은 모두 지도력을 위한 잠재력을 지니고 태어나기 때문에 이 질문에 대한 대답은 모든 사람이라고 할 수 있다. 그러나 여전히 상당수의 사람들은 지도자가 되는데 특별한 표준이나 일정한 자격이 있는 것으로 믿고 있다. 어떤 사람은 자신이 키가 크지 않고 나이를 지긋하게 먹지 않았다며, 그리고 충분히 교육받지 못했기 때문에 또는 재치나 유머가 뛰어나지 못하기 때문에 지도자로서 부적격하다거나 심지어는 될 수 없다고 단정을 내리기까지 한다. 하지만, 실제에 있어서는 그렇지 않다. 지도자는 생김새, 외모, 키와는 무관하며 다양하게 나타난다.

George Washington은 189cm의 큰 키로 흡사 운동선수와 같은 외모였고, Abraham Lincoln은 키는 190cm이었지만 마르고 여윈 모습을 하고 있었다. Napoleon은 키가 155cm이었지만 눈밑에 주름을 가지고 있었으며, Gandi 또한 키가 매우 작았고 깡마른 체격의 소유자였다.

그렇다면 나이 · 성 · 인종 · 종교 · 직업에 대한 요소와 지도자와는 어떤 관계에 있는가? 이러한 요소들 역시 그렇게 중요하지가 않다. George Washington Carver는 농업혁명을 일으켰고, Martin Luther King은 흑인민원운동의 지도자였으며, Teresa수녀는 이세상의 헐벗고 굶주린 불우한 사람들을 위하여 꾸준히 일하여 오고 있다. 그리고 고등교육을 받지 않았거나 대학이상의 학위 없이도 얼마든지 지도자가 될 수 있다. 이 말은 지도자가 되기 위하여 교육이 필요 없다거나 중요하지 않다는 것을 의미하지는 않지만 고등학교나 대학 또는 그 이상의 교육기관을 졸업하지 않았다는 이유만으로 지도자가 될 수 없다는 편견을 갖지 않아야 한다는 것이다. 고등학교를 중퇴하고 독학과 자수성가로 점철하여 최근 영국의 철의 여인 '대처'뒤를 이어 수상직에 오른 '존 메이저'가 이의 좋은 예가 되고 있다.

결국 지금까지 들어본 여러 예에서와 같이 인간은 자신의 지도력 기술을 개발하기 위해서 꾸준히 노력한다면 누구나 지도자가 될 수 있다. 그렇지만 그 많고 많은 사람 중 불과 몇 사람만이 지도자가 되기 위해서 태어난다는 과거 역사속의 사례들을 결코 쉽게 생각하거나 간과해서는 안된다.

누두나 유능하고 훌륭한 지도자가 되기 위하여 노력할 때 행운은 찾아 들기 마련이다. 인간이 지도력을 발휘할 수 있는 기회는 인간생활의 도처에서 발견되어진다. 그러므로 지도자로서 성장하기 위해서는 용기와 정열, 진실성과 결단력을 가져야 하며 또한 연구를 게을리 해서는 안된다.

3) 지도력 지위의 범주

지도력의 지위에는 4가지 종류가 있다. 그 각각의 지위에는 자체적인 독특한 임무와 책임이 존재하며 아울러 권리와 특권을 갖는 것도 있다. 거대 조직이나 집단에 있어서 이들 범주는 명확히 구분되지만 소규모의 조직에서는 임무간 결합 형태로 간단하게 나타날 수도 있다.

인간은 어떤 지도력의 범주 안에서건 자신의 지도력 경험을 시작할 수 있지만 바로 상위단계의 범주로 입문하는 것은 매우 어려운 일이다. 그러므로 훌륭한 지도자가 되기 위해서는 먼저 대인지도자로서 출발하여 어느 정도 경험을 축적한 뒤에 다음 범주로 진행해 가는 것이 필요하다.

(1) 대인지도자(person-to-person leader)

이 수준의 지도자는 직접 프로그램참가자나 집단성원들과 함께 일한다. 학교와 체육시설의 교사나, 지도자, 캠프지도자, 스카우트 지도자 등은 프로그램 참가자와 직접 접촉하기 때문에 대안지도자라고 한다.

조직의 목표달성을 위해서 대인지도자는 그 조직성원들과 제1차적인 접촉을 하고 있기 때문에 가장 중요한 수준의 지도력으로 평가된다. 따라서 대인지도자는 조직과 집단을 위한 이미지 형성자(image builder)의 역할을 담당하기도 한다.

만약 어떤 사람이 이 대인지도자가 되기를 원한다면 자신의 역할이 자신의 조직에 있어서 뿐만 아니라 자신과 함께 일하는 사람들에게도 얼마나 중대한 것인지를 깨닫는 것이 선행되어야 한다.

(2) 관리지도자(supervisory leader)

이 수준의 지도자는 대인지도자들을 감독하고 그들이 해결할 수 없는 문제를 다루는 사람을 말한다. 일반적으로 학교의 체육주임교사, 체육시설의 선임지도자, 십장(foreman), 그리고 거대 조직이나 집단에서는 교장이나 관장 등이 이 관리지도자에 속한다.

관리 또는 감독수준의 지도자 없이 어떤 대인지도자라 할지라도 자신의 임무를 효율적으로 수행할 수 없게 된다.

관리지도자의 주된 임무는 조직관리를 통하여 원하는 결과를 얻는 데에 있다. 따라서 관리지도자의 역할은 집행지도자가 하달한 집행방침이나 지침을 자신이 관리하고 추진 중인 프로그램으로 전환시키는 일이라고 할 수 있다.

(3) 집행지도자(executive leader)

집행지도자는 조직이나 집단의 전체적 운영에 책임이 있다. 이를 위하여 집행지도자는 절차를 제정하고 조직의 목표나 방침이 제대로 달성되어지고 수행되고 있는가를 점검하고 관리하여야 한다.

그러므로 집행지도자는 조직이나 집단을 힘차게 앞으로 달려 나아가게 하는 점화전(spark plug)에 비유되기도 한다. 이러한 집행지도자의 예를 들어 보면 교장, 체육시설의 관장, 경찰서장 등이 해당된다.

(4) 지도위원회 위원지도자(governing board member leader)

지도위원회 위원지도자는 조직이나 집단이 나아갈 목표를 설정하고 방침을 수립하여 하위수준의 다른 지도자들이 그것들을 수행할 수 있게 하는 사람들에게 붙어진 명칭을 말한다. 행정단체나 민간체육시설의 이사회, 교육위원회, 교회협의회의 구성원과 각종 단체의 위원회를 구성하는 위원들이 지도위원회 위원지도자에 속한다.

지도력의 이 4가지 범주는 집단이나 조직의 유지·발전을 위하여 어느 하나 중요하지 않는 것이 없으며, 어떠한 수준의 지위에서건 유사한 기초지도력 기술을 필요로 한다.

지도자가 되려면 자신의 가장 만족스럽게 인정하는 지도력이 어떤 수준이건 간에 우선 자신의 지도력기술을 직접 실천하는 것이 급선무이다. 실제 인간은 누구나 자신이 성원으로 있는 체육시설이나 학교, 가정, 지역사회, 단체 등의 내에서 지도력을 실천할 수 있다.

민간체육시설이나 공공체육시설, 또는 직장 등에서 일하는 사회체육지도자는 고용된 직위의 수준 내에서 자신의 지도력을 실천해 갈 것이 요구되는데, 한 가지 유의할 점은 상위수준의 지도자로부터 일정한 권위를 위임받지 않고서 자신의 직위보다 상위수준의 지도자역할을 하려고 시도해서는 안된다는 것이다.

4) 지도자의 유형

지도자의 유형은 크게 인간관계지향 지도자(relationship-oriented leader)와 과업지향 지도자(task-oriented leader)로 구분할 수 있지만 지도자에 관한 최선의 단순유형은 존재하지 않는다.

지도자는 자신의 임무에 적합한 지도력 유형을 선정하기 전에 먼저 집단의 상황과 성원 및 자기 자신의 역량을 분석하고 평가할 줄 알아야 한다. 지도자가 자신의 지도력유형을 결정할 때 참고하여야 할 중요한 기준은 집단성원들의 성숙정도이다. 성숙한 집단은 자체적으로 자신들의 목표를 설정할 수 있고 이 목표달성을 위한 계획을 수립할 수 있는 성원들로 이루어진 집단을 말한다.

다시 말해서, 성숙집단의 성원들은 과업수행능력이라 부를 수 있는 작업 성숙도와 자신감·자존심 등의 심리적 성숙도를 갖추고서 자기 자신을 관리할 능력을 지니고 있기 때문에 어떠한 과업지향 지도자도 거의 필요하지 않는다. 그러므로 성숙집단에서는 성원상호간의 인간관계를 증진시킬 수 있는 지도력이 필요하게 되어 인간관계지향 지도력을 원하게 된다.

이와는 대조적으로 집단성원들이 작업을 서투르게 행하거나 할당된 과업을 수행할 준비가 되어 있지 못한 미성숙집단의 경우에 있어서는 과업지향 지도자가 필요하게 된다. 이러한 경우 과업지향 지도자는 성원들에게 어떤 작업이 행하여져야 할 것인지 윤곽을 제시하고 그 작업을 어떤 방법으로 완성하며 또 언제 완성하여야 하는지를 지시해 줄 수 있어야 한다. 이 단계에서는 지도자가 집단성원간의 개인적 상호관계를 개선시키는 노력에 시간을 많이 소비해서는 곤란하다.

인간관계지향 지도자는 지도자가 집단성원간의 개인적 상호관계를 개선시키는 노력에 시간을 많이 소비해서는 곤란하다. 인간관계지향 지도자는 집단성원들이 자신들의 능력을 향상시키고 습득 할 때 작업활동의 관리를 위해서는 시간을 적게 소비하고 오히려 집단과 성원개인의 욕구성취와 해결을 위하여 더 많은 시간을 투자할 수 있게 된다.

지도자의 이러한 집단개발과정은 미국 Champaign에 있는 한 교회에서 청소년클럽을 지도하였던 Davis의 다음과 같은 노력이 좋은 사례가 될 수 있을 것 같아 여기에 소개하기로 한다.

기독교 교회의 청소년 클럽에 참가하고 있었던 10대 청소년들은 모두 즐겁고 사교적인 활동을 경험하기 위해서 집단 활동을 하기를 원하였지만 바람직한 목표와 활동을 계획하고 수행하는 방법에 대해서는 전혀 아는 바가 없었다.

따라서 이 클럽은 거의 해체될 위기에 처하게 되어 탁월한 청소년지도자로 명성이 있었던 Davis씨를 지도자로 초청하여 지도를 요청하게 되었다.

이 교회청소년클럽을 맡게 된 Davis씨는 청소년들을 먼저 미팅을 지도하는 방법으로 교육하기 시작하였다.

Davis의 정열적인 지도결과 청소년들이 함께 일하는 방법을 알게 되었을 때 그는 청소년회원들에게 더욱 많은 책임을 점진적으로 주지 시작하였다. 청소년들은 스스로 지방의 주립공원이나 관광지에 대한 도보여행과 해안여행을 계획하여 그것들을 성공적으로 수행하였고 이윽고 Davis는 다소 독재적 성격의 과업지향지도력을 행사하였으나 점차 이러한 유형으로부터 탈피해서 성원들에게 권한 책임을 나누어 주는 지도 형태를 적용하여 이끌어 갔다.

Davis는 십대 청소년들의 성장을 돕고, 또 그들의 실제 요구와 희망을 충족시켜 주기 위하여 그들 자신들의 능력을 개발할 수 있도록 많은 기회를 마련해 주었다.

Davis는 이제 청소년 회원들이 자신들이 속한 집단을 위해서 가장 적절한 활동방향을 선택할 수 있게 하기 위한 자료나 대안을 제공해 주는 지위를 맡고 있다.

이 사례를 통해서 알 수 있는 바와 같이 결국 유능한 지도자란 자신의 지도력유형을 집단 성원이나 추종자들의 요구와 집단목표에 합리적으로 조화시킬 수 있는 사람을 말한다.

지도자는 실제 집단내에서 수많은 역할이나 기능을 떠맡게 되는데 그것들은 의사전달자, 권한 부여자, 개혁자, 공상가, 교사, 동기 부여자, 문제 해결사, 의사결정자의 역할을 포함 한다.

5) 지도자의 특징

• 지도자는 기본적으로 자신이 어디를 향하여가고 있고, 거기에 왜 가며 또 어떻게 그곳에 갈 것인지를 아는 사람을 일컫는다.

• 지도자는 어떠한 난관에 직면하더라도 좌절과 실망을 느끼지 않아야 하며 변명을 토로하지 않아야 한다.

• 지도자는 독재가 아닌 민주적으로 지도하는 방법을 알고 겸손한 자세로 모든 구성원을 대하여야 한다.

• 지도자는 자신의 지위를 타인에 대한 봉사의 기회로 생각하기 때문에 봉사하는 사람들을 위해서 최선을 다하며, 지도를 실천하는 동안 가능성 있는 유능한 후배 지도자들을 육성한다.

• 지도자는 자신의 개인적인 만족과 야망을 얻기 위해서가 아니라 성원 모두가 관심을 갖는 공동선을 위하여 일하며 작업한다.

• 지도자는 자신이 속한 집단과 함께 행동하며, 성공에 이르는 통로를 적시해주는 이정표나 표지들을 신속하고 정확하게 이해해서 집단을 이끌어 간다.

• 지도자는 구름 위, 이상향에 머리에 두고 있지만 발은 항상 땅 위 즉, 현실을 열심히 걷고 달린다.

3. 지도력 기술의 학습내용과 방법

인간은 누구나 선천적으로 지도력을 지닌 채 태어나지만, 지도력 기술이나 비법은 학습에 의해서만 습득 가능하다는 설명은 전술한 바 있다. 지도력 기술의 학습을 위해서는 학습내용과 방법이 적절하게 선택되고 훈련되어져야 한다. 그러므로 여기에서는 지도력의 개발에 필요한 내용에는 어떠한 것이 해당되고 지도력 기술을 효과적으로 학습하는 방법은 어떤 것이 있는지 알아보고자 한다.

1) 인간행위 (human behavior)

(1) 인간은 참가를 위한 이유를 갖고 있다.

지도자는 자신이 이끌고 있는 집단 성원들을 이해하는 것이 무엇보다 중요하다. 지도자가 되지 위해서는 인간행위에 대한 본질 즉, 인간은 자신의 목표나 요구를 성취하기 위하여 행동을 취한다는 것을 인식하여야만 한다.

따라서 지도자의 최우선적인 임무는 지도자 자신을 목표와 집단성원의 목표간에 일치 또는 합의를 얻을 수 있도록 노력하는 일이라고 할 수 있다. 동시에 집단성원들은 지도자의 계획을 자신들의 목표달성을 위한 계획으로써 보아야 한다.

이와 같이 지도자와 집단성원들 쌍방의 목표가 밀접한 관계를 가질수록 그만큼 더 지도자와 집단은 성공을 확신하게 된다.

다음 〈그림 7-2〉은 두 목표간에 조화가 이루어지지 않을 때와 조화가 이루어질 때 발생하는 결과를 잘 설명하여 주고 있다.

집단과 지도자의 개인의 목표를 동일한 것으로 다루는 것은 분명 간단한 문제가 아닐 것이다. 훌륭한 지도자는 집단성원들의 목표를 발견하기 위해서 부단한 노력을 기울이는데, 예를 들면 집단성원들과 이야기하고 그들의 주장과 요구를 들어주며 또 그들을 관찰하기 위한 시간을 갖는다. 이렇게 노력할 때 비로소 지도자는 자신의 목표와 집단성원의 목표를 성취하기 위한 시도를 할 수 있는 것이다.

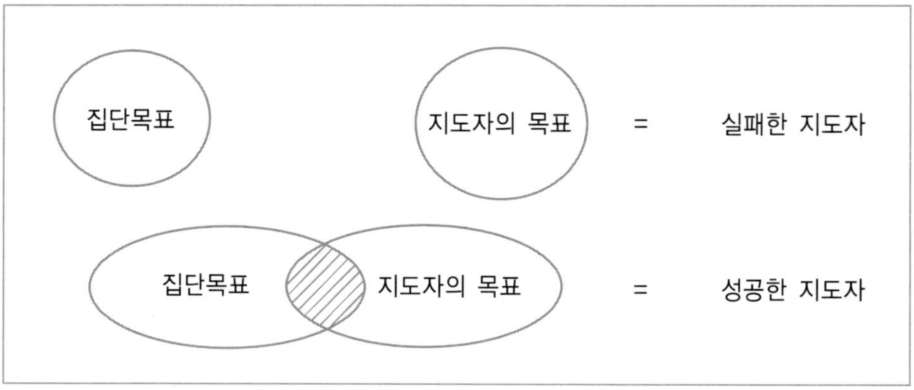

그림 7-2. 실패한 지도자와 성공한 지도자

(2) 인간은 변화에 저항한다.

지도자는 모든 인간이 변화 특히 속도가 빠르거나 폭이 큰 변화를 싫어하고 저항한다는 사실 또한 인식하여야 한다. 지도자는 추종자들에게 행동을 변화시키도록 요구하는 일이 잦기 때문에 이 저항에 항상 대비하고 있어야 한다. 인간이 변화에 저항하는 정도는 지도자가 요구하는 새로운 행위가 지금까지 관행으로 인정되어 온 행위 및 거기에 내포된 정열과의 사이에 얼마나 많은 차이가 있느냐에 근거한다.

(3) 인간은 다르다.

인간은 각기 다른 신념·가치·태도·감정·인생경험 등을 지닌 채 어떤 집단에 참가하여 성원으로 활동 하고 있다. 더 나아가 인간은 교육수준, 경제상태, 건강수준 등의 차이를 갖고 있다. 지도자가 집단을 효과적으로 이끌어 가려면 이러한 차이점에 대한 이해가 따라져야 한다. 이를 위하여 지도자는 집단의 목표와 요구, 지도자 자신의 목표, 그리고 집단의 현재상황이나 실태 등을 정기적으로 점검하여야 한다. 아무리 능력이 뛰어난 사람이라 할지라도 지도자가 되는 확실한 방법을 알고 있지 못한다. 지도자가 되는 데에는 마법과 같은 비결이나 공식, 명확한 처방, 완전한 모델, 그리고 어떤 보증 등이 있을 수 없다. 그러므로 지도력은 하나의 예술이며 과학인 것이다.

2) 영향력의 신장

타인의 협력없이 지도자가 어떤 집단이나 조직 및 사회의 목표를 달성하기는 불가능하다. 따라서 지도자는 타인들의 활동이나 노력을 조직하고 지시하며 통합하여 목표를 수립하고 집단을 관리하며 갈등을 조정할 줄 알아야 한다.

표 7-2. 교사와 지도자의 특성

교 사	지 도 자
① 교사의 일은 기능, 기술, 활동, 경기, 과목을 가르치는 것이다.	① 지도자의 일은 인간을 보다 나은 시민으로 성장하도록 영향을 미치는 것이다.
② 교사의 주된 목적은 개인의 기능향상에 있다.	② 지도자의 중요한 목표는 인간의 성격과 생활을 향상 시키는데 있다.
③ 교사는 기본적으로 과업 지향적이다.	③ 지도자는 과업지향적인 동시에 인간지향적이다.
④ 교사는 주로 개인의 활동이나 경기중에 어떻게 기능을 잘 수행할 수 있는지에 관심을 갖는다.	④ 지도자는 개인들이 장차 어떻게 기능을 잘 수행하고 달성하려고 하는 목표와 이상과 가치가 무엇인지를 더욱 관심을 기울인다.
⑤ 교사는 볼(ball)을 중심으로 발생하는 일을 중시하고 그것이 득점에 어떠한 결과를 초래 하는지에 관심을 갖는다.	⑤ 지도자는 추종자들에게 무슨 일이 일어나는 지에 관심을 갖는다.
⑥ 교사는 당장 결과를 원한다.	⑥ 지도자는 미래의 결과를 목표로 한다.
⑦ 교사는 개인의 추종을 얻기 위하여 자신의 지위와 서열과 권위를 총동원한다.	⑦ 지도자는 추종자들의 추종 열망을 조성하기 위하여 영향력을 사용한다.
⑧ 교사는 자신의 본래 목적을 활동, 프로그램 경기라고 생각한다.	⑧ 지도자는 개인에게 이상적인 태도와 가치를 가르치기 위한 수단으로 활동, 경기 등을 이용한다.
⑨ 교사는 활동이나 프로그램에 참가한 사람들 하고만 일하는 것에 만족 한다.	⑨ 지도자는 활동이나 프로그램에 참가치 않은 사람에 대해서도 관심을 갖고 그 사람들을 참가하도록 유도하기 위하여 어떤 일을 하여야 할 것인가에 대해서 큰 관심을 갖는다.

지도력은 어떤 기술을 가르치는 것을 초월하기 때문에 교사가 되는 것과 지도력을 혼동해서는 안된다. 이것은 교사는 지도자가 아니라거나 또는 지도자는 가르치지 않는다는 것을 의미하지는 않는다. 지도자는 자신의 추종자들에게 기술과 가치를 가르칠 책임을 지니고 있지만 지도자의 지도력은 단지 가르치는 것을 뛰어 넘는다.

〈표 7-2〉은 교사와 지도자의 일반적 특성을 비교분석할 수 있도록 정리한 것이다. 교사는 자신이 담당하고 있는 활동이나 일에 관심을 갖고 있지만 지도자는 인간에 대하여 보다 많은 관심을 쏟아야 한다. 현대에 이르기 까지 자신들의 가르침 속에 지도력기술을 결합해서 성공하여 온 수많은 교사들은 훌륭한 지도자라고 평가 할 수 있을 것이다. 보편적으로 교사들은 자신을 교사일 뿐 아니라 동시에 지도자라고 생각한다.

그렇다면 열거 할 수 없을 정도로 무수히 많지만 지도자가 집단성원에 대해서 영향력을 신장시키고 지도력 개발을 위하여 사용할 수 있는 몇 가지 대표적 요소들을 이제부터 설명하고자 노력한다.

(1) 목표수립과 방향의 결정

지도자는 자신이나 추종자 일방을 위한 목표가 아닌 쌍방이 일치 할 수 있는 목표를 추종자들과 함께 명확하게 수립하여야 한다. 그리고 항상 목표를 염두에 두고 이 목표를 달성하기 위한 행동을 실현하여야 한다. 지도자의 영향력을 구성하는 요소 중 추종자들에게 목표의 성취보다 더 설득력이 큰 것은 없다.

수립된 목표는 집단의 활동계획을 위한 개요로서 활용되어져야 하는데 지도자는 집단이 이미 수립해 놓은 목표를 성원들이 요청하지 않은 한 변화시켜서는 안된다. 만일 변화가 불가피하면 지도자는 적절한 시기에 추종자들로부터 합리적 제안을 유도해 낼 수 있어야 한다. 왜냐하면 일반적으로 집단성원들은 자신들이 지도자에 앞서서 어떤 새로운 아이디어를 창조해 냈다고 느꼈을 때 그것을 빠른 속도로 수용하려 들기 때문이다.

지도자는 집단의 목표를 수립하는 것을 주도해야 할 뿐 아니라 이 목표가 나아갈 구체적 방향을 결정하도록 집단성원들을 지원해 주어야 한다. 지도자는 방향을 결정할 때 감정적이 아니라 신중하게 판단할 수 있어야 하고 융통성과

신축성이 필요하지만 결코 공동목표를 간과해서는 안되며, 계속 그 목표를 향해서 나아가야 한다.

이렇게 하려면 지도자는 집단내에서 자신이 일하기에 적합한 환경이나 조건을 조성할 수 있어야 한다. 집단이 나아갈 방향을 적시하는 일은 의사를 결하는 일을 의미한다. 인간은 의사를 잘못 결정하거나 결정할 수 없는 지도자를 따르지 않는다. 그러한 지도자나 이끄는 집단은 결국 혼란에 빠져들게 되고 목표를 달성할 수 없게 된다.

추종자들은 자신들이 어느 곳을 향하여 걸어가고 있고, 또 거기에 왜 가는지에 대해서 알려고 하며 또 알 필요가 있다. 그렇다고 해서 지도자는 자신이 그릇된 판단이나 의사결정해서 추종자들을 잘못 인도하지 않을까 하는 두려움 때문에 자신의 임무를 포기해서는 안된다. 인간은 누구나 실수하기 마련인데 지도자는 실수를 저질렀을 때 그 실수를 통하여 배울 수 있어야 하며 나중에 더 훌륭한 결정을 하는 것이 중요하다.

집단이 나아갈 방향은 지도자의 조직을 다루고 관리하는 기술에 의해서 큰 영향을 받는다. 지도자는 항상 어느 곳에서든지 배울 수 있는 새로운 사실들이 존재한다는 것을 인식하고 스스로 학습하며 새로운 아이디어와 방법들을 연구해내야 한다. 그렇게 하지 않는 지도자는 지속적인 성장과 발전을 기대할 수 없으므로 가능한 한 현대적 첨단감각을 습득하도록 다양한 훈련기회를 가져야 한다.

(2) 적극적 태도의 개발

목표를 향하여 지도자가 일하기 위해서는 적극적인 태도를 개발하여야 한다. 적극적 태도를 뒷받침해 주는 것은 집단의 목표, 계획, 프로그램 활동 등의 방향결정시에 발휘되는 지도자의 확신이나 신념이라고 할 수 있다. 그런데 이 적극적 태도는 전염성이 있다.

지도자는 자신의 지위를 타인에 대한 봉사로 인식하고 난관과 좌절에 봉착할 경우 스스로 인내할 수 있어야 하며 나아가 타인들로 하여금 이를 극복하고 보다 각성하여 일하도록 격려할 수 있어야 한다. 낙관주의적 지도자는 어려운 문제들을 행운으로 곧 잘 전환시켜 간다. 그러므로 지도자는 항상 새로운 아이디어를 번득이고 좋은 일이 타인에게 일어나도록 만들어 주기 위해서 노력하여야 한다. 그리고 지도자가 제어력을 잃게 되면 집단성원의 혼란은 가중되고 지도자 자신의 지위에도 손상을 입을 수 있으므로 항상 이 제어력을 잃지 않는 것이 중요하다. 또한, 지도자는 추종자들을 모두에게 적절한 예의 방식으로 대하여야 하고 타인에 대해서 관대한 자세를 갖는 방법을 학습하여야 한다.

이세상의 모든 인간이 동일한 생각과 가치 및 습관을 소유하고 있지 않는 것이 현실이다. 따라서 지도자가 마음을 열고 적극적 자세를 갖게 된다면 더 많은 타인들을 포옹할 수 있고 그 결과 그들로부터 더 많은 것을 새롭게 배울 수 있게 된다.

지도자의 임무는 모든 사람이 집단에 기여하기 위한 어떤 능력을 지니고 있다는 사실을 인식하고서 각 구성원들의 장점을 찾아내어 장려해 주는 일이라고 할 수 있다.

(3) 정직성과 대담성의 견지

가끔 지도자가 계획의 차질이나 사소한 변경을 표명 할 경우도 있지만 정직성은 지도자의 가장 중요한 자질 특성중의 하나이다.

지도자는 추종자들이 모르는 숨은 동기적 저의를 갖고 있거나 비밀스런 목표를 간직해서는 결코 안되며, 항상 객관성을 유지하기 위해서 노력하여야 한다. 그리고 지도자는 자기 나름의 스타일을 가지고 자신의 최대능력을 발휘하도록 노력해야 하며 대담하게 평범하지 않은 특별한 일이 수행을 시도하여야 한다.

훌륭한 지도자는 위험이 따를지도 모르는 모험을 두려워하지 않으며 항상 자신과 집단의 주변을 잘 관찰해서 다른 지도자나 타인들이 어떻게 다른 방법으로 도전하는지 살펴야 한다. 그러므로 지도자는 탐험가, 새로운 계획의 입안자, 개혁자, 개척자, 창작자, 문제 해결자, 새로운 시스템의 개발자, 타인을 행동하게 하는 감화자와 같은 역할을 수행하는 것이다.

(4) 조건의 개선

지도자의 또 다른 임무중의 하나가 바로 이 조건의 개선이다. 지도자는 집단성원들을 각각의 개인으로서 존중하고, 성원 모두에 대하여 진지한 관심을 가져야 한다. 대부분의 성공한 지도자는 타인에 대해서 많은 관심을 갖고 있다.

지도자는 건축용 목재나 자재를 다루는 것이 아니라 감정과 이성을 지닌 인간을 다룬다는 사실을 염두에 두어야 한다. 지도자는 타인의 복지에 관심을 가져야 하며 적절한 시기에 타인의 개인적 문제까지도 해결할 수 있도록 도움을 주어야 한다. 그래서 지도자는 타인들이게 역할모델(role model)이 될 수 있도록 노력하여야 하며, 추종자들이 자신이 지도자도 집단성원 중의 하나라는 생각 즉, 자신들과 동일하다는 인식을 갖도록 하는 것은 매우 중요한 일이다. 따라서 지도자는 성원들의 습관을 알아야 하고 성원들이 사용하는 언어로 말하는 방법을 알아야 한다.

성원들이 좋아하는 음악을 듣고 TV 쇼 프로그램을 보며 스포츠와 레크리에이션 게임에 참가하는 일 등은 지도자가 성원들의 현 상태를 바탕으로 해서 일을 시작할 수 있는 몇 가지 사례라고 할 수 있다. 특히 집단에서 활동을 소극적으로 하거나 탈퇴하기까지 하려는 성원들과는 계속적인 접촉을 가져야 하며, 그들이 소극적이고 더 이상 활동하려 들지 않는 원인을 발견해 내야하고 가급적 그러한 원인을 제공한 조건을 개선하려고 노력하여야 한다.

지도자는 어떤 사람이 집단의 활동에 참가하려고 할 때 환영한다고 느낄 집단의 분위기를 조성해 갈 수 있어야 하는데 이렇게 하려면 지도자가 성원 개개인의 재능을 발견하고 증진시키기 위해서 끊임없이 노력하여야 한다.

(5) 관심의 고취 및 숙련도의 증진

지도자는 집단성원들이 위로 올라가기를 원하는 곳까지 쉬운 단계에서부터 상승할 수 있도록 인도하여야 한다. 지도자의 과업추진속도가 집단의 관심수준보다 너무 빠르거나 느려서는 안되며, 또한 집단에서 가장 속도가 느린 계층이 따라 갈 수 있는 것보다 과도하게 빨라서도 안된다.

지도자는 성원들이 개인적 개체들임과 동시에 각자 자신의 발전을 목표로 하고 있음을 인식하여 그들의 자아를 증진시켜 주고 성원들 각자에게 돋보이는 장소에서 일할 수 있는 기회를 제공해 주어야 한다. 그리고 인간은 누구나 자기 자신에 대해서 호감을 갖고 있고 동시에 자신의 삶에 있어서도 성공하기를 바라기 때문에 이를 위해서 지도자는 각 성원들의 기능적 숙련도를 증진시켜 주어야 한다.

따라서 지도자는 집단성원의 단점만 지적하여 소외를 느끼지 않도록 하고 오히려 작은 것이라 할지라도 장점을 살려서 일할 수 있도록 해 주어야 한다.

(6) 칭찬의 활용

인간은 특히 타인 앞에서 칭찬 받기를 좋아한다. 칭찬은 사람들이 어떤 일에 관심을 갖게 하는데 적극적으로 동기를 유발시켜 주기 때문에 지도자가 사용할 수 있는 가장 중요한 지도력기술 중 하나이다.

인간은 무시당하기를 좋아하지 않으며, 옳고 그름에 대한 분별력이 충분치 못한 청소년들은 심지어 지도자나 주위의 관심을 끌기 위해서 그릇되거나 옳지 못한 엉뚱한 일을 저지르기도 한다.

그러나 성원들에게 지도자는 칭찬할 가치가 있을 경우에만 적절한 칭찬을 하여야 하며 오히려 형식적인 치렛말은 효과를 약화시킨다. 가장 효과적인 칭찬은 타인이 듣고 있는 곳이나 같은 성원 또는 동료들이 모여 있는 장소에서 이루어 질 때 결과 된다. 어떤 성원이 실패를 했을 경우 지도자는 그에게 성공할 수 있는 임무를 주어야 하고 성공한 다음에는 반드시 칭찬해 주는 것을 잊지 않아야 한다.

모든 인간은 성공의 전율을 맛보기를 원한다. 다음 사례는 칭찬의 힘을 입증하여 주는 좋은 예가 될 것이다.

갑수는 금년 9살로 초등학교 2학년에 재학 중인 소년이었지만 같은 또래 다른 아이들의 놀림의 대상이었다.

그는 어떤 일에 대하여 계획을 세우지 못하고 올바르게 행하지 못하며 책을 빨리 읽지 못하고 이해력도 낮아 학습의 진도가 느리기 때문에 항상 성적이 반에서 최하위를 차지한다고 생각하는 동등의식을 갖지 못하는 어린이였다.

그런데 어느 날 음악시간에 갑수의 담임선생님은 반에서 일등을 할 경우 수여하는 금메달 하나를 갑수에게 주었다.

갑수는 너무나 기뻐서 어머니에게 그것을 자랑하기 위하여 학교가 파하자마자 곧장 집으로 달려갔다.

"엄마, 이것 보세요! 제가 반에서 일등을 했기 때문에 선생님이 이 금메달을 주셨어요."

믿어지지 않는 듯 갑수의 어머니는 "뭐! 네가 금메달을 탔어?" 하고 물었으며 "그래, 네가 무엇으로 일등을 했니?" 하고 다시 물었다.

"음악시간에 선생님이 우리에게 입을 크게 벌려야 한다고 했어요. 그래서 제가 제일 크게 입을 벌렸어요." 하고 갑수가 자랑스럽게 이야기하였다.

이것이 갑수의 지금까지의 삶 중에서 가장 높은 자아를 의식하게 하고 좌절의식을 맛보지 않은 유일한 경험이었다.

그는 자신의 장점을 높이 사준 담임선생님을 퍽 훌륭하다고 생각하였다.

담임선생님은 학급의 조롱의 대상인 갑수에게 칭찬할 어떤 소질이나 장점이 있는지 오랫동안 관찰해 왔었다.

하찮은 재능이라도 발견해서 그것을 살릴 수 있도록 칭찬하여 준 현명한 갑수의 선생님이야 말로 훌륭한 지도력을 갖춘 지도자라고 할 수 있다.

이 사례에서와 같이 지도자는 칭찬할 기회를 놓쳐서는 안되며, 적시의 칭찬은 칭찬받는 성원에게 뜻깊고 유익한 일을 수행할 수 있는 전기로 작용한다.

지금까지 설명한 바와 같이 장차 지도자가 되려고 하는 사람은 집단의 목표를 수립하고, 방향을 결정하며, 타인을 훈련하고 갈등을 조정한다며 칭찬하는 방법이나 기타 언급되지 않은 요소들을 시행하는 방법을 알고 있지 못한다고 생각되더라도 결코 자신에 대해서는 실망하거나 포기해서는 안된다.

왜냐하면, 지도력은 학습될 수 있는 일련의 기술이기 때문에 지도력기술은 다른 지도자들의 관찰과 실행 및 훈련을 통해서 배울 수 있다. 인간은 지도자가 되기 위하여 태어난다고 볼 수 없지만 영향력 등 지도력기술은 개발되어질 수 있기 때문에 어떤 예비 지도자 일지라도 부단히 지도력에 대해서 학습하는 것을 지속하여야 한다.

제8장

스포츠 지도의 제반 문제

1. 커뮤니케이션
2. 갈등관리
3. 스포츠 상담

1. 커뮤니케이션

1) 커뮤니케이션의 의의

커뮤니케이션(communication)은 일반적으로 의사전달이라고 번역되고 있으나 커뮤니케이션의 본질은 의사의 일방적 전달뿐만 아니라 의사의 상호소통까지도 포함하는 것이므로 때로는 의사소통이라고 불리어지기도 한다. 커뮤니케이션이란 원래 "공통"이나 "공유"의 뜻을 지닌 라틴어 "communis"에서 유래된 것으로, 광의로는 사람과 사람, 사람과 기계, 기계와 기계 사이에서 이루어지는 정보의 이전과정을 말하나, 협의로는 사람과 사람사이에 이루어지는 정보의 이전과정을 말한다.

인간이 사회적 집단을 형성하고 있을 때는 그 집단이 어떠한 것이든 그 내부에는 커뮤니케이션이 행해지며, 그것에 의해서 집단이 유지되는 것이다. 이것은 스포츠 조직이나 팀에서도 마찬가지이다. 또한, 커뮤니케이션에 있어서는 상호간의 공통적 이해가 중심이 되는 것이므로 앞에서 말한 바와 같이 의사의 일방적 전달만으로 커뮤니케이션이 끝나는 것이 아니라 수용자 또는 상대방이 커뮤니케이션을 행한 사람의 메시지를 이해했을 때 비로소 커뮤니케이션이 이루어졌다고 말할 수 있다.

(1) 커뮤니케이션의 기능

조직에서 커뮤니케이션은 다음과 같은 기능을 한다. 첫째, 커뮤니케이션은 조직구성원의 행동을 통제하는 역할을 한다. 커뮤니케이션은 조직 구성원이 해야 할 일을 명료하게 하고, 권한과 책임의 범위를 설정하며, 업무처리의 절차와 지침을 전달하여 그들의 행동을 통제하는 것이다. 둘째는 의사결정의 기초가 되는 정보를 제공하기 위한 것이다. 커뮤니케이션은 선택의 가치가 있는 여러 가지 대안을 파악하고 평가하는데 필요한 자료를 제공하여 의사결정이 원활히 이루어지게 한다. 셋째는 조직 구성원들의 동기유발을 촉진시키는 기능을 한다. 커뮤니케이션은 구성원들의 임무와 목표를 설정해 주고, 수행이 적절한지를 알려 주며, 성과를 확대하기 위해서 무엇이 요구되는지를 알려 준다. 또한 커뮤니케이션은 조직 구성원의 협동을 이끌어 내고 조직의 목표에 참여하도록 유도한다. 네 번째 기능은 느낀 바를 표현하는 감정적인 것이다. 커뮤니케이션을 통해서 자신의 기쁨이나 만족감, 또는 고충을 표출하고 감정을 교환할 수 있다.

(2) 커뮤니케이션의 효과성

커뮤니케이션의 효과성이란 한 사람이 다른 사람에게 어떤 의미를 전달할 때 전달받은 사람이 그 의미를 정확하게 이해하는 정도로 정의된다. 그러나 일반적으로 의사소통에서 기대하는 것은 송신자가 의도한 메시지가 수신자에 전달되어서 어떤 변화가 나타나는 것이며, 송신자가 수신자에게 일어나기를 바랐던 변화가 실제로 나타나는 것이다. 이를 성공적 커뮤니케이션이라 한다.

커뮤니케이션의 효과에는 세 가지 유형이 있다. 즉, 수신자의 지식의 변화, 태도의 변화, 그리고 외현적 행동의 변화가 그것이다. 항상 그런 것은 아니지만, 이러한 효과는 통상 순차적으로 일어난다. 예를 들면, 선수들이 새로부임한 코치의 훈련방침을 이해하면(지식의 변화), 훈련에 임하는 자세가 달라지고(태도의 변화), 이어서 정시에 운동장이나 체육관에 모여 훈련에 임하게 될 것이다(외현적 행동의 변화), 효과적인 커뮤니케이션 기술은 의도한 메시지가 정확히 전달되도록 정보를 주고받는 능력을 포함한다. 그러므로 커뮤니케이션의 효과성은 커뮤니케이션 과정의 모든 단계들이 성공적으로 진행되어야 달성될 수 있다.

(3) 커뮤니케이션의 목적

커뮤니케이션은 세 가지 주된 목적을 가지고 있다. 즉 영향력 행사(to influence), 정보교환(to inform), 감정표현(to express feeling)이 그것이다. 이 세 가지 목적은 각각 독립적으로 이루어지지 않고 메시지가 전달될 때 동시에 달성된다. 이를 자세히 설명하면 다음과 같다.

① 영향력 행사

리더의 역할중 하나는 선수들이 팀의 목표달성을 위해 영향력을 행사하는 것이다. 즉 리더가 선수들에게 무엇을 수행하여야 할 것인가를 말하는 것은 선수들에게 영향을 미치는 것이다.

② 정보교환

리더는 종종 선수들이 필요로 하는 정보를 제공하고 선수들도 리더가 필요로 하는 정보를 제공한다. 이러한 정보들은 의사결정의 기초가 되며 선수들은 팀에서 발생한 정보를 믿고, 더 많은 정보를 원한다.

③ 감정표현

리더들은 그들의 감정을 언어적 방법이나 비언어적 방법으로 표현한다. 커뮤니케이션을 할 때 사람들은 인간관계에 대한 감정과 그에 대한 정보를 표출하기도 한다. 커뮤니케이션은 인간관계의 기본이다. 만약에 리더가 선수에 대한 기대와 목표를 그들이 달성하게 하려면, 선수와 효과적인 커뮤니케이션은 매우 중요하다. 또한 리더와 개인적인 커뮤니케이션은 선수생활에 대한 만족과 훈련몰입에 도움을 준다. 만약 관리자가 선수의 욕구충족을 도우려면 선수 스스로가 자신의 욕구가 무엇인지를 찾도록 유도해야 한다. 스포츠 상황은 기업의 조직이나 일반 단체보다도 커뮤니케이션이 활발하게 일어나고 항상 리더와 선수가 대면하고 몸을 부딪치면서 수행이 진행되는 과정이다. 따라서 리더의 효율정긴 커뮤니케이션 기법은 더욱 중요하다고 할 수 있다.

2) 커뮤니케이션의 과정

커뮤니케이션의 과정은 송신자, 부호화, 메시지, 경로, 해독, 수신자, 그리고 피드백의 요소로 구성된다. 〈그림 8-1〉의 커뮤니케이션 모형은 커뮤니케이션의 구성요소와 과정을 나타낸 것이다.

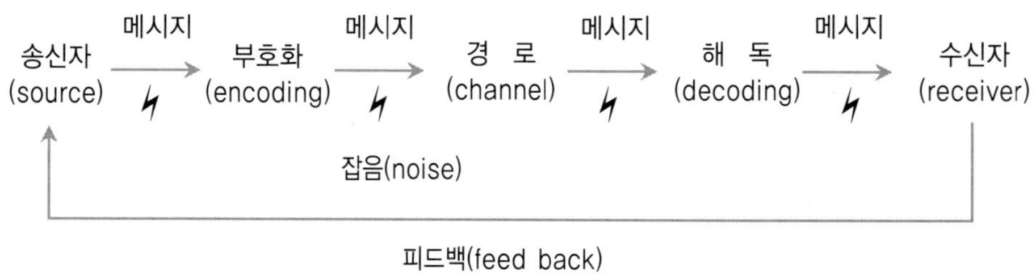

그림 8-1. 커뮤니케이션의 모형

(1) 송신자

송신자는 커뮤니케이션에서 전달하려는 내용의 근원이다. 송신자는 개인일 수도 있고 기관일 수도 있다. 커뮤니케이션은 송신자가 어떤 사람에게 전달이 필요하다고 느끼는 것, 즉 의도한 의미(생각, 아이디어, 정보 등)에서 시작된다.

(2) 부호화

송신자가 의도한 의미를 수신자에게 전달하기 위해서는, 먼저 이를 수신자가 이해할 수 있는 방식으로 부호화해야 한다. 이러한 과정을 부호화라고 한다. 부호화의 대표적인 예로 구어(spoken language)나 문어(written language) 또는 몸짓(body language)을 들 수 있다. 이러한 부호에는 사전에 약속된 부호가 있을 수도 있고 전혀 없을 수도 있다. 예를 들면, 코치의 "멀었어!"라는 말은 물리적인 거리를 말하는 것이 아니라 운동성과가 코치의 기대수준에 못 미쳤다는 의미로 전달된다.

(3) 매체를 통한 전송

매체는 메시지를 송신자에게서 수신자에게로 전달하는 물리적 수단을 말한다. 대면대화를 통해 의사소통을 할 경우는 음성 및 시각 자극이 매체이다. 그 밖에 전화, 문서, 편지, 컴퓨터 통신망, TV 시그널, 라디오, 신문, 서적 등을 이용하여 전달된다. 어떤 매체가 이용되든지 부호화된 메시지 전송의 목표는 전달하고자 하는 메시지를 수신자에게 정확하게 전달하는 것이다.

(4) 해독

수신자가 메시지를 받으면 부호를 해독하여 그 의미를 지각한다. 해독작업이 정확하게 이루어진다면 아이디어는 송신자가 의도한 대로 전해질 것이다.

(5) 피드백

메시지가 해독된 후 수신자는 메시지를 송신자에게 다시 전달한다. 이를 피드백이라 하는데, 송신자는 피드백을 통하여 의도한 의미가 수신자에게 정확하게 해석되고 이해되었는지를 확인할 수 있다. 또한 전달된 피드백은 송신자에게 다른 아이디어를 떠오르게 하므로 또 다시 커뮤니케이션의 과정이 시작될 수 있다.

(6) 잡음

잡음(noise)은 커뮤니케이션 과정에서 발생하는 의미의 왜곡, 혼란 또는 단절을 말한다. 커뮤니케이션 과정을 자세히 살펴보면, 여러 단계에서 잡음이 발생하기 때문에 이러한 잡음의 통제와 제거가 효과적인 커뮤니케이션의 선행요건이 된다.

2) 커뮤니케이션의 장애요인

리더가 커뮤니케이션을 성공적으로 하기 위해서는 커뮤니케이션 과정에서 대인관계를 이해하여야 한다. 흔히 우리는 어떤 메시지를 어떻게 보낼까 하는 데에는 관심을 기울이지만 그 메시지가 어떻게 수신되었느냐 하는 데에는 소홀히 한다.

송신자가 의도한 의미를 수신자가 정확히 이해하지 않고는 커뮤니케이션이 이루어졌다고 할 수 없다. 커뮤니케이션 과정에서 의미의 왜곡, 즉 송신자가 의도한 의미와 수신자가 지각한 의미 사이에 차이가 발생하는 가장 큰 이유는 구조적 요인과 과정적 요인 그리고 송신자와 수신자의 차이점으로 크게 분류할 수 있다.

(1) 구조적 요인

구조적 요인에서 오는 장애요인은 첫째, 계층제(hierarcht)로서, 계층제는 성질상 하부 구성원들로 하여금 어떤 의미에서 상부에 잘 보이려는 동기를 갖게 된다. 따라서 많은 사람이 일이 잘 되어 가는 것 같이 보이게 하고 안전위주로 행동하려는 욕구를 가지게 된다. 또한 상부층에서는 하부층이 제공하는 정보를 듣기 싫어하거나 또는 듣지 않을 권리를 가지고 있기 때문에 아무리 그 정보내용이 옳은 것이라고 해도 심리적으로 무시하려는 경향이 있을 수 있다. 둘째,

전문화(specialization)는 각 부서 팀별로 경쟁관계에 놓이게 되는 경우가 있기 때문에 정보가 왜곡되거나 단절되게 된다. 전문가는 일반적으로 그 방면의 전문지식에 기초한 선입견이 있어, 왜곡되고 무관한 정보를 만드는 경우도 있다. 셋째, 집권화(centralization)는 조직의 상부층에 정보활동이 집결되어 있기 때문에 너무 적은 수의 전문가와 인원이 너무 적은 양의 유관한 정보를 갖게 되어 실정에 어둡게 된다. 또한 의사전달체계가 복잡한 구조과정을 거친 집권화에서는 정보전달의 적시성을 상실하게 되어 정보를 왜곡하게 된다.

(2) 과정적 요인

커뮤니케이션에 대한 기회의 부족, 메시지의 저의에 대한 상이한 추정, 애매모호한 어구, 잘못 표현된 메시지, 전달상의 손실과 기억력의 한계, 소극적인 청취와 선입견, 불신, 위협 및 불안, 변화를 위한 조정기간의 부족 등은 커뮤니케이션의 장애요인으로 작용한다.

(3) 송신자와 수신자의 차이

두 사람이 세상을 정확히 동일한 방식으로 이해하는 경우는 거의 없다. 우리의 지각은 각자에게 독특한 것이며 실존적 경험의 총체를 반영한다. 다시 말하면, 사람들이 보고 듣는 것은 그들 자신의 경험 영역 내에 있는 것이다. 송신자는 자신의 생각이나 아이디어를 표현하는 메시지를 구성하기 위해 부호를 선택하기 때문이다. 이 때 송신자는 수신자가 부호에 담긴 의미를 받아서 자신이 의도한 것과 동일한 의미로 해석할 것이라고 가정한다. 그러나 실제로는 송신자와 수신자의 경험과 배경의 차이로 인하여 의도한 메시지와 지각한 메시지가 일치하는 경우는 매우 드물다. 송신자와 수신자 사이에 특별히 커뮤니케이션을 어렵게 하는 차이점은 자아 정체감, 역할 인식, 가치관, 기분, 동기 등을 들 수 있다.

한편, 이외에도 효과적인 커뮤니케이션의 장애요인으로는 송신자의 경험영역과 수신자의 경험영역의 사이에 존재하는 여러 가지 요인들을 들 수 있다.

3) 스포츠 상황에서 효과적인 메시지 전달

스포츠 상황에서 교사나 코치들의 효과적인 커뮤니케이션은 매우 중요하다. 따라서 스포츠 지도자들이 메시지 전달 기법을 이해하고 습득하여야 한다. 왜냐하면 스포츠 상황에서의 커뮤니케이션은 일반 조직에서 발생하는 문서에 의한 메시지 또는 전자방식을 이용한 매체보다는 대면관계에서 언어적, 비언어적 커뮤니케이션이 주종을 이루기 때문이다.

(1) 언어적 메시지

언어적 메시지들은 분명하게 전하고 정확하게 받고 해석되어야 한다. 커뮤니케이션에서의 실패는 해석을 잘못하고 받아들여서 발생하는 것이 아니라 비효과적으로 전하기 때문에 발생하는 것이다.

① 직설적으로 이야기한다.

상대의 기분이 좋고, 충고가 아니라면 직설적으로 이야기하라.

② 자신의 메시지를 나타낸다.

자신의 메시지를 나타낼 때 "우리"라든가 "우리 팀"이라고 말하기보다는 "나" 혹은 "나의"라는 말을 해라. 내가 전달하고자 하는 말을 나타내기 위해 남을 끌어들이는 것은 자신의 비겁함을 나타낼 뿐이다.

③ 구체적이고 완전하게 전달한다.

당신의 메시지를 듣는 사람들이 충분하게 이해할 필요가 있다는 사실을 알게 해라. 논리의 비약, 인정되지 않은 가정들, 표현되지 않은 의도 등을 조심해야 한다.

④ 일관성있고 분명하게, 그러나 이중적 메시지를 주는 것을 피한다.

"난 너와 경기하고 싶은데, 이 경기가 너에게 좋을지 모르겠다. 내가 생각하기엔 너는 훌륭한 선수야 그러나 너는 인내심이 필요해". 이것은 반대와 찬성을 동시에 말하는 이중적인 대화의 예이다. 이러한 대화는 상대방에게 상처를 입히거나 혼란을 일으킬 뿐이다. 이중적인 메시지는 대립되는 의미를 전달함과 동시에 전달하는 사람이 직접적이기를 두려워할 때 보내는 메시지 전달 방법이다.

⑤ 요구와 감정을 분명하게 말한다.

사람은 사회 통념상 자신의 감정을 있는 그대로 표현하는 사람들에 대해 난색을 보이기 때문에 자신의 감정이나 욕구를 숨기려는 편이다. 그러나 만약 누군가와 좀더 친하게 지내고 싶다면 당신의 감정을 나타낼 필요가 있다.

⑥ 한 번에 한 가지 일에만 관심을 갖는다.

특별한 기술을 어떻게 행하는가에 대해 설명하다가 갑자기 왜 연습을 잘 해오지 못 했느냐 하고 불평하는 것으로 화제를 바꾸어 본 적이 있는가? 말하기 전에 당신의 생각들을 잘 정리하라. 동강난 메시지는 제대로 전달되지 않는다.

⑦ 메시지를 즉시 전달한다.

당신을 기분 나쁘게 만드는 것, 바꾸어야겠다고 하는 어떤 것이 있다면 지체하지 말라. 이것을 계속해서 떠안고 있으면 나중에 큰 문제가 될 수 있다. 즉각적인 반응을 지체된 반응보다 피드백을 주기가 쉽다.

⑧ 당신의 메시지에 복안을 나타내지 않는다.

이것은 메시지를 말한 목적이 진짜의 목적과 다르다는 것을 뜻한다. 생각을 감춘다든지 의도를 가장함으로써 인간관계가 깨어질 수 있다.

⑨ 지지자가 되어준다.

다른 사람이 너의 말을 듣기를 원한다면 위협, 빈정거림, 부정적 비교판단으로 말하지 말라. 결국에는 그 사람이 너와 말하기를 피한다거나 당신이 얘기를 할 때 주의를 집중하지 않을 것이다. 당신의 축적된 메시지들은 지지를 필요로 한다.

⑩ 비언어적 메시지로 일관성을 유지한다.

당신은 참가자들에게 실수를 해도 괜찮다고 말할 수도 있다. 그러나 당신의 움직임과 얼굴 표정이 말과 모순될지도 모른다. 갈등을 만드는 메시지는 참가자들을 혼란하게 하여 앞으로의 의사소통에 방해가 된다.

⑪ 되풀이하여 강조한다.

당신의 메시지를 반복하라. 당신의 메시지가 무엇인가를 강조하기 위해 사용할 때는 요점을 되풀이하라. 너무 지나치게 반복하지 말라. 다른 사람들이 귀를 안 기울일 수도 있다. 또한 부차적인 의사소통 방법으로써 당신의 메시지를 보강할 수도 있다. 예를 들면 어떤 기술을 설명할 때 사진이나 비디오테이프를 보면서 할 수도 있다.

⑫ 듣는 사람의 수준에 맞게 메시지를 전한다.

얘기를 듣는 사람의 경험에 맞게 메시지를 적당히 맞춘다면 당신의 메시지를 훨씬 더 잘 받아들여진다. 예를 들면, 어린 참가자들에게 복합적인 용어로 말하면 곤란하다. 그들에겐 당신의 말을 이해할 만한 어휘력이 부족하다. 즉, 눈높이 교육을 실시하라는 이야기이다.

⑬ 당신의 메시지가 정확히 이해되었는지 피드백을 준다.

당신의 의도대로 메시지가 전달되고 이해하고 있는지를 상대방에게 언어적 및 비언어적 신호를 보내보아라. 만약 메시지가 주어지지 않았다면 다음과 같은 피드백을 주어라. "민철, 내가 무엇을 말했는지 이해하겠니?" 등.

⑭ 이름을 불러 준다.

숨가쁘게 돌아가는 경기상황일지라도 이름을 불러라. 특히 건강 및 스포츠 현장에서는 '아주머니'보다는 분명하게 이름을 부르면 교감이 발생하여 효과적인 커뮤니케이션이 발생한다.

(2) 비언어적 메시지

축구경기가 한창일 때 벤치에서 코치가 주먹을 불끈 쥐고 선수를 향하여 흔든다면 무슨 뜻일까? 이러한 비언어적 메시지는 여러 가지 뜻으로 해석된다. 그 선수가 실수하여 경기를 엉망으로 만들었다면, 경기 후 그 선수에 대하여 책임을 묻겠다든지 또는 처벌에 대한 암시를 하는 것이다. 아니면 그 선수가 훌륭한 플레이로 득점과 연결시켰다면, 칭찬하거나 자신감을 향상시키기 위한 메시지로 선수는 해석하게 될 것이다. 이렇듯 스포츠 상황에서 비언어적 커뮤니케이션이 빈번하게 발생한다.

하지만 비언어적 메시지가 송신자나 수신자 사이에 강한 단서를 제공하지만, 정확한 판단을 내리는데 혼란이 일어날 수 있으므로 사용하는데 있어서 각별한 주의가 요구되며, 전후의 문맥관계를 정확하게 판단하여 해석할 필요가 있다.

이러한 비언어적 메시지 또는 바디 랭귀지(body language)라고 부르는 커뮤니케이션에는 다음과 같이 5개의 종류로 분류된다.

① 몸짓

제스처(gesture)들과 손이나 머리, 발, 온몸의 움직임을 포함한다. 고개를 갸우뚱하거나 이마를 찌푸리거나 눈을 움직이거나 하는 것은 계속 진행되는 상호작용의 맥락에서 상당한 정도의 커뮤니케이션을 수행한다.

② 신체적 특징

체격, 매력, 키, 몸무게, 체취, 그밖의 것들, 예를 들어 지도자 자신의 신체적인 상태는 지도자가 신체적 건강과 체력에 어느 정도 중요성을 두는지에 대해 이야기해 준다. 단지 젊은 사람들뿐 아니라 전 생애에 걸친 모든 사람들에게 그렇다.

③ 터치 행위

등 두드려주기, 손잡아주기, 선수의 어깨에 팔 얹기 등 긍정적인 강화의 뜻을 담은 적절한 비언어적인 터치 행위들이다.

④ 목소리 특징

음색의 특징으로서 말의 빠르기, 높이, 리듬, 억양 등 종종 무엇을 말하느냐가 아니라 어떻게 말하느냐가 우리의 진짜 메시지를 전달하는 경우가 있다. 예를 들어, "지성, 오늘은 정말 멋진 게임을 했어." 라는 말을 승인의 눈빛과 진실로 그렇다고 믿는 음색으로 말한다면 진실한 것으로 들린다. 비웃음 어조로 말한다면 비평적으로 들릴 수 있다.

⑤ 몸의 위치

지도자와 다른 사람들 사이의 공간적 간격과 당신 몸의 상대적 위치 등도 비언어적 메시지이다. 예를 들면, '등을 돌리는 자세'는 어떤 사람과 얘기하기를 원하지 않는다는 의미를 전한다.

한편, 아래에는 비언어적 메시지를 전달할 때 주의할 사항들이 있다.

- 말 한마디에 여러 번 손을 흔들지 않는다(리더로서 경박한 인상을 준다).
- 손짓은 어깨 위까지 올라가는 동작을 하지 않는다(지나친 과장을 하는 것 같아 신빙성이 없어 보인다).
- 발을 구르거나 흔들지 않는다(침착성이 없는 인상을 준다).
- 턱을 너무 내밀거나 당기지 않는다(턱을 내밀면 거만하고 콧대가 센 인상을 주며 턱을 너무 당기면 딱딱하고 긴장감을 준다).
- 심판이나 임원 앞에서 머리를 자주 긁적거리거나 지나치게 굽실거리지 않는다(선수들에게 비굴한 인상을 준다).
- 선수들 앞에서 눈을 비비거나 코를 만지지 않는다(더러워 보이며 품위없는 행동이다).
- 부질없이 머리를 흔들지 않는다(경박스러워 보이며 자신이 없어 보인다).

4) 지도자가 기억해야할 주요사항

지도자의 효과적인 커뮤니케이션 노력에 대하여, 꼭 기억해야할 주요 사항을 정리하면 다음과 같다.

- 효과적인 커뮤니케이션을 위해서는 우선 선수들과 신뢰를 쌓는 것이 필수적이다.
- 선수들과 협조적인 스타일의 코치가 됨으로써, 스포츠에 대해 많은 지식을 가짐으로써, 공정하고 일관성 있는 태도를 가짐으로써, 친절하고 활동적으로 됨으로써, 그리고 선수들에 대해 긍정적인 접근을 취함으로써 당신의 신뢰를

쌓아가고 유지할 수 있다.

- 선수들에 대해 긍정적인 접근을 취함으로써 당신은 바람직하지 못한 행동을 제거하기 위해 벌을 주는 것에 의지하기보다는 바람직한 행동을 강화시키기 위해 칭찬이나 보상을 강조하게 된다.
- 당신은 선수들을 판단만 하기보다는 스포츠 기술을 잘 수행하기 위해 어떻게 해야 하는지에 대한 세부적이고 구체적인 지시를 제시해야 한다.
- 당신의 커뮤니케이션을 가능하면 일관성 있게 유지하여, 선수들을 혼란스럽게 만드는 경우나 선수들과의 신뢰를 저하시키는 경우들을 피하도록 한다.
- 혼자서만 말하지 말고 선수들이 말하고자 하는 것이 중요하다고 인식을 함으로써 당신의 듣는 기술을 향상시키도록 해야 한다.
- 선수들이 말하는 것을 잘 듣고 이해하고 있다는 것을 선수들에 표현하고 전달하는 것은 당신이 적극적으로 청취하는 기술을 사용하는 것을 의미한다.
- 몸동작과 몸의 위치, 상대를 터치하는 행동들, 그리고 목소리 특징 등과 같은 비언어적인 의사소통 기술들을 숙달시키는 것은 코치 역할을 수행하는데 매우 중요하다.
- 선수들은 코치인 당신을 자신이 어떻게 행동해야 하는지에 대한 모범으로 생각하기 때문에 당신의 모든 행동은 잠재적으로 중요한 비언어적인 메시지를 전달한다.

2. 갈등관리

인간이 사는 곳에는 어디나 갈등(conflict)이 보편적인 것으로 존재하고 어떠한 집단, 조직에도 갈등은 보편적 현상으로 나타난다. 현대사회와 같이 개인의 특성이 강조되는 경쟁사회에는 더욱 갈등현상이 나타나고 훨씬 복잡하다. 특히 육체적 노력과 고통이 수반되는 스포츠 조직에서의 갈등현상은 일반적인 사회현상에서의 갈등과는 또 따른 차원으로 나타난다.

스포츠 조직에서 이러한 갈등이 표면화되면 팀의 운영을 어렵게 한다. 즉, 갈등으로 인한 불화가 조직의 효율성을 떨어뜨릴 뿐 아니라 개인에게는 심리적인 타격을 가하여 개인생활에까지 영향을 미친다. 특히 조직의 리더와 구성원간의 갈등은 조직운영의 근본적인 저해요인으로 작용하게 되어 조직체계 자체를 무력화시킬 수도 있다.

갈등은 무조건 조직의 발전에 장애요인으로 작용하는 것은 아니다. 즉 리더의 갈등관리(conflict management)는 조직의 생존을 위한 필수적 과정이라고 할 수 있다. 조직은 해로운(negative) 갈등에 대처하고 이를 관리할 뿐만 아니라, 나아가 긍정적인(positive) 갈등을 창출해야 한다.

1) 갈등의 개념

갈등의 정의는 많은 학자들에 의하여 규정되어 왔으나 갈등을 간단히 정의하기는 쉽지 않다. 갈등을 'A가 그의 목표달성이나 이익의 증대를 꾀하기 위해서 B를 실패하게 만들 일정형태의 방해, 또는 고의적인 노력의 과정'이라고 정의하는 학자(Robbins, 1983)도 있고, '서로 반대의 입장에 있는 개인 또는 집단간 상충되는 목표, 인식, 감정이 존재하는 상황'이라고 규정하는 학자(Hellriegel, Slocum & Woodman, 1989)도 있다. 또 갈등을 '어떤 개인이 자기의 관심사를 다른 한쪽에서 좌절시키려고 한다고 인식하게 될 때 시작되는 과정'으로 정의하기도 한다.

이와 같이 여러 견해를 종합해 보면 갈등은 '자원이나 업무의 불균형한 배분과 조직 구성원 또는 집단간의 목표, 가치관, 인식에 있어서의 차이점과 같은 원인과 조건으로 인해 발생하는 대립적인 상호작용'이라고 할 수 있다. 그러나 이러한 개념정의는 조직 내의 특정수준이 아닌 모든 수준에서 발생하는 갈등을 포함하는 것으로서 그 구체적인 내용을 종합해 보면 다음과 같은 공통적인 특징을 찾아 볼 수 있다.

- 갈등은 당사자들이 그것의 존재를 인식할 때 비로소 존재한다. 즉 당사자들이 갈등을 전혀 의식하지 못할 때에는 갈등이 존재한다고 말할 수 없다.
- 갈등은 둘 이상의 갈등주체 사이에 발생하는 현상이다. 갈등의 주체는 조직내의 개인, 집단 그리고 이들을 포함하는 조직이다. 그러므로 상호작용으로서 갈등은 개인과 개인, 개인과 집단, 개인과 조직, 집단과 집단, 집단과 조직, 조

직과 조직 사이에서 일어나는 것이다.

• 갈등은 주체의 심리나 행동 또는 그 양면에 나타난다. 대립적 행동이 노출되지 않더라도 주체가 불안, 긴장, 적개심 등을 느끼게 되면 이미 갈등이 있는 것이다. 대립적 행동으로는 싸움, 파괴, 이견의 진술, 가벼운 의문 등 적극적 행위 뿐 아니라 응당해야할 말이나 행동을 하지 않는 등 소극적 행위가 포함된다.

• 갈등은 반드시 그 원인과 조건이 수반되어야 발생한다. 사실상 조직의 모든 구성요소는 갈등발생의 잠재성을 가지고 있다고 할 수 있다. 그러나 그러한 요소의 단순한 존재만으로는 갈등이 발생하는 것이 아니며 여기에 일정한 조건이 부여될 때 비로소 발생한다.

• 갈등은 조직에 대해서 순기능적일 수도 있고, 역기능적일 수도 있다. 조직의 목표수행을 돕거나 성과를 향상시키는 갈등은 유익한 것이고 긍정적이다. 그러나 갈등이 조직내 커뮤니케이션의 지체나 방해, 조직응집성의 저해, 조직구성원의 사기저하와 같이 조직과 개인에 부정적인 영향을 미칠 때는 역기능적인 갈등이 되는 것이다.

이와 같이 갈등은 경쟁이나 협동과 구별된다. 경쟁은 양쪽의 목표가 다르고 서로 간섭하지 않은 상태이지만, 갈등은 목표가 같거나 다르거나 상관없이 서로 간섭할 때 일어난다. 협동은 양측의 목표가 같고 서로 협력하는 상태이며 갈등은 성취방법이 불일치할 때 나타난다. 또 협동과 갈등은 동시에 일어날 수 있다.

2) 갈등의 원인

갈등의 원인으로서 오해, 퍼스낼리티의 부조화, 가치와 목표의 차이, 수준이하의 성과, 방법상의 차이, 책임감 없는 발언, 협조부족, 발언권, 최소자원경쟁, 규칙과 정책에 대한 불복종 등이 있다. 그러나 많은 갈등 요소들이 존재하지만 다음과 같이 일곱 가지로 요약할 수 있다.

① 목표의 차이

개인간 또는 집단간 서로 다른 목표를 추구하거나, 동일한 목표지만 단지 한쪽만이 그 목표를 완수할 수 있을 때 조직 내에서 갈등이 발생한다.

② 이해관계의 대립

조직업무 수행시 물적, 인적자원에 대한 이해가 상반될 경우 이를 획득하려는 경쟁은 치열하고 그 만큼 갈등도 심해진다.

③ 인식과 태도의 차이

같은 현상을 개인이나 집단이 상이하게 인식하는 경우 갈등이 야기된다. 기본적으로 가지고 있는 개인이나 집단의 가치관이 인식과 태도의 차이를 가져오며, 이것이 갈등의 한 원인으로 작용한다.

④ 구성간의 높은 상호의존관계

조직 내 구성원의 상호의존성 역시 갈등야기의 조건으로 작용한다. 상호의존성이란 '두 개의 단위가 각자의 업무성과를 위하여 협력, 정보교환, 동의, 기타 조정적 활동으로 인하여 상대방에 의존하는 정도'라고 규정할 수 있다. 이러한 상호의존성이 협력을 위한 기반이 되기도 하지만 동시에 갈등의 원인도 제공하는 것이다.

⑤ 의사소통의 왜곡

의사소통의 왜곡이 갈등을 야기한다. 부적절하고 불명료한 의사소통은 오해와 불신을 초래하고 이는 갈등을 촉진시킨다.

⑥ 높은 분화와 전문화

조직의 분화와 전문화 역시 갈등의 요인이 된다. 조직이 구조적으로 분화되고 전문화될수록 서로 다른 업무와 환경의 차이로 인한 갈등이 발생되고 이러한 분화가 커질수록 갈등의 발생 가능성도 증대한다. 또 전문화가 진척되면 전문가와 비전문가의 의견대립으로 인한 갈등이 야기되고 전문가들 사이에서도 서로의 주장을 강조하려는 경향으로 갈등이 야기된다.

⑦ 지위의 불일치 또는 변동

지위의 불일치나 변동이 있을 경우 갈등 발생의 개연성이 높다. 즉 낮은 직급의 조직 구성원이 상급의 구성원에게 지시를 해야 할 상황이나, 과거 낮은 직급에 있던 사람이 이전의 상사보다 높은 직급으로 승진했을 경우 갈등이 발생할 수 있다. 여기에 개인간의 보상체계가 일관성을 지니고 이루어지지 않을 경우 경쟁이 직접적으로 강화되어 갈등이 증가 될 수 있다.

3) 갈등의 기능

갈등은 순기능적이거나 역기능적인 형태를 띠고 있다. 조직에서 일을 했던 경험이 있는 사람은 누구든지 갈등이 존재하고 있다는 사실과 결국에는 갈등이 조직에 역기능적인 영향을 미친다는 사실을 알게 된다. 이러한 갈등이 장기적으로 지속되면 조직의 존립 자체를 우협하게 된다. 그러나 갈등이 조직에 악영향을 미친다는 사실에도 불구하고 전문가들은 현대조직에 있어서 잠재적으로 유용한 측면도 있다고 본다. 만약 갈등을 적절히 이용할 수만 있다면 혁신과 변혁의 원동력이 될 수도 있기 때문이다.

따라서 갈등 그 자체는 역기능적인 측면과 순기능적인 면을 모두 포함하고 있다고 할 수 있다. 일반적으로 조직목표에 합치하여 조직의 효과성과 건강성을 향상시키는 갈등은 순기능적이고 그렇지 않은 것은 역기능적이라고 할 수 있다.

(1) 갈등의 역기능

조직 내의 갈등이 의사소통을 지체시키고 집단의 응집성을 감소시키며 나아가 집단목표를 집단 구성원들 간의 투쟁에 종속시킬 때 그 갈등은 역기능적이라고 할 수 있다.

- 갈등해결에 노력하는 동안은 성과나 목표달성에 매진할 수 없으므로 개인이나 조직에 부정적 결과를 준다.
- 갈등은 조직의 안정성, 조화성, 통일성을 깨뜨릴 수 있다.
- 갈등은 조직이나 개인의 창의성이나 진취성을 질식시킬 수 있다.
- 갈등은 조직내의 작은 문제에만 집착하여 환경을 무시할 수 있다.

(2) 갈등의 순기능

갈등은 많은 부정적인 결과들을 유발시키지만 한편 여러 가지 긍정적인 기능을 수행한다. 침체된 조직에서의 적절한 수준의 갈등은 조직 구성원들로 하여금 창의력을 고무시키고 더욱 열성적이게 하며 더 향상된 의사결정을 할 수 있도록 한다.

- 갈등은 조직이나 개인의 문제점에 대해서 관계자들의 관심을 갖게 하는 계기가 되어 변화를 초래하게 할 수 있다.
- 갈등이 합리적으로 해결되면 쇄신이나 변동 및 발전과 재통합의 계기가 될 수 있다.
- 갈등은 조직이나 개인에게 창의성, 진취성, 적응성, 융통성을 향상시킬 수 있다.
- 갈등은 침체된 조직을 거기에서 벗어나 더욱 생동하게 하는 계기가 될 수 있다.
- 갈등은 구성원들의 다양한 심리적 욕구를 충족시키는 계기가 될 수 있다.
- 갈등은 조직 내의 갈등을 관리하고 방지할 수 있는 방법을 학습할 수 있는 기회를 제공한다.

4) 갈등의 관리 방법

갈등은 조직의 구조와 성격, 당사자의 지위와 역할 등에 따라 상이하게 나타날 수 있다. 따라서 갈등의 해소전략 역시 이에 따라서 다르게 전개되어야 효과적이다. 많은 학자들이 여러 가지 수준에서 발생하는 갈등의 해소방법을 제시하고 있는데 여기에서는 개인간의 갈등과 집단간의 갈등 해소방법을 설명하고자 한다. 이와 같은 이유는 어느 차원의 갈등 해소 전략이든지 해결을 위한 기본 개념이 중복되기 때문이다.

(1) 개인간의 갈등 해소

개인간의 갈등을 해소하는 방법으로는 관리자나 제3자가 개입하여 조정함으로써 가능할 수가 있다. 여러 가지 방법이 있지만 관리자나 제3자는 상담을 통해 갈등의 원인을 분석하고 상호의견을 촉구하는 형식으로 이루어진다. 루단스(Luthans, 1992)는 개인간의 갈등의 해소방법으로 다음과 같이 제시하였다.

① 승자-승자 접근(win-win approach)

개인간의 양 당사자가 모두 이기는 접근으로 이것은 문제의 해결에 창의력과 정력을 쏟아 결국은 당사자들의 요구를 동시에 충족시키고 보상을 받게 한다. 여기에는 무엇보다도 건전한 판단력과 우호적인 분위기가 중요하다.

② 패자-패자 접근(lose-lose approach)

개인간의 양 당사자가 모두 손해를 보는 접근으로 가장 졸렬한 방법이다. 이것은 타협이나 중도를 취하거나 상대방에게 뇌물과 같은 부당한 대가를 지불하거나 관료적 규정으로 갈등을 해결하거나 또는 당사자들보다 더 권위 있는 제3자를 개입시키는 방법 등이 있는데 바람직하지 못하다.

③ 승자-패자 접근(win-lose approach)

개인간에 상대방을 누르고 자기가 이기는 전략으로 자유경쟁사회에서 흔히 볼 수 있는 방법이다. 이 방법은 이기려는 경쟁심을 자극하여 창의력과 단결심을 고취하는 순기능적인 측면도 있으나 협력적, 상호합의에 의한 갈등해결방법을 무시하고 반드시 남을 희생시킴으로써 패자로 하여금 복수심을 야기시키는 등 역기능적인 측면도 있다.

(2) 집단간의 갈등 해소

① 상위의 공동목표 설정

각 부문이 동의할 수 있는 공통된 상위목표를 발견하는 것이다. 예를 들어 프로야구 구단주와 선수협의회의 협상시에 중계자는 일반적으로 우선 양쪽이 모두 동의할 수 있는 점을 찾는 작업을 한다. 그리고 나서 그러한 동의로부터 결정 방안을 찾는 것이다. 요컨대 목표에 관한 불일치로부터 갈등이 싹 튼다. 반대로 상위목표, 즉 갈등관계에 있는 양부문에 호소할 수 있고 또 어느 쪽의 협력없이는 성취 불가능한 목표가 있다면 갈등은 감소하게 된다. 샤인(Schein,

1970)이 지적한 바에 따르면, 집단경쟁의 기본적인 문제는 목표와 상호작용 및 집단간 의사소통의 부재로부터 오는 갈등이다. 이로 인해 서서히 상호간의 개념적 왜곡상태를 자극하게 되고 상호 부정적인 불협화음을 초래하게 된다. 그러므로 갈등을 감소시키는 기본적 전략은 각 부문이 동의할 수 있는 상위목표를 설정하는 것이다.

② 타협

갈등관계에 있는 두 집단이 갈등해결을 위해 사용되어 온 전통적 방법이다. 당사자들이 대립되는 주장을 부분적으로 양보하여 공동의 결정에 도달하도록 하는 방법으로서 당사자간의 협상(bargaining)과 제3자에 의한 중재(third-party-arbitration)가 포함된다. 타협에 의한 갈등해소에는 서로 조금씩은 양보하기 때문에 완전한 승자도 완전한 패자도 없다. 따라서 타협에 의해 얻어지는 결정은 어느 당사자에게도 이상적이고 최적의 결정은 못되므로 이 방법도 갈등의 원인을 완전히 제거하지 않은 채 갈등을 일시적으로 모면케 하는 잠정적인 갈등 해소방법이라고 할 수 있다.

③ 문제해결법

문제해결법(problem solving)은 갈등관계에 있는 두 집단의 대면적 회합(face-to meetings)으로 갈등을 줄이고자 하는 대면(confrontation)방법이다. 모일 때는 모임의 목적이 명확하게 정의되어야 하고 문제가 해결 될 때까지 모든 관련된 정보를 다 갖고서 야기되는 문제에 대하여 공개적으로 토의하여야 한다. 집단간 갈등이 서로간에 오해나 언어장애 때문에 발생한 때라면 매우 효과적인 방법이지만, 집단이 서로 다른 가치체계를 갖는 것과 같은 더욱 복잡한 문제는 이 방법으로 해결되기가 어렵다.

④ 전제적 명령

전제적 명령(authoritative command)은 공식적 상위 권한계층이 갈등관계에 있는 하위집단에게 명령하여 갈등을 제거하는 방법으로 가장 오래되고 가장 많이 사용되는 방법이다. 이 경우 상위 권한 계층이란 갈등 당사자들을 관할하는 조직계층상의 상위직을 망라하지만, 최고위직인 최고관리자에 의한 해결이 그 빈도나 중요성에 있어 가장 큰 것이다. 상위층의 명령도 제3자에 의한 중재와 유사하지만 전자는 갈등 당사자간의 합의를 반드시 전제로 하지 않는다는 점에서 후자와 구별된다. 이 방법도 타협의 경우와 마찬가지로 갈등의 원인을 근본적으로 제거하지 못하고 표면화된 갈등행동만을 해소시키는 방법이다.

⑤ 공동의 적 설정

외부의 위협이 집단 내부의 응집성을 강화시키는 것처럼 갈등관계에 있는 두 집단에 공통되는 적(identifying a common enemy)을 설정하고 나면 이 두 집단은 공동의 적에 대한 효과적인 대처를 위하여 집단끼리의 차이점이나 갈등을 잊어버리게 된다. 이 방법이 성공을 거두기 위해서는 집단들이 위협을 피해야 할 것으로 인식하고 공동노력이 개별적인 노력보다 좋다는 것을 인식하여야 한다. 공동의 적 중에서도 명확히 인식될 수 있는 절박하고 유형적인 위협이 불명확한 위협보다는 두 집단간의 협력을 유도하는 데 유효하다.

⑥ 외부인사의 초빙

매우 넓게 활용하는 방법으로서 기존 집단구성원들과 상당히 다른 태도, 가치관, 배경을 가진 외부 인사를 기준집단의 구성원으로 가입시켜 침체된 집단을 자극시키려는 것이다. 예컨대 코치를 선발할 때 자기대학 출신을 선발하지 않고 다른 배경에서 다른 훈련 프로그램으로 성장한 사람을 선발함으로써 선수들의 연습분위기를 자극시키는 것이나, 또한 최근 스포츠 경영체에서 새로이 생긴 스포츠 마케팅담당에는 스포츠 분야에서 오래 근무한 사람보다도 경쟁적인 운동용품 제조업분야에서 성공적으로 근무한 사람을 선발함으로써 그의 새로운 사고방식을 스포츠 경영체의 마케팅에 활용하는 것이다.

⑦ 구조적 변수의 조정

구조적 요인에 변화를 야기함으로써 갈등을 보다 근원적으로 해소시킬 수 있을 것이다. 순환보직(job rotation), 조정 담당직위 또는 기구의 신설, 이의제기제도의 실시, 갈등 중인 조직단위의 합병, 지위체제의 개편, 업무배분의 변경 등이 그 예가 된다. 특히 순환보직의 방법은 단위내 또는 단위 간에 갈등을 야기시키는 세력들을 분산시키고 상호작용의 촉진을 통해 견해 차이를 줄이는 효과를 낳을 수도 있다. 특히 스포츠 조직은 종목별 특성이 있기 때문에 좀처럼 업무나 직위의 순환이 이루어지지 않다는 점에서 볼 때, 전통적인 사고의 틀을 타파하고 스포츠 현장 지도직의 행정 업무적으로의 순환, 행정관리직의 현장 지도직으로의 순환보직 등 이러한 구조적 변수의 조정을 과감히 시도하여 집단간의 갈등, 개인간의 갈등 그리고 개인내부의 갈등을 해소할 수 있다.

⑧ 설문조사 피드백

설문지를 이용하여 집단이나 조직문제에 대한 구성원들로부터의 설문조사 결과를 피드백 자료로 활용하여 구성원 스스로 문제해결을 하도록 하는 리더십 기법의 일종이다. 이 방법은 전통적인 태도조사와 같은 설문방법과는 달리 모든 단계에서 집단들의 적극적인 참여가 특색이 있다. 설문조사 피드백 기법이 계속적인 피드백 과정을 가지고 운영되려면 전과정에 걸쳐서 최고 관리자의 지원과 관심이 있어야 한다. 또한, 이 기법의 활용기술이 다양해야 하며, 조사 피드백이 집단이나 조직의 중요 요소에 미친 영향의 강도에 관해서도 엄격한 기준을 적용하여 분석해야 한다.

5) 스포츠 지도자의 갈등관리

리더십은 개인들이 집단 내에서 서로 상호작용을 통하여 습득된다. 일련의 상호 작용을 하다보면 자연히 갈등이 있게 마련이다. 갈등은 집단 상호작용과 대인관계의 정상적인 부분이다. 효율적인 리더는 집단 내 갈등을 어떻게 다루어야 하는가를 잘 알고 있다 어떤 것이 가장 좋은 방법인가? 갈등을 해결하려는 노력이 옳은 일인가? 그렇지 않다. 리더는 집단들이 갈등을 경험하도록 내버려 두어야 한다. 집단에는 갈등을 해결하기 위해서 개입할 공식적 중재자가 없어야 한다. 중재자가 있으면 집단 구성원들이 갈등 상황을 스스로 해결하는 것을 배울 기회를 빼앗기게 되는 것이다. 갈등을 경험하지 못한 가족, 스포츠팀, 그리고 스포츠단체는 성장과 발달을 하지 못함을 시사한다. 당장 갈등을 부각시키고 고조되게 하는 것은 고통스러울 것이다. 부모, 코치, 그리고 경영자의 세 집단들의 전통적인 리더들은 자신들이 개입해서 바로 갈등을 해결해주려고 하면 안 된다.

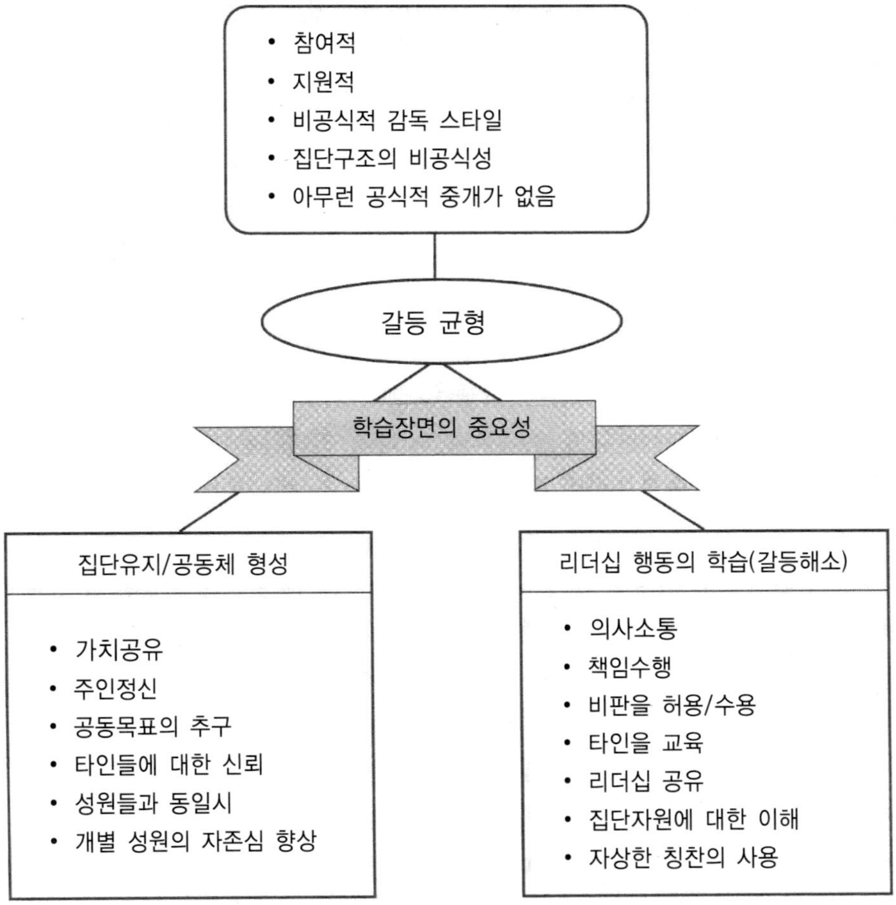

그림 8-2. 갈등 조정의 리더십

즉, 갈등의 순기능을 중시하는 사람들은 리더가 조직 내에 긍정적인 갈등을 유도하여 이를 촉진시켜야 한다고 주장한다. 따라서 리더들은 조직의 활성화, 창의성의 활성화를 위해서 순기능적인 갈등을 적절하게 조성하고, 그것이 조직의 성과에 긍정적으로 작용하도록 힘써야 한다는 것이다. 리더들이 이러한 역할을 수행하기 위해서는 우선적으로 갈등을 긍정적으로 수용한다는 개방적인 입장을 천명하여 조직 내의 갈등이 자연스럽게 표출될 수 있는 조직분위기를 창출해야 한다.

또, 진정한 리더는 집단구성원들이 스스로 리더가 되는 학습기회를 줄 필요가 있다. 만약 리더가 모든 갈등 문제에 개입한다면 이러한 학습기회가 없어지고 만다. 구체적으로 설명하면 집단구성원이 집단에 대하여 참여적이고, 지원적이며, 비공식적인 감독의 형태를 갖추게 하는 것이다. 이러한 형태는 전문적인 스포츠팀에서 더욱 중요하다.

집단구성원들과의 동일시과정은 개별 구성원들의 자존심을 높여주는 발전적인 기능을 한다. 따라서 구성원들은 리더십 행동에 참여하기도 하고 연습하기도 한다. 지배적인 감독자나 관리자들과 같은 공식적인 중재자가 항상 갈등을 해결하기 위해 개입할 수 없다. 이러한 특성들이 존재하는지 안하는지의 정도가 리더십을 배우는 정도와 집단의 유지 정도를 결정한다. 리더들은 특정한 상황에서 어떻게 갈등이 생겨서 발전되는지를 배우게 되는데 이것이 중요한 요소이기 때문이다.

3. 스포츠 상담

1) 스포츠 상담의 정의

상담(counseling)은 본래 상담자(相談者, counselor)와 클라이언트(來談者, client)가 상담이나 대화라는 형식을 통하여 상담관계라 부르는 인간관계를 가짐으로써, 내담자의 적응사의 문제가 해결되고, 인격적 성장이 이루어지는 전문적 심리지도의 기법이다. 이것은 단순한 대화, 신상상담 혹은 충고, 회유, 훈계, 질책 등과는 달라서 상담의 과정에서 내담자 자신이 성장하고 바람직한 변화를 하여가는 것이다.

따라서 좁은 의미로써 심리치료요법만을 지칭하는 것이 아니고 정신적으로 건강한 사람, 물론 스포츠맨에 있어서도, 보다 성장된 자신을 만들기 위한 심리적인 지원방법인 것이다. 따라서 상담의 의미는 상담형식에 의한 것뿐만 아니라, 전문가에 의한 심리적 도움과 심리적 지도의 기법을 포함시킨 개념으로 볼 필요가 있다.

스포츠 상담은 개인과 목적에 따라 크게 상이할 뿐만 아니라 스포츠 철학, 스포츠 사회학, 스포츠 심리학, 스포츠 문화인류학, 스포츠 교육학, 스포츠 행정학과 같은 여러 학문분야로부터 얻어진 다양한 지식을 통합한 것에 기초를 둔 학제적 특성을 지니고 있기 때문에 누구나 쉽게 동의할 수 있는 정의를 내리기에는 다소 어려움이 있다.

• 의사결정과 문제해결 능력의 관점에서의 스포츠 상담은 자아인식 즉, 스포츠 활동에 대한 태도, 가치, 감정에 대한 인식과 자신 및 타인, 기타 환경적 요인을 연결하여 스포츠 참여의 의사결정과 문제해결 기술의 개발을 촉진하고 이를 향상시키기 위하여 언어적 촉구 기법을 이용한 과정으로 정의할 수 있다.

• 교정과 개발의 관점에서는 개인의 배경, 신념, 가치, 태도에 대한 면밀한 검토를 통하여 교정적 지도 서비스뿐만 아니라 개발적 교육과정으로 규정된다.

결국, 스포츠 상담이란 스포츠에 관련된 도움을 필요로 하는 사람(내담자)과 전문적 훈련을 받은 사람(상담자)의 대면관계를 통하여 스포츠 장면의 다양한 문제에 대한 해결과 사고, 행동 및 감정 측면의 처리를 위하여 노력하는 학습과정이라고 규정할 수 있다.

2) 스포츠 상담의 대상

스포츠 상담의 대상은 결코 올림픽 선수와 같은 우수선수 뿐만 아니라, 오히려 건강, 스포츠에 참가하여 스포츠 활동을 실시하고 있는 사람들, 또 앞으로 스포츠를 해보고 싶다고 하는 사람들을 포함하고 있다. 그리고 스포츠 상담이 다루려는 심리적 문제 또한 다양하여 불안해소에 대한 대중요법으로서의 적응이라는 예를 비롯하여 스포츠 선수의 일상생활에 있어서 심리적 건강(mental health), 퍼스낼리티의 형성, 심리적 팀웍, 슬럼프(slump)의 극복, 스포츠에 대한 도피적 태도의 수정, 스포츠에 대하여 일방적인 편중적 태도의 시정 등 아주 넓은 범위에 걸쳐 있다.

이와 같이 다양한 문제와 여러 계층을 대상으로 하여 전문적 기법을 구사하는 심리적인 지원활동이 스포츠 상담이므로, 종래의 스포츠 기술이나 체력양성 위주의 감독이나 코치의 노력만으로는 한계가 있다. 감독이나 코치와 같은 경기지도자는 그 경기에 필요한 체력, 운동기능 등을 잘 알고 있으므로, 그 전문가들이 상담의 전문가인 임상심리학자와 협력함으로써, 심리적 코치나 멘탈 트레이너(mental trainer)라고 하는 새로운 스포츠 심리학의 전문가로서 성장하는 것이 가능할 것이며, 특정한 팀에 소속하는 팀 사이컬러지스트(team psychologist)라는 전속임상심리학자가 생겨나는 것도 필요하다.

또한 전문적 스포츠 산업 경영체를 운영하거나 이에 소속된 지도자의 참가자를 위한 상담기술은 매우 중요한 요소이므로, 지도자의 상담기술이나 기법도 이러한 범주에 속한다고 할 수 있다.

3) 상담자의 자질과 태도

스포츠 상담의 효과는 상담자의 성숙 정도와 타인의 이해 능력에 기본적으로 의존한다. 따라서 상담자의 자질, 특성, 인간에 대한 태도가 중요하고, 부가적으로 상담의 구체적 기술이 요구된다고 할 수 있다.

스포츠 상담자로서 갖추어야할 자질이나 특성을 확고하게 규정하기는 어려우나 몇 가지로 요약이 가능하다.

(1) 인간성에 대한 적극적 태도

어떠한 사람이건 그 사람을 인간으로서 알고자 하는 마음을 가지고, 특정한 스포츠에 관해서도 인간으로 대하고, 그들과 함께 있는 일이 즐겁다고 하는 태도이다. 자기의 이익이나 만족을 위하여 선수들의 상담자가 되는 것이 아니라, 선수 한 사람 한 사람의 인간성에 접촉하고자 하는 욕구를 가지고 있는 것이 중요하다.

(2) 무조건의 적극적 관심

상담의 상대인 내담자에 대하여 아무런 조건도 붙이지 않고 지원과 지도를 필요로 하는 사람으로 보고, 적극적인 관심과 의사를 존중하는 것이며, 수용적 태도와도 관련된다. 선수의 과거 성적이나 현재의 기능, 연습법 등에 집착하지 말고 그들이 진정으로 필요로 하고 있는 점을 심리적으로 도움을 주는 것이 바람직하다.

(3) 공감적 이해

상대의 생각이나 감정의 움직임 범위 안에 자기를 두며, 마치 그 사람이 체험하는 것을 느끼고 이해하고자 하는 태도인 것이다. 평가적이거나 비판적인 견해와는 다르다.

(4) 책임있는 태도

상담이라는 개인에 대한 지도, 지원의 관계를 가짐에 있어서는 어디까지나 심리적 지원자라는 전문가로서 단순한 연민, 동정 또는 개인적인 사정이나 흥미가 있는 것은 절대로 주의할 필요가 있다. 내담자가 상담한 비밀을 지켜주는 것을 위시하여, 상담시 심리적인 도움을 주는 것이 전부라고 하는 상담자의 책임범위를 넘어서까지, 예를 들면 상담이외의 행위에 의하여 도움을 주려고 하는 것은 설사 그것이 선의에 의한 것일지라도 잘못된 일이다.

(5) 감수성과 이해력

문제를 가지고 있는 선수나 참여자 특히 정서적인 문제는 적절히 자신의 문제를 표현하지 못한다. 그럼에도 상담자는 내담자의 문제와 관련된 감정, 생각, 희망, 의도 등을 예민하게 알아차리고 이해할 수 있어야 한다. 왜냐하면 내담자에 대한 이해와 객관적 통찰이 기본이며, 심리학적 지식, 상담 경험과 다양한 생활경험을 직·간접적으로 체험함으로써 이들을 위한 개인적인 노력이 필요하다.

(6) 상담자로서 성장하는 태도

심리적으로 다른 사람에게 도움을 주려는 사람은 언제나 전문적 지식과 기술의 향상을 도모함과 동시에 그들 자신이 인간으로서 성장하여 나가는 태도를 보여야 한다.

(7) 자신에의 솔직성

상담자는 내담자와의 관계에서 솔직해야만 한다. 상담자가 내담자의 인간적 가치를 인정하고 공감을 추구하는데 있어서 태도가 단지 상담적 기법이 되어서는 안된다는 의미이다. 상담자 자신의 감정에도 민감해야 하며 이 감정을 내담자에게 전달해야만 한다. 상담자가 자신의 감정을 무시할 때 이는 내담자에게 전달될 수 없으며, 상담을 위한 신뢰 관계가 손상 될 수 있다. 따라서 상담적 관계에서 상담자와 내담자 모두 자신들의 감정을 정적이든 부적이든 서로 교환하여야 한다. 또한 상담자는 내담자에게 자신이 도울 수 있는 부분과 도울 수 없는 부분을 솔직히 전달하여 불필요한 기대를 갖기보다는 현실적인 해결책을 스스로 찾도록 하여야 한다.

4) 참가자와의 커뮤니케이션

건강증진을 목적으로 하는 스포츠 및 운동 카운슬링은 운동에 참가하는 사람의 심리적 문제의 해결, 운동 기술의 향상, 운동 습관의 획득 등 다양한 욕구에 부응하는 지원활동이 목적이므로 참가자와의 적절한 커뮤니케이션은 상담의 토대가 된다. 이것은 말을 통한 언어적 수단과 표정, 손짓, 몸짓 등의 비언어적 수단을 통해 이루어지며, 관계행동, 경청, 공감적 반응 등이 중요한 역할을 한다.

(1) 관계 행동

관계 행동이란, 참가자의 활력, 주의, 사고를 이해하기 위해 참가자의 비언어적 행동에 관심을 기울여, 그 특징을 알아채는 것이다. 비언어적 행동에는 자세, 얼굴표정, 몸동작, 목소리의 크기, 강도, 질, 독특한 버릇 등이 있으며 참가자에게 관심을 기울임에 따라 언어표현에 의한 커뮤니케이션 이상으로 많은 정보를 얻을 수가 있다.

① 시선 교감

어린이가 장난하다가 들켰을 때와 같이 기분이나 감정을 숨기는 것이 있을 때 사람은 상대의 시선을 피하는 경향이 있다. 반대로, 사이가 좋은 친구와 즐거운 이야기를 할 때 사람들은 상대의 눈을 보며 웃으면서 이야기하는 것이 일반적이다. 이렇게 시선 교감은 비언어적 행동 속에서도 가장효과적인 관계 행동으로서 빈번한 시선 교감은 상대에게 관심이 있다는 인상을 준다.

표 8-1. 시선 교감의 증감

시선 교감이 증가할 때	시선교감이 감소할 때
상담자와 참가자가 친밀하다.	상담자와 참가자가 거리가 있다.
즐거운 화제	재미없고, 어려운 이야기
마음이 통하고 있다.	참가자가 주로 듣는 쪽이다.
참가자가 주로 말을 한다.	주위의 반응에 관심에 관심이 없다.
말을 이해하고 있다.	거리낌 있는 기분
이완되어 있다.	불신감을 갖고 있다.

또한, 참가자로부터의 시선은 중요한 메시지 중의 하나이므로, 스포츠 상담자는 그 신호를 민감하게 파악하는 자세가 필요하다. 예를 들면, 스포츠 상담자와 이야기를 할 때 똑바로 쳐다보지 않거나, 두리번거리고 시선이 불안정한 태도는 스포츠 상담자에게 마음을 열고 있지 않다거나, 거리낌이 있다는 것 등을 읽어낼 수가 있는 것이다.

② 활력의 수준

관계 행동중에 신체적, 정신적으로 활력이 있는 스포츠 상담자일수록 참가자와 친숙해질 수가 있다. 반대로, 스포츠 상담자 자신의 신체적, 정신적 에너지가 부족하면 참가자가 스포츠 상담자에 대해 마음을 열려고 하는 기분은 감소하고 만다. 따라서 운동 프로그램이나 상담하기 전에, 우선 스포츠 상담자 자신의 컨디션을 조절하여 활력을 갖출 필요가 있다.

스포츠 상담자 자신의 활력이 저하되는 원인에는 신체적 스트레스(피로감, 통증), 불규칙한 생활이 원인이 되는 정신적 스트레스, 고민거리, 불안, 답답함 등을 생각할 수 있다. 이러한 문제를 안고 있으면 상담에 충분한 능력을 발휘할 수 없으므로 우선 자기 자신의 문제를 해결하도록 하고 때때로 친구에게 지원을 받는 등의 대처도 필요하다.

③ 신체적 언어(자세, 표정)

참가자가 팔짱을 끼었거나, 다리를 꼬았거나, 기지개를 펴는 등의 자세나 얼굴 표정이 신체적 언어이다. 커뮤니케이션의 85%는 신체적 언어를 중심으로 하는 비언어적 행동이라고도 한다. 신체적 언어로서의 메시지는 참가자로부터의 최상의 정보를 얻는 수단이 되므로 그 의미를 깨다는 것이 중요하다, 마찬가지로, 상담자의 신체적 언어가 참가자에게 영향을 미친다는 것도 잊어서는 안 된다.

표 8-2. 스포츠 상담자의 자세와 행동

바람직한 자세	① 몸을 참가자에게 향한다. ② 여유 있는 자세를 취한다. ③ 약간 상체를 기울인다. ④ 얼굴 표정을 온화하게 하고 참가자의 말에 재빨리 반응한다.
주의해야 할 비언어적 행동	① 어깨를 늘어뜨리고 있다. ② 지친 얼굴, 침울한 얼굴 ③ 불안정한 모습(자세를 자꾸 바꾼다.)

④ 어조

목소리의 크기, 속도, 리듬 등도 정보를 얻는 수단이 된다. 긴장하고 있을 때는 우물거리거나, 머뭇거리면서 말하는 경우가 많다. 동일한 말도, 어조에 따라 메시지의 내용은 달라진다. 스포츠 상담자는 자연스러운 동작으로 참가자의 말을 잘 듣고 있다는 태도를 취하는 것이 중요하다.

⑤ 언어적 추적

상담의 내용은 어디까지나 참가자 중심이라는 것이 기본이 된다. 스포츠 상담자는 참가자의 말에 신경을 집중시켜, 참가자가 그때가지 말한 화제에 관심을 보이고, 참가자의 표정이나 동작에서 여러 가지 단서를 얻도록 노력한다. 말을 못 들었거나, 잊어버렸을 때는 직전의 화제에 대한 질문을 반복하여, 참가자로부터 이야기를 이끌어 내도록 한다. 빈번하게 새로운 화제로 비약되는 일이 없도록 유의한다.

(2) 경 청

경청이란 참가자가 한 말에서 감정이나 말의 본질을 이해함과 동시에 모순을 가려내는 것이다. 말을 주의 깊게 들음에 따라, 참가자가 말하고자 하는 것이 무엇인지, 안고 있는 문제가 무엇인지가 분명해 진다. 또, 참가자의 말에 적극적으로 귀를 기울임으로써 듣고 있는 내용이 일관된 내용인지를 언어적, 비언어적인 커뮤니케이션을 통해 분간할 수 있다.

이처럼 감정이나 내용을 정확히 이해하는 것이 경청의 기본이다. 참가자의 관찰을 통해 비언어적 행동의 메시지를 이해하고 참가자의 문제점이나 구체적인 내용을 파악하면 이번에는 스포츠상담자가 참가자에 대해 이해한 것을 반복해서 말로 표현하여 참가자 자신이 알게 한다.

① 열린 질문과 닫힌 질문

열린 질문이란, “무엇이 문제입니까?”, “오늘 말씀하시고 싶은 것은 무엇입니까?”, “좀더 예를 들어주시겠습니까?” 등과 같이 “예”, “아니오”로 대답할 수 없는 질문을 말한다. 상담을 시작할 때나 참가자에게 상세하게 이야기를 듣고 싶을 때, 또는 참가자가 문제를 어떻게 받아들이고 있는지를 이해하고 싶을 때 유용하다. 이와 같은 질문에 의해, 참가자 자신이 자신의 현상을 파악할 수 있도록 이끌 수가 있다. 이에 반해, “예”, “아니오”로 대답할 수 있는 질문을 닫힌 질문이라고 한다. 이 닫힌 질문이 반드시 나쁘다는 것은 아니지만, 참가자 스스로가 생각할 기회를 적게 한다는 것을 염두에 둘 필요가 있다.

표 8-3. 질문의 예

열린 질문	① 요즘 하고 있는 연습에서 어려운 점이 있으면 말해 주십시오? ② 아까 실패한 원인은 무엇 때문이라고 생각합니까? ③ 무엇이 원인이라고 생각합니까?
닫힌 질문	① 이 방법에 만족하고 있습니까? ② 컨디션이 안 좋은 것은, 피곤하기 때문입니까? ③ 이 중량이 당신에게 맞습니까?

② 격려

참가자에 대해 가장 잘 알고 있는 것은 말할 것도 없이 참가자 자신이다. ‘당신에 대해 좀 더 잘 알고 싶다’라는 마음을 말이나 태도로 표현함으로써, 참가자가 보다 자기표현을 할 수 있는 분위기를 조성한다. “역시 그렇군요”, “그래요?”, “예”, “아니오”, “알겠습니다” 등의 언어적 표현을 사용하기도 하고, 고개를 끄덕이는 등의 비언어적 표현은, 참가자에게 말을 경청하고 있다는 것을 전하는 수단이 된다. 또한, “어렵습니까?”, “못하겠어요?”, “힘들어요?” 등과 같이 참가자가 사용하는 말의 한마디나 두마디를 반복하는 것은, 가라앉은 참가자의 기분을 누그러뜨려 말을 유도한다. “그래서요?”, “예를 들면?”, “좀 더 얘기해 주세요” 등의 말도 참가자의 이야기를 유도하는 역할을 한다. 격려 하는데는 이러한 분위기 조성의 말이 효과적이다.

③ 바꾸어 말하기

“～라는 말이군요”, “～란 말입니까?”, “～가 잘 안되는 거군요”와 같이 참가자의 말을 바꾸어 말함으로써 ‘나는 당신의 말을 열심히 듣고 있다’라는 자세를 보여줄 수 있다. 참가자의 보다 깊은 마음속을 이해할 수 있게 된다.

④ 의미의 반영

의미의 반영이란 참가자가 상담자에게 전하는 말이나 메시지의 의미를 참가자 자신에게 알게 하는 것이다. 그러기 위해서는 참가자 얼굴의 표정이나 자세 등을 비언어적 행동이나 언어를 통한 언어적 행동, 일상적 행동이나 운동 프로그램에서의 모습을 잘 분석하고, 참가자가 커뮤니케이션을 통해 전할 수 있는 일이나 상황의 메시지를 정확히 이해하는 것이 중요하다. “저는 잘 못하겠어요”라는 말만으로는 이제 더 이상 하고 싶지 않은 것인지, 아니면 좀 더 분발해 보고 싶은 것인지를 구별할 수가 없다. 이렇게 같은 말이라도, 어떤 일, 상황에 대하여 파악하는 법은 참가자에 따라 다르므로 말을 표면적으로 흘려버릴 것이 아니라 참가자가 전하고 싶은 것을 바르게 경청하도록 노력한다.

참가자가 말하는 메시지의 의미를 잘 이해할 수 없을 때는 상담자 쪽에서 다시 물어 보아 구체적으로 이끌어 내도록 한다. 메시지의 의미를 정확하게 참가자에게 되돌리는 것은 참가자가 자신의 기분이나 상황을 잘 인식하도록 돕고 '나는 당신의 문제를 파악하고 있습니다'라는 좋은 인상을 준다.

⑤ 감정의 반영

참가자의 말 뒤에는 감정이나 정서가 감추어져 있다. 자신을 갖고 임하고 있을 때는 "최근, 컨디션이 괜찮습니다"라고 긍정적인 감정으로 솔직하게 말하겠지만, 반대로 참가자에게 어떠한 문제가 발생했을 때, 그 배경에 있는 감정을 이해할 수 없는 경우가 많아, 적절한 도움을 줄 수가 없게 된다. 상담을 실시하고 있을 때 참가자의 부정적인 기분, 싫은 기분 등을 간파하는 것은 매우 어렵지만, 관계 행동을 통해 평소보다 참가자의 감정을 이해하도록 유의해야 한다.

(3) 공감적 반응

공감적 반응은 이야기의 내용, 감정, 비언어적 행동을 분석, 정리하는 것부터 시작된다. 효과적인 공감적 반응은 참가자 이상으로 참가자에 대해 알고, 스포츠 상담자 자신의 문제인 것처럼 표현하는 것이다. 그 결과, 참가자는 자신의 문제를 객관적으로 바라보고, 자신이 스포츠 상담자에게 말한 것을 분명한 틀 속에서 이해한다. 이와 같이 하여, 참가자는 이전에는 미처 몰랐던 자신의 감정이나 행동 패턴을 알게 된다. 감정이나 행동 패턴을 이해하면, 무엇이 동기부여가 되고 있는지, 무엇이 문제점인지가 명확해진다.

〈공감적 반응의 유의점〉

- 참가자가 표현하는 비언어적 행동에 관심을 기울인다.
- 비언어적 행동이 일치하고 있는지 분석한다.
- 행동이 참가자의 목적에 맞는지 판단한다.
- 참가자에 대한 자신의 반응에 주의한다.
- 참가자가 보이는 어떠한 작은 정보도 습득하려고 노력한다.
- 참가자의 행동 패턴, 과거의 경험을 고려하여 화제의 내용에 주의를 기울인다.
- 참가자의 입장이 되어 생각한다.

- 참가자의 감정을 말로써 표현해 본다.
- 참가자의 감정을 공감적 반응을 통해 확인한다.

5) 상담의 진행법

상담은 다양한 상황 속에서 참가자를 돕고 문제를 해결해 가는 것이 주 목적이다. 그러기 위해서는 적절한 커뮤니케이션을 상담의 토대로 하면서 참가자가 실제로 운동이나 스포츠를 하고 있을 때 열의를 가지고 지도하는 것도 중요하다.

스포츠 활동 현장에서 아는 사람을 만나면 인사를 한다. 인사는 마음을 누그러뜨리고, 다음 대화를 자연스럽게 한다. "오늘은 날씨가 좋군요" 등의 사소한 대화가 그후에 중요한 화제로 나아가기 위한 윤활유 역할을 한다. 순조로운 대화 속에서 자연스럽게 정보수집을 할 수가 있고 참가자 행동의 평가, 생각, 감정을 이해하면서 문제 해결을 위한 구체적 방안에 대해 이야기를 나눈다. 상담의 끝에는 참가자가 실제로 그것을 행하기로 결심할 수 있도록 조언을 한다. 참가자가 최종적 목표에 가까이 접근하도록, 이 일련의 흐름을 반복하는 것이 건강 및 스포츠 상담의 기본이다.

(1) 신뢰관계를 맺는다.

새로운 프로그램을 시작할 때만이, 스포츠 상담자와 참가자의 관계를 밀접하게 하는 것은 아니다. 주 2회의 연습을 하고 있다면, 매회 그 프로그램을 시작할 때, 스포츠 상담자측에서 "안녕하세요"하고 인사를 하여 신뢰 관계를 강화하고, 안심하게 한다. 시간적으로 길지는 않지만 참가자와의 적절한 상호관계를 형성해 가기 위한 중요한 기반이 된다. 여기서는 관계행동이 중심이 되어 웃는 얼굴로 접하여 상대를 편안하게 한다.

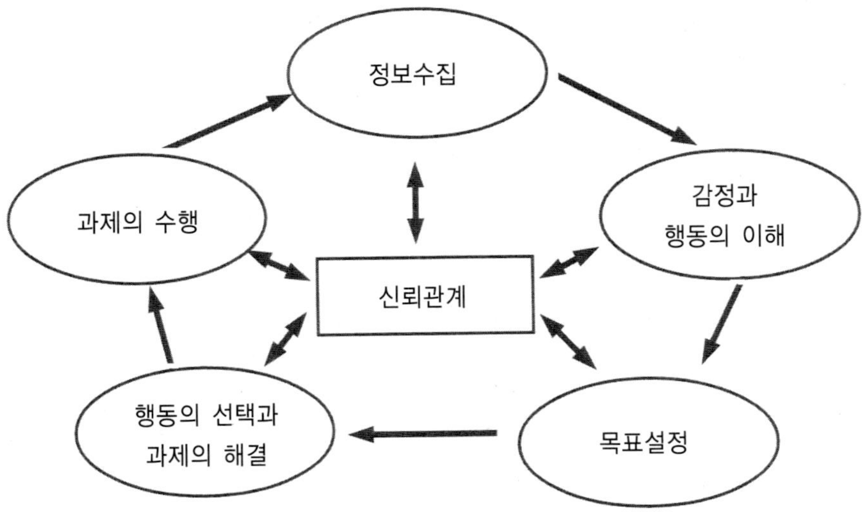

그림 8-3. 신뢰 기반의 상담과정

(2) 정보수집

참가자의 문제점이나 그 원인을 분명히 파악하고 아울러 참가자에 관한 다양한 정보를 수집하는 것도 매우 중요한 일이다. 세부진단표, 운동 기록표, 체력측정 결과 등의 자료를 통해서도 많은 정보를 얻을 수가 있다. 이들 자료와 면접시 참가자의 모습, 평소 임하는 자세 등을 종합적으로 판단하여 상담할 때 활용한다.

표 8-4. 정보원의 구체적인 예

세부 진단표	운동경험, 신체적 요인(성별, 연령, 과거 병력 등), 스트레스, 직업, 주거, 가족구성, 일상생활습관(식사, 수면, 운동 등)
운동 기록표	과제의 달성정도, 출석률, 운동효과 등
체력 테스트의 결과	기초체력, 체력수준 등
면접	고민, 흥미, 관심, 의욕, 목적, 감정, 행동 등
관찰	참가자의 임하는 자세 및 태도, 행동 등

(3) 감정과 행동의 이해

① 바람직하지 않은 행동을 알아챈다.

바람직하지 않은 행동에는 과제가 달성되지 않고, 실패가 눈에 띄고, 결석이 많아지는 등의 현상이 있다. 이와 같은 문제는 운동 프로그램의 결석 상황, 운동기록 등의 정보수집과 면접한 인상을 종합적으로 분석하면 분명해진다. 이러한 행동을 알았을 때는 즉시 그 원인을 해명하고 대책을 강구한다.

② 감정에 주의한다.

운동기술이 좀처럼 향상되지 않을 때, 연습방법을 몰라 난감해 할 때, 또는 컨디션이 안 좋을 때, 참가자는 우울해지거나, 기분이 가라앉거나 한다. 또한, 의욕적으로 임하고 있어도 너무 열심히 해서 근육통, 부상 등을 초래하고 그것이 심리적으로 좋지 않은 영향을 미치고 있는 경우가 있다. 그리고 일상생활로 인해 생기는 스트레스도 감정에 많은 영향을 미친다. 예를 들면, 회사의 일이 잘 안되거나, 대인관계의 고민 등 신경 쓰이는 것이 있으면 관계행동이나 평소 모습에서 기운이 없다거나, 우울해보이거나, 피곤해 보이는 등의 부정적인 감정이 관찰된다. 그 원인이 운동이나 스포츠 프로그램 자체에 있는 것인지, 일상생활에서 기인하고 있는지를 분석하고, 상세한 원인을 파악하여 대처한다.

(4) 목표설정

목표설정은 스포츠 상담자에게 중요한 임무이다. 목표는 참가자의 희망과 능력을 고려하면서 그때까지의 과제를 어느 정도 소화해 왔는지, 앞으로는 어느 정도 소화해 낼 수 있는지를 생각하여 의견을 교환한다. 그때까지의 목표가 적합하지 않은 것 같으면 적당한 목표로 수정할 필요가 있다.

① 장기적인 목표

운동을 하는 목적이 명확하지 않으면 적절한 지도는 불가능하다. 최종적인 목표를 최초의 면접에서 참가자에게서 들어 둘 필요가 있다. 예를 들면 건강을 유지하고 싶다든가, 살을 빼고 싶다든가, 근력을 기르고 싶다든가, 운동의 기술을 향상시키고 싶다는 등, 참가자에 따라 그 목적이 다양하므로 그 요구를 정확히 파악하고 목표를 단계적으로 설정하여 최종목표로 연결시켜 나간다.

② 단기적인 목표

매 회의 면접 때에는 가까운 목표를 세우게 한다. 예를 들면 이번 달은 주 2회의 OO프로그램을 실행한다. 이 프로그램을 3세트 실시한다. 수영은 주 1회 실시한다 등의 목표를 참가자 스스로가 세우게 한다. 구체적으로 알기 쉽게 참가자가 확실히 실행할 수 있는 것이 바람직하다. 만일 기호에 맞지 않거나 실행하는 것이 무리라면 적절하게 수정해나간다.

③ 목표는 참가자가 선택하게 한다.

스포츠 상담자가 참가자에게 적합한 연습이나 프로그램을 준비하여 권장해도 최종적으로 인식하여 선택하는 것은 참가자이다. 자기가 선택한 목표는 타인으로부터 주어진 목표보다도 책임을 갖고 실행하기 쉽다.

(5) 행동의 선택과 문제 해결

명확해진 문제점과 목표를 대조해 보면서 참가자가 확실히 달성할 수 있다고 생각되는 문제나 프로그램을 선택하게 한다. 행동의 선택은 참가자 스스로 발견할 수도 있지만, 스포츠 전문가인 상담자가 제공하는 것도 효과적이다. 최종적으로는 참가자 자신이 결단할 수 있도록 참가자의 능력이나 상황을 고려하면서 지시하거나 의견을 말해 주어 참가자가 의욕적으로 임할 수 있도록 한다.

① 바람직한 행동을 선택한다.

바람직한 행동이란 참가자가 희망하는 목표를 향해 나아가기 위한 필요한 행동을 말한다. 운동과제의 결정에는 운동의 종류, 연습방법, 강도, 빈도, 시간 등을 충분히 배려한다. 그러나 예를 들면, 목적에 맞는 운동과제라도 즐겁게 참가할 수 있을 것 같지 않은 것은 강하게 권하지 말아야 한다. 즐거움이 결여된 운동과제는 오래 지속되지 않기 때문이다.

② 바람직하지 않은 행동을 제거한다.

프로그램에 자주 결석하는 사람에게 프로그램에 참가하는 시간을 조정하도록 권장해 보거나, 동료와의 교류가 왕성해지도록 돕는 등 운동 참가의 장해가 되는 원인을 제거하도록 돕는다.

③ 유연한 태도

과제를 수행하는데 있어 참가자가 너무 집착하면 작은 실패도 부정적으로 생각하는 경우가 있다. 과제에 대해서도 "실패해도 괜찮습니다"라는 유연한 태도를 보이도록 하고 반대로 "반드시 이것은 해주십시오"라는 말은 참가자의 상황을 잘 보고 사용하도록 한다.

④ 감정에의 대처

운동 프로그램이나 연습방법이 원인이 되고 있는 심리적 문제에 대해서는 그 때까지의 운동 프로그램이나 연습방법을 다시 보고 참가자에게 적합한 것을 새로이 제고하여 권장해 본다. 참가자간의 인간관계의 고민을 안고 있는 사람에서 대해서는 고민을 듣고, 공감하고, 적절한 조언을 하는 것이 필요하다.

일상생활에서 기인하고 있는 참가자의 심리적 문제는 스포츠 상담자의 질문 밖이긴 하지만, 항상 참가자의 기분을 이해하도록 유의하고 참가자 스스로가 해결할 수 있도록 권장한다. 때로는 의사 등의 전문가에게 조언을 구하거나, 동료, 가족 등의 협력이 필요한 경우도 있다.

(6) 과제의 수행

"오늘은 OO을 할 차례지요? 잘 할 수 있겠습니까?"와 같이 상담에서 배운 것을 실제로 실행할 수 있는지 어떤지를 말로 확인한다. 건강 증진을 위한 운동을 하고 있는 사람이라면, 면접에서 설정한 과제를 일상생활 속에 도입해 줄 것인지, 혹은 운동 프로그램 속에서 해 줄 것인지를 확인해야 한다. 이들 과제를 달성할 수 있다면, '과제의 성공'이라는 참가자 자신에게 심리적 보상을 주게 된다.

제9장

스포츠사고와 안전대책

1. 스포츠사고의 실태
2. 사고방지를 위한 안전대책
3. 스포츠사고와 지도자의 책임
4. 스포츠 지도자의 지도·감독의 과실
5. 지도자의 준수 사항
6. 사고 보상 대책

1. 스포츠사고의 실태

1) 상해가 많은 스포츠 종목

스포츠는 놀이나 유희와는 달리 육체적인 활동을 수반하므로 연습 중이나 시합 중에 언제나 상해위험이 따르기 마련이다. 여기에서는 어떤 스포츠 종목에 어떤 상해가 많이 발생하고 있는가를 살펴보기로 한다.

먼저 스포츠 종목별로 상해를 보면, 배구, 소프트볼, 야구 등 비교적 많이 보급되어 있는 스포츠 종목에서 상해가 많이 발생하며, 다음으로 상해가 많은 종목은 축구, 유도, 농구 등이고, 이외에도 검도, 스키, 육상경기, 체조경기, 배드민턴, 테니스, 럭비 등의 스포츠종목에서 상해 발생율이 높게 나타났다. 그리고 시합을 목적으로 하는 고교 이상의 단체스포츠 중에서 야구, 럭비, 축구, 유도, 배구, 농구 등의 종목에서 비교적 상해가 많이 발생하고 있다.

2) 상해의 종류

상해는 염좌가 약 3분의 1을 차지하고 다음으로 골절, 타박, 찰과상이 많다. 남녀별로 보면, 남자는 골절이 많은데 비해 여자는 염좌가 가장 많다. 그러나 남자의 경우도 20대에는 염좌가 많았고, 여자 20~40대 배구 참가자는 아킬레스건 파열이 가장 많기 때문에 여자의 건파열이 남자의 3.8배나 되는 것이 특징 중의 하나이다.

골절이 40% 이상을 차지하는 종목은 씨름, 스키, 유도, 태권도, 축구, 핸드볼, 스케이트 등이고 염좌가 많은 종목은 테니스, 배드민턴, 배구 등의 네트형 스포츠와 농구이고, 타박·찰과상이 17% 이상인 종목은 야구, 태권도 검도, 탁구 등이다. 창상은 수영에서 33%로 압도적으로 많고, 그밖에 육상경기, 스케이트에서 약 10%정도 발생하고 있다. 탈구는 럭비, 유도, 체조, 건파열은 배드민턴, 테니스, 탁구, 배구 등 네트형 종목에서 비교적 많이 발생한다.

3) 상해발생 부위

신체를 머리 · 목부, 상지부(上肢部), 동체부(胴體部), 하지부(下肢部)로 나누어서 각 부위별 상해 발생 상태를 보면 하지부(41.8%)와 상지부(40%)로 전체의 80%가 넘고, 머리 · 목부(8.4%) 동체부(7.0%)가 점하고 있다. 다시 세분하여 보면 손가락의 상해가 가장 많고 발목관절이 그 다음이고 무릎, 발부분, 하퇴와 하지 부분이 많다.

다음으로는 각 부위별 상해의 종류를 보면 머리와 목부분에서는 타박상과 찰과상, 상지부에서는 골절과 염좌, 동체부에서는 골절, 염좌, 타박상, 찰과상 등, 하지부에서는 염좌와 골절이 비교적 많다.

상해 종류별로 부상부위를 자세히 살펴보면, 골절은 손가락(30.8%), 하퇴(10.6%), 족부(9.3%), 전완(前腕)(8.2%), 쇄골(7.3%)이고 탈구는 손가락(46%), 어깨(22.5%), 팔꿈치(8.1%)이고, 염좌는 족관절(28.6%), 손가락(21.4%), 무릎(11.6%), 족부(9%), 타박상 · 찰상은 전신에 걸쳐 일어난다.

다음으로 스포츠 종목별로 어떤 부위의 상해가 많은가를 보면, 머리 · 목부분의 상해가 많은 것은 수영이고 그 밖의 종목에서는 테니스(16.8%), 야구(16.8%)이며, 상지부의 상해가 많이 발생하는 것은 유도(58%), 핸드볼(52.9%), 야구(49.9%), 체조경기(46.2%), 동체부는 씨름(15.4%), 럭비(11.6%), 하지부의 상해가 많은 것은 스키(72.2%), 배드민턴(57.4%), 육상경기(53.1%), 배구(50.3%) 종목들이다.

4) 종목별 상해의 발생원인

스포츠는 룰이 아무리 잘 정해져 있고, 보호장비가 잘 발달되어 있어도 그 구조적 특성상 항상 사고의 위험이 따르기 마련이다. 스포츠 상해의 일반적인 상해요인으로는 기술 및 훈련 부족, 과도한 훈련과 만성적 피로, 과도한 긴장, 주위 산만, 준비운동 부족, 반칙 및 난폭행위, 시설환경의 결함, 장비 · 기구의 미비, 훈련방법의 문제, 신체구조의 이상, 심리적 등의 요인으로서 스포츠 선수나 운동참가자는 스포츠 특성상 항상 상해와 사고에 노출되어 있다.

운동 종목별 외상 발생원인은 〈표 9-1〉에 나타난 바와 같이, 각 시합 중에는 육상, 필드하키, 트레이닝중에는 조정, 필드하키, 육상 등 종목에서 외상이 많고, 시합 중 상해원인은 지나친 승부욕과 과도한 긴장일 때 외상이 많으며, 트레이닝 중에는 본인의 부주의와 준비운동 부족으로 상해가 많이 일어나며, 연습 중에는 과격한 연습에서 부상을 초래하고 있다는 것을 알 수 있었다.

표 9-1. 스포츠 종목별 외상 발생의 원인 분석

구 분	트레이닝중				연습중				시합중				
내용 / 종목	준비운동부족	본인 부주의	시설 결함	무리한 체력	준비운동부족	기술 부족	시설 결함	과격한 연습	준비운동부족	기술 부족	체력 부족	승부욕	과도한 긴장
육 상	32	35	12	50	31	13	24	67	23	16	17	31	19
체 조	9	20	6	12	5	26	5	2	0	2	0	4	0
축 구	20	57	15	18	18	21	17	35	6	17	19	43	11
배 구	8	4	3	25	10	7	0	46	0	1	29	20	11
농 구	4	4	8	19	4	3	16	8	0	0	6	27	10
핸드볼	21	29	10	20	27	31	17	61	10	8	19	34	14
하 키	53	46	20	55	33	40	28	63	23	17	27	85	28
테니스	5	0	0	6	0	0	0	6	0	0	0	0	3
탁 구	22	10	0	7	6	4	0	9	2	3	5	3	6
유 도	25	17	36	22	24	15	36	36	15	15	13	21	13
레스링	7	28	3	64	13	16	4	64	4	6	1	25	9
복 싱	10	2	6	12	8	3	0	18	0	3	3	11	10
양 궁	0	0	0	1	0	0	0	5	0	0	0	1	0
역 도	15	6	1	33	14	7	0	30	0	1	5	10	1
펜 싱	21	17	16	15	26	3	12	19	5	2	3	12	5
사 격	0	1	1	59	5	1	0	120	0	0	0	90	11
싸이클	17	16	15	19	14	36	36	30	5	22	3	28	7
근대5종	29	28	6	38	44	5	3	50	7	3	3	22	29
조 정	52	16	22	27	30	1	3	36	3	5	0	11	5
카 누	19	12	7	18	16	13	4	25	3	14	7	14	4
요 트	12	78	10	18	9	12	10	13	2	0	11	15	17
경 영	3	5	1	7	4	4	2	8	0	0	1	0	2
수 구	3	8	5	28	16	6	0	28	0	22	4	15	3
소 계	387	439	203	576	357	267	217	779	108	157	176	522	218
계	1,605				1,620				1,181				
%	24.12	27.35	12.64	35.89	22.03	16.49	13.39	48.09	9.15	13.29	14.90	44.20	18.46

5) 사고에 관계되는 요인

〈표 9-2〉에서 보는 바와 같이 우리들이 스포츠와 운동을 하고 있을 때 그것을 둘러싸고 있는 모든 것들이 사고와 관계가 있다고 할 수 있다. 불가항력으로 일어나는 사고도 있으나 대부분의 사고는 충분한 주의를 기울이지 않아 일어나므로 조금만 주의를 기울이면 사전에 방지가 가능하다.

표 9-2. 사고에 관계된 요인

사고의 요인	세부 원인 항목
인간적 요인	기술, 건강, 피로, 체력 복장, 자신, 규칙 준수 등
시설적 요인	운동시설 점검, 정비, 사용규정 용구, 건물, 설비 등
환경적 요인	계절, 기상, 기온 기후, 지형 등
지도적 요인	자질, 지도력, 태도 규율, 인원수 등

(1) 인간적 요인

① 개인적인 것

개인적인 요인은 크게 정신적 측면, 신체적 측면, 기술적 측면으로 나누어 볼 수 있다. 정신적 측면에는 정신의 불안정, 자신과잉, 규칙을 지키지 않는 태도, 성실하지 못한 태도, 정신의 해이 등이 있으며, 신체적인 측면으로는 건강상태, 체력과 운동기능 등을 생각할 수 있고, 기술적인 측면으로는 숙련도와 복장, 준비운동부족 등을 들 수 있다.

② 인간적인 관계

보통 동료 사이에 관계가 좋지 않다든가, 집단간의 협력이 결여되면 사고가 일어나기 쉽다. 또 리더와 관계에 있어서도 서로 의지가 잘 통하는 경우에는 좋지만, 결여될 때에는 생각지도 않은 사고가 발생할 수도 있다.

(2) 시설적 요인

시설에 아무리 훌륭하더라도 안전의 입장에서 보면 일으키는 요인은 반드시 존재하기 마련이다. 따라서 사고를 예방하기 위해서는 시설의 외관과 내장을 항상 살피고 점검해야만 한다.

(3) 환경적 요인

사계절이 뚜렷한 우리나라는 특유의 자연조건이 있다. 기상 상황, 기온, 기후 등은 특히 야외활동에서 사고발생과 직접적인 관련이 된다. 최근에는 대기오염을 비롯해 공해와 관계도 중요한 원인이 된다. 스모그에 대해서는 말할 필요도 없고, 소음에 의한 사고도 간과해서는 안 된다.

(4) 지도적 요인

지도력의 부족으로 일어나는 사고도 있다. 그러나 이것은 리더의 자질 문제, 지도에 대한 진지하지 못한 태도, 사소한 부주의, 참석자들의 산만한 정신 등으로 인하여 야기된다.

항상 안전에 주의해야만 사고방지가 가능한 것이고, 리더 자신의 자각과 연구 노력이 필요하다.

6) 사고방지대책

사고를 방지하기 위한 구체적인 방책은 스포츠 종목에 따라 다르지만, 공통적으로 생각해야 할 점과 지도자가 고려해야 할 사항들은 다음과 같다.

① 건강상태를 체크한다. 연습을 시작할 때와 연습중에 안색과 모습을 자주 보도록 한다.

② 반드시 건강진단을 받도록 한다. 스포츠교실을 비롯하여 수영, 야외활동 등의 참가자에게는 미리 건강진단서를 준비하도록 한다.

③ 집단활동의 규약・약속 등을 준수한다. 사고방지를 의식하도록 하는 것이 중요하다.

④ 응급조치의 대책에 만전을 기한다. 구급법, 구급용품, 연락망 등을 명확히

한다.

⑤ 시설, 용구의 예비조사를 반드시 한다. 잘 알고 있는 것이라도 상황에 따라 달라질 수 있으므로 방심하지 말아야 한다.

⑥ 연습순서, 지도법을 체크한다. 잘 알고 있는 것이라도 상황에 따라 달라질 수 있으므로 방심하지 말아야 한다.

⑦ 야외활동에 있어서는 특히 계획, 행동 예정 등을 세밀히 행한다.

⑧ 운동에 맞는 복장을 하도록 한다. 특히 반지, 신발에 대해서는 주의한다.

⑨ 수상활동에 있어서는 더욱 유의한다. 시설상황, 환경조건 및 개인의 건강을 체크를 한다. 그리고 모든 종목의 준수 사항을 명시하도록 한다.

⑩ 상해보험에 가입한다.

7) 사고발생시의 사후처리

아무리 주의를 기울여도 사고는 일어날 수 있다. 이와 같은 경우에는 신속하고 동시에 적절한 조치가 필요하다. 사후처리를 적절하게 하는 능력은 지도자가 갖추어야만 할 중요한 요건 중의 하나이다. 〈그림 9-1〉은 사고가 일어날 경우 처리순서를 나타낸 것이다.

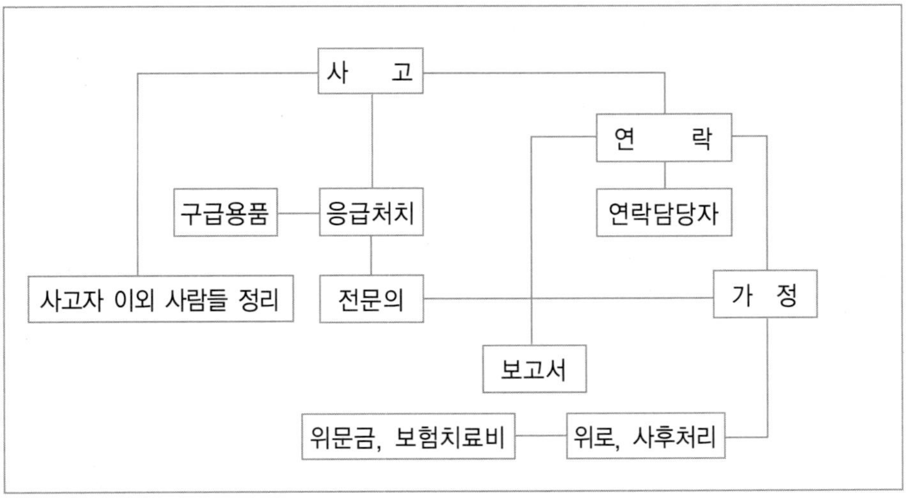

그림 9-1. 사고발생시 처리 순서

(1) 구급처지

구급처치를 잘하고 잘못함은 그 후 일어나게 될 여러 상황에 크게 영향을 미친다. 지도자는 올바른 구급법을 몸에 익혀둘 필요가 있다. 여기에서는 구급처치의 기본원칙만을 간단히 설명하기로 하겠다.

(2) 구급처치의 기본원칙

구급법은 어디까지나 일시적인 것이고, 의사가 올 때까지 임시적인 처치이다. 특히, 긴급을 요하는 상황은 ① 출혈이 심할 때, ② 호흡이 중지되었을 때, ③ 중독되었을 때, ④ 쇼크 상태가 되었을 때이다.

- 부상자를 편안한 자세로 눕힌다.
- 모든 부상 부위를 잘 관찰한다.
- 부상자를 따뜻하게 한다.
- 의사와 구급차를 부를 때 다른 사람의 도움을 받는다.
- 안정을 취하도록 한다.
- 의식이 불명한 사람에게는 음료수를 주지 않는다.
- 구경꾼을 멀리 한다.
- 부상자가 정신을 잃지 않도록 한다.

이상의 항목은 구급법의 일반적 주의사항이다. 이 원칙에 따라 각 상황에 맞는 처치를 하도록 한다. 지도자는 각 항목의 내용을 충분히 이해하고, 순간적으로 신속하게 빠짐없이 행동에 옮기는 것이 중요하다. 구급법은 대한적십자사에서 수시로 강습을 실시하므로 응급처치법과 심폐소생술 강습을 받아 놓는 것이 바람직하다.

2. 사고방지를 위한 안전대책

스포츠사고를 방지하고 안전한 행동을 하려면, 사고재해의 발생 원인을 분석하고, 이에 따른 안전 대책을 세울 필요가 있다. 여기에서 사고 재해의 원인을

① 스포츠 그 자체에 원인이 있는 경우, ② 참가자 자신에 원인이 있는 경우, ③ 환경에 원인이 있는 경우 등의 3가지로 나누어 안전대책을 강구하도록 한다.

1) 스포츠 그 자체에 원인이 있는 경우

스포츠 그 자체에 원인이 있는 경우에는 각 스포츠 특성에 따라 잠재해 있는 위험을 예측해서 그것을 극복하기 위한 방법을 고려하여 지도한다.

① 구기에서 많은 염좌, 골절, 찰과상의 예방을 위해서 관절의 가동범위를 증가시키는 준비운동을 충분히 실시한다.

네트형의 구기, 농구의 부상에서는 염좌, 축구, 럭비와 야구형을 구기의 부상을 골절이 가장 많고, 또 야구형의 부상에서는 타박・찰과상이 다른 스포츠에 비해서 많은 것은 앞에서 설명한 대로이고, 손・발・다리관절의 가동성을 증가시키는 준비운동을 증가시키는 준비운동을 충분히 실시한다.

② 축구, 럭비, 농구 등의 골형의 구기에서는 규칙을 준수해서 위험한 플레이를 하지 않도록 한다.

골형의 구기는 공격과 수비가 뒤섞여서 플레이를 함으로써, 특히 공을 가진 상대의 태클이 허용되어 있는 축구와 럭비에서는 규칙을 준수하여 플레이를 하는 것이 사고 방지에 대단히 중요하다. 또 농구와 핸드볼은 규칙상 신체접촉이 허용되지 않으므로 규칙을 지켜 상대와 충돌이 없도록 하는 것이 사고방지에 중요하다.

③ 수영에서는 익사를 방지하기 위하여 적어도 4~5분마다 점검하고, 인원을 확실히 파악한다.

물에 빠져 호흡이 정지한 후 1분 이내에 인공호흡을 실시한다면 98%가 소생하고, 3분은 75%, 4분은 50%, 5분 후 25% 소생하고, 6분 이상 경과했을 때에는 거의 소생의 가망이 없다. 그러므로 수영을 지도할 때에는 4~5분마다 반드시 인원 점검을 실시하여 참가자의 인원을 확실히 파악할 필요가 있다. 또한 물에 들어갈 때와 물에서 나올 때는 반드시 호명 점호를 실시하여 인원을 파악해야만 한다.

④ 기구운동(기계체조)의 구름판 등에서 착지와 낙법의 실패로 머리 부분과 척추의 손상을 입는 경우가 많다. 단계적인 연습에 의해서 신체지배능력을 높이도록 한다.

⑤ 등산에서는 기후의 급변에도 관계치 않고 등산계획을 강행하다가 조난을 당하는 경우가 많이 일어나고 있다. “산은 도망가지 않는다. 다시 한 번 도전하자!”라는 태도로 계획을 변경하든가 무리한 행동을 하지 않도록 한다.

2) 참가자 자신에게 원인이 있는 경우

참가자 자신에게 원인이 있는 경우에는 참가자의 건강・체력・기능의 정도, 심신의 상태를 사전에 잘 조절하고, 거기에 알맞은 프로그램을 주어서 단계적으로 활동하도록 한다.

① 사전에 참가자의 건강・체력상태를 잘 파악하도록 한다.

참가자의 병력 특히 심장질환・간질 등의 유무, 과거에 질병에 의한 운동의 경감 또는 금지의 유무, 각종 스포츠 경험의 정도를 파악해서 개인 카드를 작성한다. 또 스포츠 활동을 할 때, 특히 마라톤과 수영 같은 지구력 운동의 경우에는 질병 또는 이상 유무를 재확인함과 동시에 사전에 건강상태가 좋지 않은 사람은 활동의 경감, 활동참가의 중지 등 적절한 조치를 취하도록 한다.

② 개개인의 능력에 맞는 프로그램을 실시한다.

일본체육협회 스포츠과학 분과위원회의 보고를 보면 건강을 위하여 마라톤을 실시하다가 상해를 입은 사람들의 달리기 분석을 하여 본 결과「거리 15km, 시간 1시간 30분, 속도 4분/km」의 조건보다도 길게 빠르게 매일 달리기를 계속하면, 1~2년 후에 심각한 상해가 발생할 수 있다고 보고하고 있다. 또한, “마라톤은 심폐기능과 지구력을 향상시키고, 비만방지에도 좋아 중・고령층에서 많이 실시하고 있으나 건강을 위지하기 위해서는 지나치게 과도한 것은 금물이고, 거리는 15km이하, 시간은 1시간 30분 이내, 속도는 1km를 4분대 보다 늦게 달린다. 가능하면 다른 스포츠도 함께 실시하여 신체의 모든 부분이 골고루 사용하도록 하는 것이 좋다.“라고 한 바 있다.

③ 공포심을 떨쳐버리고 자신감을 갖도록 한다.

수영에서 물을 극단적으로 두려워하는 어린이, 뜀틀과 높이뛰기 등 물리적인 장애물에 극도로 공포심을 느끼는 어린이를 자주 볼 수 있다. 이러한 어린이에 대해서는 수영의 경우 세면기의 물에 얼굴을 담그거나 샤워를 한다거나 서서히 물에 적응시키도록 하며, 뜀틀과 높이뛰기의 경우에는 낮은 높이부터 차차 높이를 높여가면서 공포심을 없애고 자신감을 갖도록 한다.

④ 자신의 행위에 의한 사고재해는 착지불량, 밸런스를 잃을 때, 넘어질 경우에 많으며, 안전하게 넘어지는 방법을 지도하도록 한다.

⑤ 서로 돕고 주의하여 사고방지에 노력한다.

수영에서는 2인 1조로 편성하여 서로 상대방을 감시하고 연습을 돕는 것이 바람직하다.

⑥ 준비·정리운동을 철저히 하고, 보조·보강운동을 충분히 한다.

격렬한 운동을 준비운동 없이 바로 시작한다든가, 격렬한 운동을 한 후 바로 정지한다면 상해를 입기 쉽다. 준비운동을 충분히 한 후 격렬한 운동을 할 수 있도록 몸의 상태를 준비하도록 하여야 하며, 또 격렬한 운동을 한 후 정리운동에 의하여 몸의 상태를 원상태로 돌아가도록 하여야한다. 더욱이, 기능의 습득에 필요한 근력을 강화하기 위하여 보강 및 보조운동을 통하여 신체적 조건을 구비하도록 한다.

⑦ 방심과 부주의가 사고를 일으키기 쉬우므로 주의를 집중시켜 운동을 하도록 한다.

운동에 열중하든가 몰두하지 않으면 주의력이 떨러지던가 또는 권태롭게 되어 스포츠사고의 원인이 되는 경우가 많다. 부주의에 의한 경우를 분석해 보면 「의식의 고정」(일시적 집중상태), 「의식의 빈번한 우회」(주의산만), 「의식의 큰 우회」(근심·걱정), 「의식의 일시중단」(앉아서 조는 상태), 「의식의 저하」(피로), 「의식의 박약」(피로해서 잠이 오는 상태), 「의식의 고양」(이상한 흥분 상태)으로 분류할 수 있고, 단지 정신을 차린다는 것만이 아니고 부주의한 상태를 확인하는 것이 중요하다.

스포츠에 있어서 상대편에 대하여 폭력적 행위를 행하는 경우가 있고, ① 스포츠 본래의 취지에 따라 훈련의 목적으로 행하는 것(목적의 타당성), ② 스포츠의 룰에 따라, 또 상대의 체력과 기량에 따라서 사회적으로 상당히 인정된 수단방법일 것(수단방법의 상당성), ③ 상대방에 대하여 법익침해의 정도가 사회적으로 상당할 것(법익침해정도의 상당성), ④ 상대방에 의하여 유효한 승낙이 있으나, 전통적으로 행하여지는 행위는 사회적으로 허용되지 않는 폭력행위이므로 인권존중의 입장으로부터도 절대적으로 용납되어서는 안 된다.

3) 환경・복장에 원인이 있는 경우

① 시설 및 용구는 정기적 또는 사용 전에 안전점검을 실시할 것

운동장소와 용구의 안전점검・정비, 시설・용구의 사용규칙을 지키고 이해시켜 효율적으로 사용할 수 있도록 한다. 사용 전후에 반드시 참가자가 역할 분담해서 미리 만들어진 체크리스트에 따라 안전점검을 행하고, 안전을 확인한 후 사용 규칙에 따라 사용하고, 파손이 있을 경우에는 반드시 그 정도에 따라 사용정지의 조치를 취하고, 신속하게 수리 또는 보수를 한다.

② 임해학교의 수영구역 결정은 현지주민의 협력을 얻어 반드시 물에 들어가 사전조사를 할 것

임해학교의 하계행사로서 수영장을 선정할 때에는 반드시 현지의 경찰서나 관계기관의 협력을 얻어 사전조사를 실시하고, 매일 수영구역의 설정은 물속에 들어가서 조사를 한 후 결정한 후 기와 부이로 표시하고 동시에 감시원을 배치한다.

또 안전한 수영장은 당연히 실내 수영장이지만, 실내 수영장도 배수구의 철격자의 간격이 넓어 어린이의 발목이 빠져 익사, 환경정화장치의 전기설비에 의한 감전, 전염병으로 인한 결막염, 염소가스의 중독 등 각종 사고가 발생하므로 여기에 대한 배려를 잊지 않도록 한다.

③ 기상 악화와 사고방지에 노력할 것

봄부터 가을까지 기상 특보(주의보・경보 등) 발령시에는 실외 운동을 피하고

실내에서 하도록 한다. 또 야구배트와 같은 금속제품 용기구 등의 낙뢰에도 주의하도록 한다.

④ 운동에 어울리는 복장을 할 것

의복은 신체표면을 보호하고, 체온을 유지하고 외상을 방지하는 역할을 한다.

⑤ 많은 관중이 모이는 경기대회에서는 관중이 대한 안전관리를 배려할 것

특히 출입구에서 입장객의 안전과 경비를 할 필요가 있다.

3. 스포츠사고와 지도자의 책임

스포츠는 즐거운 활동인 동시에 많은 위험을 가지고 있다. 예를 들면, 등산・스키와 같이 자연 속에서 행하여지는 스포츠는 일기에 좌우되기 쉽고, 예측불가능한 위험을 포함하고 있으며, 럭비나 축구와 같이 신체접촉이 허용되어 있는 스포츠에서는 상처를 입기가 쉽다. 이러한 스포츠에서는 사고의 공포로 소극적으로 경기에 임하게 되어 그 스포츠가 갖고 있는 특징이 없어지기 쉽다. 이러한 스포츠에 참가하는 자는 경기 중에 예상되는 위험에 동의하고 있고 우연히 일어나는 사고에 대해서는 상호이해하게 되고, 경기 중에 선수 상호간에 발생한 사고가 규칙과 매너에 비추어봐서 사회적으로 허용되는 정도일 때는 가해자의 법률상 책임을 묻지 않는 것이 통례로 되어 있는데, 이것을 「위험동의의 법칙」이라 한다.

스포츠사고는 피해자 자신의 과실로 일어나는 경우도 있고, 그 스포츠 고유의 불가피성이 원인이 되어 일어나는 경우도 있다. 이러한 경우에는 누구에게도 책임을 묻을 수도 없음, 본인의 과실로 된다.

그러나 누군가의 고의 또는 과실로 사망, 폐질과 같은 중대한 사고가 일어나면, 사고의 원인이 되는 「누군가」가 책임을 져야 한다. 그러나 중대한 과실 또는 고의가 있어도 가벼운 상처 정도의 경미한 것이면, 통상의 경우 사죄하고, 앞으로 다시 그런 일이 일어나지 않도록 반성하면, 도의상 책임을 묻지 않게 된다.

이와 같이 도의상 책임으로 처리할 수 없을 중대한 사고가 지도자의 공의 또

는 중대한 과실이 원인이 되었을 경우에는 지도자의 법적 책임이 따르게 된다. 법적 책임에는 형사책임, 민사책임 및 행정상 책임의 세 가지가 있다.

1) 지도자의 형사책임

명확히 지도자의 중대한 과실이 원인이 되어서 사회적으로 큰 비난이 되는 중대한 사고를 예로 들면, 사망・폐질이 발생할 경우에는 형사상의 과실범으로 형사처벌의 대상이 되어 형사책임이 따르게 된다.

과실에 대하여 형사책임을 묻는 경우 중에 주의의무 불이행이 있는데, 주의의무는 내용적으로 「과실예견의무」와 「과실회피의무」 나누어 생각해 볼 수 있다. 「과실예견의무」라는 것은 어느 행위에 대해서 그와 같은 결과가 발생하리라는 것을 여러 측면으로 고려한 경우, 그와 같은 결과를 예견하여 위험을 방지하기 위한 주의의무로써 사고가 통상인의 주의력으로서는 도저히 예견할 수 없는 사정이 원인이 되어 발생한 경우에는 「불가항력」에 의한 것으로 책임을 면할 수 있다. 또, 「과실회피의무」라는 것은 지도자가 적절한 주의와 행동을 취하면 사고를 피할 수 있다고 생각되는 경우, 그와 같은 적절한 행동을 취하여 사고를 회피하는 주의의무로서, 그와 같은 의무를 취하지 않으므로 사고가 발생한 경우에는 「경과회피의무」를 태만히 한 책임이 따르는 것이다.

이와 같이 형사책임에서는 사고의 인과관계를 명확히 하여 장래의 사고 발생을 예방하는 것을 목표로 하고 있다. 따라서 지도자는 〈그림 9-2〉에 제시한 것과 같이 사고를 유발할 수 있는 다양한 요인들을 미리 파악하고 피해갈 방법을 모색해야하는 주의의무가 있다는 점을 명심해야 한다.

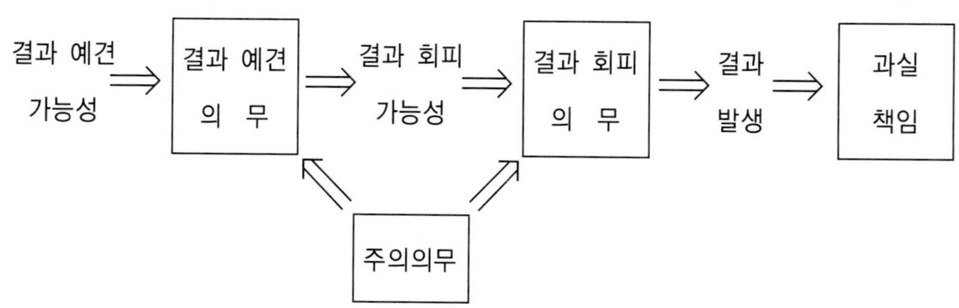

그림 9-2. 지도자의 주의 의무

2) 지도자의 민사책임

스포츠 사고의 결과로 입은 손실에 대해서는 민사상의 불법행위로서 배상책임을 지지 않을 수 없다. 최근 스포츠 사고에서 지도자의 과실로 인하여 민사상의 배상을 청구하는 송사가 많았다고 한다. 인권 존중의 입장으로부터 배상액도 상당히 높게 평가되므로 이 배상문제가 체육·스포츠관계자의 큰 관심사가 되고 있다.

사고의 원인의 「지도자의 고의 또는 과실」의 경우에는 지도자의 민사책임을 묻지만, 「불가항력」의 경우, 「피해자 자신의 부주의」, 「위험에 동의하고 참가」한 경우에는 지도의 고의 또는 과실이 아닌 경우 지도자의 민사책임을 물을 수 없다.

그러나 원인이 「시설·설비의 불비」의 경우에, 만약 지도자가 시설·설비의 관리자를 겸하고 있을 때에는 민사책임을 묻게 된다. 민사소송의 판결은 피해자와 함께 그 가족의 구제 입장으로부터 판단이 행해지므로, 지도자의 과실도 형사소송의 경우보다도 넓은 범위로 이루어진다.

만약, 사고에 대한 충분한 보상이 되면, 당사자 간에 서로 합의하여, 원만히 해결함으로써 민사소송에서 무리하게 지도자의 과실을 확립할 필요는 없을 것이다.

3) 지도자의 행정상 책임

국가 또는 지방공공단체의 공무원으로 있는 지도자가 중대한 과실에 의한 사고의 경우, 국가 또는 지방공공단체가 책임을 지고, 공무원인 지도자는 상황에 따라 형사사건으로 기소되거나 행정상의 책임을 지게 된다.

4. 스포츠 지도자의 지도·감독의 과실

스포츠 사고에서 지도·감독의 과실에 적용되는 법조항은 불법행위에 의한 책임과 무능력자의 감독자 책임 그리고 피용자의 선임 및 사무, 감독의 과실을 들 수 있다.

불법행위에 의한 책임은 작위이든 부작위이든 이를 묻지 않는다. 작위에 의한 불법행위란 행위자의 적극적인 행위가 원인이 되어 권리 침해가 발생하는 것이고 부작위에 의한 불법행위는 일정한 행위를 하지 않은 것이 원인이 되어 권리침해의 사실이 생긴 것으로서 부작위를 위한 불법행위의 성립을 위해서는 작위의무가 전제된다.

스포츠사고가 지도자의 부원, 부원간에 또는 부원과실에 의한 사고라고 하더라도 그 사건에 의한 손해발생에 지도자의 스포츠 활동상 고의나 과실에 의한 원인이 되면 지도자는 책임 무능력자의 감독자의 책임 즉 대리감독자의 책임에 의거 손해배상 책임이 있다.

피용자의 선임 및 사무, 감독의 과실 즉 사용자의 책임은 전술한 것처럼 어떤 사업을 위하여 타인을 사용하는 자의 책임으로서 사용자와 피용자의 관계가 성립되어야 한다. 사립학교 교원은 물론 사설수영장의 강사처럼 상업 스포츠시설에서의 지도자와 같이 고용계약에 있는 경우는 당연히 성립되며 각 경기협회의 순회코치와 비영리적 스포츠클럽의 지도자와 같이 지도관계가 있으면 사용관계가 인정된다.

스포츠 지도자가 체육 또는 스포츠 활동 중 피교육자 보호, 감독의무를 부주의로 인한 태만에 의해 스포츠사고가 발생하였을 때는 국·공립학교인 경우에는 국가 또는 지방자치단체가 국가배상법에 의하여 책임을 져야 한다. 그러나 교사의 명백한 고의·과실의 경우에는 국가 또는 지방자치단체가 배상한 후에 구상권을 행사할 수 있다.

사립학교에서는 설립, 경영자인 학교법인이 그리고 스포츠시설 설립자, 경영자인 협회나 그 법인이 지도자에 대하여 사용자로서 손해배상 책임을 지게 된다.

이는 체육 또는 스포츠사고 자체가 교육활동에 관련되어 피교육자에게 피해를 입힌 것이므로 사용자책임의 요건에 해당된다. 단, 사립학교의 설립, 경영자인 경우는 당해 지도자에게 구상권을 행사할 수 있다.

5. 지도자의 준수 사항

어떠한 안전대책을 충분히 세워도 절대적으로 사고가 발생하지 않는다는 것은 스포츠 활동에서는 있을 수 없는 동서양을 막론하고 최근의 법정은 체육지도자들에게 점점 더 많은 것들을 요구 하고 있고, 일반대중들은 스포츠 지도자들이 법정에서 요구하는 그러한 기준에 부합하여 행동할 것을 기대하고 있다. 따라서 스포츠 활동과 연관된 소송이 과거에 비해 현저히 증가하였다.

이처럼 현저한 법적 소송의 증가에, 특별히 사소하거나 보잘 것 없는 사태로 인하여 소송에 직면하는 경우 스포츠 지도자들은 자신들이 처한 입장에 탄식을 할 수도 있지만, 일부 지도자들은 소송을 당해도 마땅한 해결방법이 없는 경우가 많다. 예를 들면 한 스포츠 지도자는 미식축구 구장에 선을 표시하기 위하여 화학적으로 활성화된 생석회를 사용하였고 그 결과 한 피교육자의 시력을 잃게 하였다. 또 다른 경우로, 어떤 스포츠 지도자는 선수들이 한 명씩 가슴에 물주전자를 올려놓고 전기선 위에 눕는 정규시즌 시작 의식을 허용하였다. 그 결과 선수 한 명이 감전되는 사고가 발생하였다.

물론 스포츠 지도자가 전술한 경우와 같이 명백하고도 우매한 과실을 범할 가능성이 오늘날에는 현저히 감소하였다고 할 수 있겠으나, 그렇더라도 스포츠 지도자는 사법 체계가 지도자에게 요구하는 바가 무엇인가에 대해 반드시 알고 행동하여야 할 것으로 생각된다.

전술한 과실의 구성요건 중에서 책임성, 즉 스포츠 지도자가 스포츠 활동 참가자에게 법률적인 책임이 있을 경우에만 과실이 형성될 수 있다고 지적한 바 있다.

스포츠 지도자에게 일정한 책임이 있을 경우, 사법체계는 지도자가 합리적이고 적법하게 행동하도록 하기 위하여 7가지 주요 행동의무를 준수할 것을 기대하고 있으며, 그 주요 내용을 송기성(1998)은 아래와 같이 정리하고 있다.

1) 합리적인 지도관리

스포츠 지도자는 스포츠 활동 참가자들을 합리적으로 지도관리해야 한다. 지도관리(supervision)란 일단의 사람들이 어떤 행위를 수행할 때에 그 사람들에 대하여 특정인에게 책임이 있음을 의미한다. 스포츠 지도자에게 있어서 그것은 연습과 경기 중에 그리고 그 전후에 걸쳐서 보조 코치들과 참여자들에 대하여 책임이 있음을 의미한다. 또한 지도관리는 스포츠 지도자가 지도관리하는 팀의 선수들에 대하여도 책임이 있음을 의미한다.

지도관리에는 2가지 서로 다르지만 명백히 연관된 유형으로 일반적 지도관리와 구체적 지도관리가 있다. 일반적 지도관리란, 스포츠 지도자가 경기나 게임과 연관된 모든 행위와 활동장소를 지도관리하여야 할 의무를 의미하고, 구체적 지도관리는 경기나 연습, 혹은 특정 스포츠 활동 그 자체를 지도관리하여야 함을 의미한다. 스포츠 지도자에게는 이들 2가지 유형 중에서 경기나 연습 장면에서의 구체적 지도관리 행위가 보다 중요한 것으로 평가되고 있지만, 합리적인 지도관리를 위한 준수사항을 9가지로 정리할 수 있다.

① 일반적인 지도관리만이 요구되는 상황일 때, 스포츠 지도자나 보조자들은 계획을 수립하고 특정지역에서 행해지는 모든 스포츠 활동을 보고 들을 수 있는 장소에 위치하여 자리를 고수하여야 한다.

② 특정한 스포츠 활동이 지도자가 지도하는 선수들이나 참가자들에게 잠재적인 위험성이 내포되어 있다면 언제라도 구체적인 지도관리를 하여야 한다. 밀접하고 상세한 지도관리는 또한 새로운 스포츠 활동을 수행하고자 할 경우와 여러 가지 여건과 상황이 특정 스포츠 활동을 위태롭게 할 경우에도 요구된다. 즉, 스포츠 활동이 보다 위험할수록 보다 밀접하고 구체적인 지도관리가 요구된다는 것이다.

③ 스포츠 지도자는 연습장이나 경기장에 항상 위치하여야 한다. 부득이할 경우, 충분히 감당할 능력이 있는 보조자나 다른 사람을 대신 배치하도록 적절한 조치를 취하여야 한다.

④ 안전한 교육과 지도에 관한 최종적인 책임은 스포츠 지도자에게 있으므로 스포츠 지도자는 보조자들을 활용할 경우 그들이 특정 스포츠에 대한 기술과 안전 측면에서 충분한 능력을 발휘하도록 하고 특정 스포츠의 지도 및 교육과 연관된 법률적 의무와 책임을 충분히 인식할 수 있도록 하여야 한다.

⑤ 스포츠 지도자는 연습이나 경기를 하고 있는 스포츠 활동을 원활히 수행

하는데 필요한 적절한 수의 보조 지도관리자들을 확보하여만 하고, 그들이 연습이나 경기 중에는 언제나 적절한 자리에 있도록 하여야 한다.

⑥ 스포츠 지도자는 스포츠 활동을 자세한 기술과 테크닉으로 세분하고 이러한 세분이 지도관리에 미치는 영향에 대해서 완전히 이해하여야만 한다. 특정 스포츠 활동의 경우, 상대적으로 위험할 수 있는 바, 스포츠 지도자는 이처럼 보다 위험한 부분들에 대해서는 보다 밀접하고 구체적인 지도관리를 하여야 한다.

⑦ 특정 스포츠 활동에서는 지나치게 가깝거나 너무 멀리 위치하지도 말아야 한다. 어떤 스포츠 활동은 스포츠 지도자가 단순히 주시함으로써 지도관리할 수 있고, 또 어떤 스포츠 활동은 스포츠 지도자의 직접적이고 구체적인 지도 관리를 요할 수 있음을 기억하여야 한다.

⑧ 스포츠 지도자는 특정 스포츠 활동 중에 상해를 유발 할 수 있는 상황을 감지하고 적절한 예방조치를 취할 수 있도록 자기만의 대응 감각을 개발하여야 한다.

⑨ 모든 스포츠 활동 참가자들이 이해할 수 있는 분명한 중지 신호를 개발하여 참가자들이 중지 신호를 들었을 때 즉각적으로 스포츠 활동을 멈출 수 있도록 하여야 한다.

지도관리는 포괄적이고 광범위한 의미를 지닌 용어이며, 서로 다른 많은 의무와 책임을 수반한다. 지도관리는 스포츠 지도자가 특정 스포츠 활동을 밀접하게 관찰지도하는 것만을 의미하며, 나아가 지도자로서의 각종 법률적인 책임과 의무를 성실히 수행하여야 함을 의미한다.

2) 체계적인 계획

스포츠 지도자가 스포츠 활동 참가자에게 가지는 두 번째 의무는 체계적인 계획을 수립하는 일이다. 스포츠 지도자는 스포츠 활동 참가자들이 그들의 기술 수준을 넘어서는 테크닉이나 경기 참가 등으로 과도하게 나아가지 않도록 기술지도와 연습 그리고 훈련 계획을 수립하여야 한다. 즉, 스포츠 지도자의 주요 임무가 스포츠 활동 참가자들의 능력을 향상 발전시키는 것이지만, 이러한 과도한 요구가 강요되어서는 안된다는 사실도 명심하여야 한다.

스포츠 지도자가 스포츠 활동을 지도할 때 체계적인 계획은 다른 무엇보다도 선행되어야 한다. 과거와 같이 볼을 내던져주고 진행 과정을 단순히 지켜보는 지도형태는 적절하지 않다. 스포츠 지도자의 계획은 합리적이고, 참가자의 여건을 충분히 고려하고, 과거의 경험에 의존하며, 나아가 스포츠 활동 참가자들의 수준에 근거하여야만 한다.

이러한 체계적인 계획수립을 위하여 유념해야 할 내용은 아래와 같이 정리할 수 있다.

① 사전에 결정된 계획을 변경할 때, 특별히 충동적인 결정을 내려야 할 경우에는 상당한 주의가 요구된다.

② 계획은 충분히 고려하여 문서화하고 보관하여야 한다.

③ 계획은 언제나 스포츠 활동 참가자나 피교육자의 수행 능력을 고려하여 작성하여야 한다.

④ 한 시즌이 종료되는 시점에서 계획을 준비 작성하고 차기 시즌의 시작은 치밀한 계획에 의하여 이루어져야 한다.

⑤ 계획을 작성하는데 있어 특정 스포츠 활동의 위험에 대하여는 반복적 인 설명이 이루어지도록 하여야 한다.

⑥ 지도하는 특정 스포츠 활동의 모든 측면을 완전히 이해하고 계획안에 기술을 비롯한 전반적인 능력의 향상과 발전에 관한 내용도 포함시켜야 한다.

⑦ 특정 스포츠 활동의 기술과 하위기술들을 지도할 때 적절한 향상 과정과 진행과정을 제시하여야 한다. 그렇게 하여 스포츠 활동 참가자나 피교육자가 다음 단계로 나아가기 전에 충분한 준비가 되었는지를 확인하여야 한다.

계획이 최상의 효과를 발휘하기 위해서는 그 계획을 실천에 옮길 수 있는 능력을 스포츠 지도자가 겸비하고 있어야 한다. 체계적인 계획의 수립이 스포츠 지도자가 과실을 범하지 않을 것임을 보장해 주지는 않지만, 적어도 스포츠 지도자가 해당스포츠의 장에서 예견력과 책임감을 갖고 있음을 보여주는 실증적인 증거가 된다. 법정 판결에서 막연한 정황보다는 자료에 근거한 명백한 증거 제시를 선호하는 속성이 두드러지고 있음을 고려할 때 그 어느 때 보다도 체육 지도자의 체계적이고 주의깊은 계획이 절실히 요망된다.

3) 스포츠 활동의 위험성 경고

스포츠 지도자는 스포츠 활동 참여자들에게 스포츠 활동에 본질적으로 내재하는 위험에 대해서 그리고 부적절하고 의문점이 있는 기술을 이용했을 때의 위험성에 대해서 경고하여야만 한다.

이러한 위험에 대하여 스포츠 지도자가 준수하여야 할 내용은 8가지로 정리할 수 있다.

① 스포츠 활동 참가자에게 특정 스포츠의 본질적인 위험에 대해서 그리고 그들이 부적절하고 위험한 기술을 활용할 경우 직면하게 될 위험에 대해서 경고하여야 한다. 이때 스포츠 지도자의 경고는 그들이 특정 스포츠의 위험에 대해서 알고 이해하고 평가하는데 기여할 수 있어야 한다.

② 스포츠 지도자는 경고를 문서화하고 스포츠 활동 참가자들이 그것을 주의깊게 읽고 서명하도록 하여야 한다. 참가자들이 서명한 문서의 사본을 보관 하고 필요한 경우 참가자들에게도 사본을 배부하여 자주 접하고 볼 수 있는 위치에 부착하도록 지도하여야 한다.

③ 경고 사항을 알려준 후 질문을 받고 질문들에 대해서 정확하고도 철저한 그리고 편견이 없는 해답을 제시하여야 한다.

④ 참가자들에게 특정 스포츠 활동의 위험에 대해서 정기적으로 상기시켜 주어야 한다.

⑤ 스포츠 지도자의 경고는 분명하고 이해될 수 있는 형태로 제공되어야 한다. 가능하다면 문서화된 경고는 참가자들이 이해할 수 있는 언어로 작성되어야 한다.

⑥ 스포츠 지도자는 특정 스포츠에 내재하는 위험이 기술이나 장비의 변화로 인하여 변화될 수 있다는 사실을 유념하여야 한다.

⑦ 직무유기나 과실이라는 문제에 대한 하나의 방어 수단으로서 참가자의 권리포기증서나 책임포기증서 등에 지나치게 의존하는 것을 경계하여야 한다.

⑧ 필요한 경우 지도자가 운영하는 프로그램 참가자들의 동의서를 확보하여야 한다.

과실로 인한 소송에 직면하게 될 경우 위험에 대한 가정은 중요한 방어 수단

중의 하나가 될 수 있으므로, 스포츠 지도자는 참가자들이 위험에 대해서 사전에 이미 알고 이해하고 평가하고 있었으며, 과실을 초래한 일련의 사태는 특정의 스포츠 활동이 본질적으로 내재하고 있는 위험에서 비롯되었다는 점을 증명하기 위하여 최선을 다하여야만 한다.

4) 안전한 스포츠 활동 환경조성

스포츠 지도자의 네 번째 의무는 스포츠 활동 참가자들에게 연습과 경기를 위한 안전한 환경을 제공하는 것이다. 안전한 환경이란 경기장과 체육관만으로 한정되지 않고 장비를 적절히 활용하는 것까지도 포함한다.

스포츠 활동과 연관된 많은 소송들은 상당부분 안전하지 않은 장소와 안전하지 못한 장비에 관한 진술을 포함하고 있는 바, 스포츠 활동이 다양한 장소에서 행해지고 다양한 장비를 활용한다는 사실을 고려할 때 이러한 현상은 어쩌면 당연한 것인지도 모른다. 따라서 스포츠 지도자는 경기 장소와 시설, 그리고 장비를 정기적으로 철저하게 조사하여 적절한 조건을 갖춘 훌륭한 장비와 가능한 한 안전한 시설을 제공하여야 할 의무가 있다. 스포츠 지도자가 이러한 의무를 충실히 수행해야 할 일을 16가지로 정리할 수 있다.

① 스포츠 지도자는 관련 시설의 위험한 조건을 직시하고 보수 교정할 의무가 있다. 이 의무는 스포츠 지도자라면 누구라도 합리적이고 현명하게 지도관리해야 함을 의미한다.

② 스포츠 활동 관련 시설은 적어도 시즌이나 지도의 단원이 시작되고 마무리될 때 정기적으로 철저하게 조사되어야 한다.

③ 가능한 한 위험한 조건이나 상태는 교정을 하고, 교정할 수 없을 경우 교정 불가능한 위험으로부터 참가자들을 보호할 수 있는 장비를 제공하고, 상위 지도관리자에게 위험한 상태나 조건을 보수 교정하기 위한 제안을 문서를 이용하여 공식적으로 보고해야 한다.

④ 특정 스포츠 활동을 위한 시설과 장비가 일정한 기준에 적합하도록 준비해야 한다.

⑤ 일정한 장소나 지역을 활용함에 있어서 세심하고 정확한 규칙을 마련 제

공하고 또한 그 규칙 안에 비상 상황에 대비한 규정도 포함시키도록 하여야 한다.

⑥ 만약 장비의 일부분이 활용되지 않으면 분명하게 별도로 분리 보관하여야 한다. 특별히 위험성이 있는 장비의 일부분일 경우 활용되지 않을 때는 접근 자체가 차단되는 곳에 보관하여야 한다.

⑦ 시설이나 장비가 보다 위험하게 작용할 수 있는 스포츠만의 특수한 상황이나 조건을 정확하게 인식하고 있어야 한다.

⑧ 특정 스포츠 활동 프로그램 중에 모든 관계자들이 함께 참여할 수 있는 예방적 차원의 시설과 장비 유지 및 보관, 그리고 공동의 책임의식과 같은 개념을 개발하고 시행하여야 한다.

⑨ 가능한 한 공인된 회사로부터 최상의 시설과 장비를 구입하여야 한다.

⑩ 스포츠 지도자는 특정 스포츠에서 활용되는 장비의 변화에 대해서 알고 있어야 한다. 특별히 상해 발생률이 높은 해당 스포츠 관련 장비 부품에 대해서는 각별한 주의를 기울여야 한다.

⑪ 시설과 장비를 설치하고 교정 보수하는 등의 업무는 해당 분야에서 충분한 훈련을 받은 사람만이 할 수 있도록 하여야 한다.

⑫ 스포츠 활동 참가자들에게 장비의 활용시에 필요한 경고 사항들을 알리고, 그들이 경고 내용을 알고 평가할 수 있도록 거듭 확인하여야 한다.

⑬ 시설과 장비를 정기적으로 철저하게 조사하여야 한다. 보다 위험한 장비일수록 그리고 보다 많은 보호기능을 수행하는 장비일수록 보다 규칙적으로 철저하게 조사 관리하여야 한다.

⑭ 스포츠 활동 참가자들에게 기술의 적절한 지도와 더불어 장비의 적절한 활용법에 대해서도 지도하여야 한다.

⑮ 스포츠 활동 참가자들에게 장비의 일부분이 결코 수행할 수 없는 기능을 할 수 있다고 거짓 지도하지 말아야 한다.

⑯ 특정 스포츠 장비 생산업체와 업자들은 스포츠 지도자보다 법정의 요구와 조건을 더 잘 수용하고 적절하게 대처하기 때문에 소송시 스포츠 지도자의 행위가 법률적인 측면에서 보다 상세하게 조사되는 경향이 있음을 유념해야 한다.

5) 스포츠 활동 참가자의 상해 평가

스포츠 지도자는 스포츠 활동 참가자의 상해를 평가하여 그러한 상해로 야기된 참여 제한의 정도를 결정하여야 한다. 스포츠 지도자로서 스포츠 활동 전에 참가자들에 대한 완벽한 조사를 하여야할 책임은 없지만, 적어도 신체적으로 안전하게 스포츠 활동을 수행할 준비가 되어 있는지를 확인할 의무가 있다. 이를 위해서는 가족과 팀 의사, 운동 트레이너, 간호사, 그리고 스포츠 지도자 자신의 판단 등을 종합적으로 검토하여야 한다. 이때 특히 주의해야 할 것은 참가자들의 정신적인 상태까지도 확인·평가·반영하여야 한다는 사실이며, 스포츠 활동 참가자가 아동일 경우 아동학대의 가능성까지도 고려하여야만 한다.

이러한 스포츠 활동 참가자의 상해 평가는 6가지로 정리할 수 있다.

① 상해를 입은 특정인을 스포츠 활동에 참여하게 할 것인지 여부를 결정할 때는 부모를 포함한 가족과 팀 의사, 운동 트레이너, 간호사, 스포츠 지도자 자신의 판단을 종합적으로 활용한다.

② 모든 스포츠 활동 참가자들에게는 매년 병원에서 철저한 신체검사를 받도록 한다.

③ 스포츠 활동 참가자의 심리 상태를 고려하여, 절대로 강제적으로 참여하는 일이 없도록 하여야 한다.

④ 특정인이 상해를 당한 후에 다시 스포츠 활동 장면으로 돌아가고자 할 때 각별히 주의를 기울여 결정하여야 한다.

⑤ 상해는 역동적인 것이므로 스포츠 활동 참가자들의 상투적인 행위를 제한해야 한다.

⑥ 모든 스포츠 활동 참가자들의 각종 병력을 기록·유지·보관하고 적합한 스포츠 활동이나 활동 강도 등을 선정할 때 활용하도록 한다.

6) 대등한 경쟁상대의 배치

스포츠 지도자는 스포츠 활동의 연습이나 경기 중에 참가자의 능력이 대등한 경쟁상대를 배치하여야 한다. 적절한 경쟁상대를 배치하지 못하게 되면, 스포츠 지도자는 자칫 과실의 문제에 직면할 수 있다. 특히, 신체적 접촉이 많은 스포츠 활동일수록 스포츠 지도자는 스포츠 활동 참가자들이 적절한 상대와 연습이나 경기를 벌일 수 있도록 배려하여야 한다. 이때에 스포츠 지도자가 각별히 유의할 사항은 7가지로 정리할 수 있다.

① 지도자는 단지 편리성을 이유로 스포츠 활동 참가자들을 배치하지 말아야 한다.

② 스포츠 활동 참가자들을 기술 수준에 따라 걱정 위치에 배치하여야 한다.

③ 가능한 한 유사한 경험과 능력의 보유자들이 경쟁할 수 있도록 배치하여야 한다.

④ 일시적으로나마 경쟁의 공평성을 해칠 수 있는 상해나 능력상실 상태를 주목하여야 한다.

⑤ 연령과 신장, 체중, 성숙도 등이 참가자들을 배치할 때 종합적으로 고려할 요인이다.

⑥ 어떠한 연습이나 경기도 강제적으로 실시하지 말아야 한다.

⑦ 참가자들의 조건들이 동등할 경우 성별에 근거하여 차별하지 말아야 한다.

7) 비상시 응급처치 절차 마련

스포츠 지도자는 스포츠 활동 참가자가 상해를 입었을 때 적절한 응급처치를 제공하고 즉각적으로 실행에 옮길 수 있는 응급의료절차를 확립하고 있어야 한다. 이처럼 의학적 도움을 제공하여야 한다는 것은, 스포츠 지도자가 의사나 응급구조대 수준의 훈련과 기술을 유지하여야 한다는 의미는 아니지만, 기본적인 응급처치기술과 보다 훈련된 의료인력의 도움을 최대한 빨리 받을 수 있는 조직적인 체계를 갖출 것을 요구한다. 상해가 발생하였을 때, 스포츠 지도자가 아무런 역할을 못하고, 잘못된 행동을 취하거나, 올바른 절차를 따랐지만 정확하게 일련의 행위를 수행하지 못하거나, 혹은 한계를 넘어서 과잉으로 의료행위까지 이행하게 되면 스포츠 지도자는 과실 책임이라는 문제에 직면할 가능성이 높다.

이러한 문제를 예방하기 위한 10가지 주의사항은 아래와 같이 요약된다.

① 스포츠 지도자는 응급처치자로서 참가자를 상해로부터 보호하고 생명을 유지하도록 하여야 하고, 상해를 당한 참가자를 안정시켜야 하며, 응급의료절차를 즉각 가동시키는 것과 같은 4가지 기본적인 임무를 수행하여야 한다.

② 스포츠 지도자 자신의 응급처치에 관한 지식과 기술에 자신감을 가져야 한다.

③ 선한 사마리아인(Samaria, 고대 헤브루인의 왕국) 법의 정신을 항상 인식하고 있어야 한다.

④ 응급처치함을 구비하고 그것의 위치와 내용물, 사용법 등에 대하여 정확하게 숙지하여야 한다.

⑤ 응급치료를 제공할 수 있는 일련의 프로그램을 마련하고 이 프로그램에서는 스포츠 활동 참가자들이 필요한 경우 즉각 도움을 받을 수 있도록 상호간 의사소통이 강조되어야 한다.

⑥ 상해를 입은 참가자를 이송할 때에는 각별히 유의하여야 하며, 부득이할 경우 스포츠 지도자 자신의 차량을 이용하여야 한다.

⑦ 의사와 운동 트레이너, 간호사, 행정가, 부모, 기타 이해집단 등의 조언을 얻어 비상시의 응급치료절차에 관한 프로그램을 개발하여야 한다.

⑧ 상해가 발생하면 상해의 원인을 조사하고 상해를 유발하였거나 악화시킬 수 있는 원인이나 조건을 수정하기 위한 절차를 밟아야 한다.

⑨ 모든 심각한 상해에 대해서는 객관적인 보고서를 작성 유지하고 필요한 경우 그 보고서를 수년간 보관하여야 한다.

⑩ 상해를 입은 참가자나 부모의 동의 없이 상해의 특성이나 치료 유형 이외의 의료정보를 타인들에게 공개하지 말아야 한다.

6. 사고 보상 대책

어떠한 안전대책을 충분히 세워도 절대적으로 사고가 발생하지 않는다는 것은 스포츠 활동에서는 있을 수 없는 일이다. 따라서, 사고안전대책 외에 사고가 발생한 경우의 사후대비책으로 응급조치와 보상대책을 강구하여 둘 필요가 있다. 특히, 후자의 보상대책으로서는 비교적 가벼운 부담으로 보험에 가입하는 것을 고려해 볼 필요가 있다. 보험 중에서도 스포츠에 의한 상해와 물적 손해의 사실에 대해서 책임의 유무에 관계없이 배상하여주는 보험이 좋을 것이다.

1) 스포츠 상해보험이란

스포츠 활동 중에 일어날 수 있는 상해위험 및 배상책임을 주요 담보내용으로 하는 스포츠 단체에 특화된 상품이라고 할 수 있다.

2) 보험가입 대상

- 생활체육단체
- 학교경기단체
- 실업연맹 소속 경기단체
- 각 경기연맹단체
- 각 프로 경기연맹단체

3) 보험상품의 특징

- 보험가입이 용이함
- 기존상품보다 광범위한 담보(위로금보상)

4) 담보 내용

(1) 보통약관

연습 및 운동경기를 하기 위해 교통승용구에 탑승 중을 포함한 피보험자가 단체의 관리하에 행하는 운동경기중에 급격하고도 우려한 외래의 사고로 신체에 상해를 입었을 때 그 상해로 생긴 손해를 보상한다. 단체관리라 함은 ① 단체관리하에 참여하거나 진행하는 정규경기 또는 연습경기 중(훈련활동을 포함), ② 위 ①의 활동시작 전 또는 종료 후에 단체 활동장소에 있는 중, ③ 위 ①의 활동을 위하여 단체가 지정된 장소와 비보험자 주소지와의 통상적인 경로의 왕복 중을 의미한다.

① 피보험자의 범위

피보험자는 단체의 소속원으로 해당 경기연맹, 협회 또는 기타 관련경기단체에 등록된 자를 대상으로 한다.

② 보상하지 않는 경우

- 보험계약자나 피보험자의 고의
- 보험수익자의 고의
- 피보험자의 자해, 자살, 자살미수, 범죄행위 또는 폭력행위
- 피보험자의 무면허 운전 또는 음주운전
- 피보험자의 뇌질환, 질병 또는 심신질환
- 피보험자의 의수, 의족, 의치 및 이와 유사한 신체보조장구에 의해 입은 손해
- 피보험자의 형의 집행
- 지진, 분화, 해일 또는 이와 비슷한 천재지변
- 전쟁, 외국의 무력행사, 혁명, 내란, 사변, 폭동, 소요 등

③ 별도의 보험료를 받는 조건으로 담보하는 손해

- 전문등반(전문적인 등산용구를 사용하여 암벽·빙벽을 오르거나 특수한 기술과 경험을 필요로 하는 등반), 글라이더조종, 스카이다이빙, 스쿠버다이빙, 행글라이딩, 또는 이와 유사한 위험한 운동
- 모터보트, 자동차 또는 오토바이에 의한 경기, 시범 또는 시운전(단, 공용도로상에서 시운전을 하는 동안 발생한 상해는 보상)
- 피보험자가 항로(정기편이나 부정기편을 불문하고)의 항공기의 아닌 다른 항공기를 조종하는 동안

제 10 장

사회체육 안전관리

1. 사회체육 안전관리의 개념
2. 사회체육 안전수칙
3. 사회체육 안전관리 계획

1. 사회체육 안전관리의 개념

사회체육 현장에는 프로그램 진행중에 안전사고가 발생할 가능성이 곳곳에 존재한다. 순간적인 부주의로 인해 발생되는 안전사고는 프로그램 영역을 축소시키며 지도자와 참가자 모두에게 즐거움과 만족보다는 불안감을 초래하여 프로그램 참가를 위축시키는 결과를 가져올 뿐만 아니라 자칫 평생을 장애 속에서 생활하게 하는 불행을 초래하게 된다. 따라서 다양한 연령층을 대상으로 이루어지는 사회체육 현장에서 참가자의 보호와 안전을 위해서 지도자는 이러한 특성을 고려하여 안전관리 계획을 수립하고 실행하여야 한다.

사회체육에서의 안전관리 문제는 프로그램 지도를 주관하는 단체의 총관리자와 프로그램을 실제로 진행하는 지도자의 입장으로 나누어 총관리자는 모든 사회체육 프로그램과 관련하여 발생할 수 있는 각종 위험에 대한 대책 즉 특정 프로그램에 적합한 안전사고 보험의 종류나 보험금 등을 총 관리자가 결정하고 반면 지도자는 보다 세심한 부분까지 관심을 기울여 자신이 지도하는 구체적인 활동이나 프로그램 내에서 야기될 수 있는 안전문제에 대해 계획하여야 한다.

사고나 부상은 예측할 수 없는 상황에서 불시에 발생되기 때문에 지도자는 시간과 공간에 관계없이 항상 사고의 발생 가능성에 대비하여야 하며 통찰력있는 판단으로 안전계획을 수립해 두어야 한다.

또한 지도자의 지도력을 통하여 가능한 한 사고를 줄이고 사고가 발생하였을 경우 그 범위를 최소한으로 줄이는 것이 윤리적이고 도덕적인 안전관리라고 할 수 있다. 그리고 안전관리는 사고를 방지하고 줄임으로써 사고발생에 의한 법적 소송과 재정적인 손실을 막을 수 있다는 점에서 중요하다. 따라서 참가자가 신체적·정신적으로 사고를 당하지 않도록 지도자는 자신의 안전관리 능력을 향상시키고 참가자에 대한 효과적인 안전교육 프로그램 개발에 적극 노력하여야 한다.

2. 사회체육 안전수칙

사회체육 프로그램 지도자는 잠재적 사고나 부상에 대한 예방대책의 하나로서 프로그램별로 안전수칙을 수립하고 있어야 한다. 안전수칙은 프로그램의 특성에 따라 단기 혹은 장기적으로 수립할 수 있다. 그리고 자신의 실력을 향상시키기 위해 특정 프로그램별로 참여하여 경험을 쌓은 후 유능한 전문가로 자신을 재무장시켜야 한다. 또한 지도자의 책임을 완수하는 과정에 있어 사고에 대한 법적인 근거 자료를 제공하려면 안전수칙을 문서로 작성하여 설득력있고 신중한 전문적 조치를 취해야 한다. 만약 참가자가 사고에 대한 이의를 제기할 때 사전에 안전수칙이 제시되어 있지 않으면 안전관리에 있어 지도태만의 근거가 되는 것이다.

안전수칙은 〈표 10-1〉과 같이 크게 활동의 감독, 활동지휘, 환경조건 등으로 나누어서 살펴볼 수 있다.

표 10-1. 안전 수칙의 세부 내용

구 분	세부 내용
활동의 감독	- 일반적인 감독 ·감독계획과 지도자 수 및 위치 ·위험 상황에 대한 인식 ·응급처치에 대한 지식 - 전문적인 감독 ·참가자 특성에 대한 고려 ·참가자의 사고예방 교육과 훈련 ·상황변경의 융통성
활동의 지휘	- 효율적인 지도와 진행 - 참가자의 이해 ·연령과 신체조건 ·기술과 성숙도 ·특별한 조건(정신적, 신체적 등)에 대한 고려 - 위험에 대한 사전 경고와 보호장비의 사용법
환경조건	- 장비점검 - 환경조건 점검 ·인위적인 구조(설비, 장소상태) ·자연발생적인 위험요소에 대한 점검 ·설계구조와 디자인 점검

1) 활동의 감독

사회체육 지도자의 프로그램 지도활동에 대한 감독은 일반적인 방법과 전문적인 방법으로 구분할 수 있다. 일반적인 감독 방법은 다음 세 가지를 고려하여야 한다.

첫째, 지도자는 지도활동의 감독시 우선적으로 적절한 보조지도자 및 그들의 위치와 장소를 파악할 수 있는 계획을 수립해야 한다. 예를 들어 하이킹여행 프로그램에서는 참가자 8명당 1명의 지도자와 비상시를 위한 또 1명의 보조 지도자를 선정해 두어야 한다. 또한 바다에서 청소년 수영캠프 프로그램을 운영할 때는 25명당 수상안전요원 및 유경험 지도자 3명을 한 팀으로 구성하여 참가자와 지도자 비율이 10:1이 되도록 편성해야 한다. 그리고 지도자는 각 보조지도자가 어느 곳에 위치해 있는지 정확하게 파악하고 있어야 한다.

둘째, 모든 지도자는 안전수칙을 점검하여 위험 요소를 사전에 파악하고 있어야 하며 사고 발생 가능성을 진단하고 정확히 보고할 수 있어야 한다. 폭풍우, 강풍, 피로, 위험한 연습, 그리고 참가자의 수준을 넘는 고난도의 활동 등에 직면할 때마다 지도자나 보조 지도자는 위험 요소를 미리 인식하여 대비하여야 한다.

셋째, 지도자는 자신이 맡고 있는 프로그램에서 발생가능한 사고에 대하여 응급처치를 할 수 있어야 한다. 보다 전문적인 지도자가 되기 위해서는 지도하고 있는 프로그램에서 발생된 사고에 대해 빠르고 신속하게 대응할 수 있는 요령을 습득해야 한다. 예를 들어 승마 지도자의 경우 낙마하여 뼈가 골절되는 사고에 대한 응급처치 방법을 알고 있어야 한다. 그리고 수상 스포츠의 지도자는 익사사고, 골절상, 각종 외상, 찰과상 등 거의 모든 부상에 대한 응급처치를 실시할 수 있어야 한다. 지도자가 응급사고에 대해 신속한 조치를 취하는데 있어 잘못된 처방이나 처치를 하게 되면 부상의 악화는 물론 지도자로서의 권위나 위신을 실추시키는 결과를 초래할 수 있다.

한편 일반적인 감독과 더불어 지도자는 참가자에 대한 효율적인 지도와 배려를 위한 전문적인 감독도 실시해야 한다. 다시 말하면 전문적인 감독은 참가자의 집단적 특성을 고려하여 프로그램 활동을 진행하는 능력을 의미한다. 초보자나 어린이에게는 그들에게 맞는 적절한 게임을 선정하고 참가자가 선호하거나 이미 익숙한 게임을 파악하여 발생가능한 사고를 미연에 방지할 수 있도록 감독해야 한다. 또한 지도자는 참가자가 안전훈련의 중요성을 충분히 이해하고 성실히 수행할 수 있도록 교육시켜야 한다.

전문적인 감독 측면에서 또 다른 지도자의 역할은 예정된 프로그램 진행도중 위험한 상황에 처했을 때 이를 적절히 해결하는 것이다. 대체적으로 위험한 상황이라면 심리적·신체적·의학적인 위험상황 등을 의미한다. 심한 피로나 한기, 혹은 일몰로 인해 야기될 수 있는 각종 문제 등이 좋은 예이다. 지도자가 위급한 상황을 유연하고 효과적으로 통제하고 조정하는 능력은 참가자의 불안이나 공포를 감소시킬 수 있다.

2) 활동의 지휘

지도자가 참가자의 안전에 유념하면서 프로그램을 운영하는 데 있어 실제적으로 고려하여야 할 사항으로서 다음의 세 가지 요소를 들 수 있다.

첫째, 올바른 지휘와 진행이다. 지도자는 가르칠 기술을 잘 전달하는 것도 중요하지만 참가자의 능력과 체력 수준에 적절하게 쉬운 기능에서 어려운 기능으로, 단순한 기술에서 복잡한 기술로 체계적인 훈련을 통하여 조화롭게 지도할 수 있어야 한다. 그리고 고난도의 기술지도를 실시할 경우 관련 서적이나 전문가가 제시하는 훈련방법을 이용하여 사고의 가능성을 줄일 수 있어야 하며 전공분야와 관련된 최신 정보를 수집하여 이를 정확히 이해하고 있어야 한다.

둘째, 지도자는 체계적으로 프로그램의 기술을 가르치는 것만큼 참가자의 연령, 기술 경험과 숙련 정도를 감안하여 계획을 수립할 수 있어야 한다. 즉 어린이와 성인, 비숙련자와 숙련자의 지도방법에는 차이가 있어야 한다. 정신적으로나 신체적으로 장애가 있는 참가자의 경우 정상인보다 장기적인 훈련계획을 세우고 보조 지도자를 증원해야 한다. 지도자로서 바람직하고 유능한 전문가가 되려면 기술을 가르치는 행위 이외에도 사람들 지도한다는 사실을 잊어서는 안 된다.

셋째, 실제 프로그램 활동에서 고려해야 할 중요한 사항은 위험에 대하여 사전에 적절한 주의를 환기시키는 것과 보호 용품을 준비하는 것이다. 겨울철에 야외에서 실시되는 모든 사회체육 프로그램에 참가할 때, 활동복을 모직물(Wool)로 통일하는 것이 바람직하며 등산시에는 안전모를 필히 착용토록 하며 실내에서 실시되는 체조경기의 경우에는 무릎보호대와 덤블링 밸트 등의 용품을 구비하는 것이 필수적이다.

다시 말하면, 지도자는 안전보호용품을 완전히 구비한 후 프로그램을 진행시켜야 한다. 이러한 장비나 보호용품을 제대로 갖추지 못한 참가자를 프로그램 활동에 참가하도록 허락하는 것은 사고발생 원인을 제공하는 것이다.

3) 환경조건

안전수칙의 세 번째 요인은 프로그램 운영시 주위 환경조건에 대한 감독이다. 환경조건은 3가지 요소로 나누어 살펴볼 수 있는데 첫째가 장비점검이다. 모든 장비가 잘 수리되어 있는지, 잘 작동되는지, 혹은 사용이 가능한지에 대한 사전점검이 실시되어야 한다. 즉 부실한 장비로 인하여 사고가 발생하는 일이 없도록 사전에 잘 점검할 필요가 있다. 둘째 건물설비, 장소의 상태가 위험한 곳이 없는지 점검해야 한다. 어두운 복도 구석이나, 부실한 계단, 미끄러운 마루 혹은 오래되어서 느슨해진 전기코드 등은 곧 바로 보수 처리해야 한다. 또한, 야외활동 중 타고 있던 통나무가 물에 잠긴다거나 갑자기 전복되었을 때, 예기치 못한 눈사태가 발생하였을 때, 고목이 텐트를 덮치는 사고 등이 발생했을 때, 번개를 동반한 폭풍우 속에 고립된 경우 등 불의의 환경조건에 대한 대비책이 미리 마련되어야 한다.

마지막으로 지도자는 화재나 기타 예기치 못한 사고 발생시 신속히 대피하기 위하여 사전에 프로그램이 진행되는 장소의 시설, 대피로, 건물의 설계구조와 건망모양 등을 익혀두어야 한다. 또한 환경조건에서 지도자가 미리 인지하고 있어야 사항으로는 소방서, 긴급구조원 등이 위치한 장소, 전화 및 길안내 책자 등이다.

3. 사회체육 안전관리 계획

프로그램이나 행사진행시 안전관리계획은 참가자·장비·지도자·장소·활동조건 등을 기초로 하여 기본방침, 진행절차 및 활동지휘 방향 등을 수립해야 한다. 특히 윈드서핑과 같은 위험이 많이 따르는 프로그램의 안전관리계획은 테니스 강습이나 수영 교실 등과 같이 상대적으로 행사자체의 위험이 적은 활동에 비하여 구체적인 항목까지 자세히 열거하고 수립하여야 한다. 물론 각각의 행사활동에서 안전관리 계획시 고려해야 될 구성요소와 기본양식은 동일하다.

지도자가 프로그램의 기본방향을 설정하고 행사진행을 체계적으로 운영하는데 필요한 안전관리계획 양식은 〈그림 10-1〉과 같다. 각 항목에 대한 자세한 내용은 지도자뿐만 아니라 참가자에게도 사전에 충분히 이해시켜야 한다.

1. 행사
2. 날짜 및 시간
3. 장소와 시설
   - 실내
   - 실외
   - 조건
4. 참가자
   - 인원______ 연령 ______ 성별________
   - 경험
   - 특별 사항
5. 지도자
   - 이름______ 연령 ______ 이름 ________ 연령________
   - 직업 직업
   - 자격증 자격증
6. 장비
   - 종류와 수량 ________________________________
   - 상태 점검 ________________________________
7. 비상연락처

그림 10-1. 사회체육 프로그램 지도상의 안전관리계획 양식

1) 행사의 특성

행사 프로그램에는 실내와 야외에서의 스포츠 활동, 수상 스포츠 또는 스포츠 활동 등의 모든 스포츠 활동이 포함된다. 사회체육 프로그램을 기획하는데 있어 지도자는 관리해야 할 위험의 유형을 미리 예상하는 것이 매우 중요하다. 등신이나 스키강습은 실내 게임과는 다른 종류의 위험을 내포하고 있지만 잠재적 사고의 가능성은 동일하게 내포되어 있다. 따라서 지도자는 행사의 특성(실내・실외)을 정확히 파악하여 안전관리에 만전을 기하여야 한다.

2) 행사 일정

안전관리계획에서 프로그램의 실행날짜를 기재하여야 한다. 그 이유는 여름에 운영되는 프로그램의 안전관리와 겨울에 운영되는 프로그램과는 많은 차이가 있기 때문이다. 그러나 대부분의 행사활동에서 시간을 표기하는 일을 소홀히 하는 경향이 있다. 만약 겨울철에 야외에서 실시되는 활동을 준비하고자 할 때에는 실행시간에 대해 세심한 주의가 필요하다. 겨울의 낮시간은 여름보다 훨씬 짧다는 사실을 고려해야 한다. 여름철에 아침 6시부터 저녁 9시까지 실행한 프로그램을 낮시간이 아침 8시부터 저녁 9시까지 실행한 프로그램을 낮시간이 아침 8시부터 저녁 4시까지인 겨울의 경우에는 시간이 부족하여 행할 수 없다. 더구나 우천시나 구름낀 흐린 날 혹은 폭풍우가 있는 날은 더욱 낮시간이 짧아져 불가능하다. 행사시 시간을 기재하는 두 번째 이유는 지도자의 작업시간과 피로엄습의 가능성이다. 만일 한명의 지도자가 참가자를 직접 통제하고 휴식시간 없이 8시간동안 지도한다면 엄청난 피로를 유발하게 된다. 이러한 프로그램의 진행에서는 지도자에게 충분한 여유를 주기 위하여 보조지도자가 반드시 필요하다

3) 행사 장소와 시설

행사장소(실내・야외)에 따라 감독할 사고의 종류가 달라진다. 행사장소의 제반 조건 또한 잠재적 사고 발생의 위험에 영향을 미치는 중요한 요인이다.

(1) 실내

실내행사 주관에는 지도자가 제일 먼저 해야 할 일은 건물 시설을 파악하고 점검하는 것이다. 비상전구 스위치의 유무, 온도조절기, 전원장치, 수도꼭지, 식수, 소화기, 응급상자, 전화, 경찰서와 응급처 전화번호, 구급차, 비상고, 청소도구함과 쓰레기통의 유무확인과 위치, 사용방법 등을 잘 파악하여 비상사태시에 신속하게 대처할 수 있어야 한다.

(2) 실외

야외행사는 도시내 체육공원이나 학교운동장, 유원지, 고수부지 등에서 행하여진다. 도시 내로 행사장소가 결정되었을 때 항상 깨진 유리조각이나 맨홀 및 위험한 교차로 등을 사전에 점검해 두어야 한다. 야외활동에서의 사고위험은 유독성 식물과 동물, 지형, 지리적인 위험에 이르기까지 그 범위가 다양하다. 어떤 경우이든지 행사장소는 반드시 점검해야 되고 발생할 가능성이 높은 자연지역 위험은 사전에 파악하고 있어야 한다.

(3) 환경조건

프로그램이나 행사에 있어서 환경조건이란 주로 날씨나 기후, 지대 등을 뜻한다. 8월의 무더운 날씨 속에서의 마라톤 경기, 장마철의 야영 시에 발생할 수 있는 돌발적인 위험에 대한 관리가 요구된다. 겨울등산은 겨울 초순·중순·하순 등에 따라 그 상황이 다르다. 따라서 안전관리계획을 수립할 때 행사의 예상시기를 미리 파악하여 가장 악조건의 시기를 피해야 한다.

4) 참가자의 특성

안전관리계획을 수립할 때 다음과 같은 참가자의 세부사항을 반드시 기재해야 한다.

(1) 인원수

참가인원을 결정하는 데에 여러 측면에서의 변수가 작용할 수 있다. 예를 들어 24인승 버스에 행사비용을 줄이기 위하여 더 많은 인원을 탑승시키는 것은 사고가 발생할 수 있는 가능성이 있으므로 주의하여야 한다.

(2) 성별

프로그램 행사에 참가하는 집단의 성별은 반드시 기재되어야 한다. 성별 참여인원 파악표를 보고 성별을 짐작할 수 있지만 남성과 여성의 비율은 프로그램내용을 계획하거나 지도자를 선정하고 인원수를 결정하는데 중요한 요인이다. 예를 들면 남녀가 참가하는 야외 해양훈련에서는 성별로 구분하여 지도하는 것이 바람직하며 특히 여자와 아동을 보호할 수 있는 여성 지도자가 필요하다.

(3) 참가자의 특성

프로그램의 구성 방향은 참가자의 특성에 따라 설정되어야 한다. 참가대상(노인·부녀자·장애자 등)의 집단적 특성에 차이가 있을 때 안전관리에 있어서도 또 다른 사항이 요구된다. 동일집단이라고 해도 계층이 다양하다는 점을 인지해야 한다. 예를 들면 노인의 연령 구성비 65세부터 95세까지 아주 다양하다. 그리고 집에서 거주하는 노인과 사설 양로원 소속의 노인은 상이한 집단적 특성을 지니고 있다. 그들의 생활배경이 다르기 때문에 과거 경험에도 차이가 있다. 그리고 지도자는 초보자를 위한 행사를 개최할 수도 있지만 중급자·숙련자를 고려한 행사를 준비해야 한다. 즉 모든 참가자의 특성(신체적·정신적)에 대한 이해를 통하여 안전한 행사가 되도록 계획하여야 한다.

5) 지도자의 인원과 자격

사회체육 프로그램을 위한 기본방침과 진행절차는 지도자의 수행능력에 의하여 좌우되기 때문에 프로그램별로 지도자를 선정할 때 연령·인원수·자격증 소지 여부 등이 고려되어야 한다. 그리고 대부분의 프로그램은 사회적으로 성숙한 지도자를 요구한다. 비록 지도자의 연령과 성숙정도가 반드시 비례하지는 않지만 연령이 지도자의 성숙정도를 예측하는데 지표가 되는 것은 사실이다.

미국 캠핑협회가 캠핑 지도자로서 적합한 연령을 25세로 보고 있는 이유도 이때까지 축적된 경험이 어린이를 위해 제공된 프로그램의 내용을 충분히 이해하여 지도할 수 있다고 간주하기 때문이다. 일반적으로 30세의 지도자가 25세보다 성숙하며 잠재적으로 더 현명한 판단력을 소유하고 있다고 보기 때문에 지도자의 연령은 지도자 선정시 꼭 고려되어야 한다.

지도자 인원수 또한 중요한 사항중의 하나이다. 진행을 위해서는 2명의 지도자가 필요하며 참가자의 비율에 따라 더 많은 지도자가 요구되기도 한다. 수영강습 프로그램 강습생 25명당 1명의 지도자가 필요하며 만약 바다에서 강습을 할 경우에는 더 많은 지도자가 요구된다. 왜냐하면 바다는 특성상 위험요소가 더 많은 장소이기 때문이다. 10세에서 12세까지의 어린이를 대상으로 이루어지는 야외활동은 어린이 8명당 1명의 지도자가 필요하며 안전사고에 대비하여 1명의 지도자를 추가로 배정해야 한다. 그리고 버스를 이용한 야외 활동의 경우 참가 대상이 아동인 경우 15명당 1명의 지도자가 필요하며 참가자의 연령이 좀 더 높은 경우에는 35명당 1명의 교사가 적당하다. 성인의 경우에는 더 적은 수의 지도자가 동행하더라도 통제가 가능하지만 응급처치나 성인만의 요구사항(전문성을 요구하는 질문 등)을 해결해 줄 수 있는 전문적 지식이 풍부하고 고도로 훈련된 지도자가 필요하다.

대부분의 프로그램에 있어서 집단별 지도자의 비율은 구체적으로 정해져 있지 않지만 행사계획을 수립할 때 위험 요인을 고려하여 지도자의 수를 결정해야 한다. 또한 지도자가 어떤 프로그램에 적합한지의 여부를 결정하기 위하여 자격증은 좋은 판단기준이 된다. 특히 수상활동·야외활동 등은 자격증 소지 지도자가 반드시 필요한 종목이다. 그리고 사회체육 지도자 관련 세미나와 연수, 응급처치와 심폐소생술 연수, 수상인명구조 강습은 사회체육프로그램에 참가자를 지도하는 자질을 향상시키는데 일익을 담당한다.

6) 소요장비

장비에 대한 정보 파악은 합리적인 계획을 수립하는데 필요하며 안전관리를 위해서도 의무적으로 이행되어야 하는 사항이다. 장비는 종류, 수량, 그리고 상태로 구분하여 살펴볼 수 있다.

(1) 종류

안전관리를 위하여 개인과 단체에 의해서 제공될 수 있는 모든 종류의 장비 목록을 작성해야 한다. 3일 간의 야외활동은 개인이 지참하는 식품목록과 주관단체에서 제공하는 취사도구가 일치해야 하므로 반드시 목록을 작성해야 한다. 따라서 주관단체에서 제공하는 물품목록과 개인이 소지해야 할 물품목록을 구체적으로 작성하여 사전에 참가자에게 통보해 주는 것이 효율적인 프로그램 진행과 안전관리상 유용하다.

(2) 수량

장비의 수량문제는 프로그램 특성에 따라 단순 또는 복잡할 수 있다. 특히 여행 프로그램은 구체적으로 필요한 장비를 참가자에게 통보하여 준비시켜야 한다. 야영 프로그램의 예를 들면 2인당 1개의 취사도구, 3인당 1개의 등산로프, 팀당 1대의 응급처치 상자를 준비해야 한다.

(3) 상태

모든 장비의 상태는 행사 직전은 물론 행사 중, 행사후에도 점검해야 한다. 그리고 장비의 균열, 파손, 분실시 이를 즉시 보고해야 한다. 행사 후에 반환되는 장비는 최상의 상태로 반환되어야 하고 이상이 있을 경우에는 정확하게 보고하여 즉시 수리하여야 한다.

7) 안전관리 방침

안전관리계획의 마지막 항목은 안전관리에 대한 방침과 절차에 관한 사항으로 프로그램을 진행하는데 있어 기본 방향이나 주의사항 등을 제시하는데 그 의의가 있다. 방침의 내용은 행사 참가자 · 지도자 · 장비 등의 항목을 참고로 하여 결정해야 하며, 대부분 위험 정도가 낮거나 중간정도인 프로그램에서는 거의 유사하다. 일반적 프로그램에서 안전관리 계획수립시 기준이 될 수 있는 안전관리 계획양식이 〈그림 10-2〉에 예시되어 있다.

1. 행사 : 소년소녀 가장 야외 레크리에이션 활동
2. 날짜와 시간 : 1993년 5월 5일(수요일), 오전 9시부터 오후 5시까지
3. 장소와 시설
   실내 :
   실외 : 강당 야영장
   조건 : 날씨 매우 흐림, 캠프 화이어시 비가 내릴 가능성이 있음
4. 참가자
   인원 : 70명
   연령 : 15세에서 18세
   성별 : 남녀 혼성(남자 25명, 여성 45명)
   경험 : 여행경험 전무
   특별사항 : 이경아 농아, 박철 지체부자유자
5. 지도자
   성명 : 김정훈 연령 : 27세 성명: 강문식 연령 : 32세
   직업 : 스카우트 직업: 초등학교 교사
   자격증 : 2급 레크리에이션지도자 자격증 : 1급 레크리에이션지도자
6. 장비
   종류와 수량 : 45인승 버스 2대, 버스 1대당 지도자 1명
   상태 점검 :
7. 방침
   ① 참가자는 미리 정해진 출석부에 서명해야 함.
   ② 참가자는 지정된 시각에 출석해야 하며 지각생은 기다리지 않음
   ③ 서로 친하게 지낼 것
   ④ 질서를 지킬 것
   ⑤ 버스통로에서 서거나 걷지 말 것
   ⑥ 화장실은 혼자 가지 말 것
   ⑦ 함께 식사하며 노래와 게임을 즐길 것
   ⑧ 출발하거나 귀환하기 전 매 30분마다 인원을 점검할 것
   ⑨ 귀환시 모든 참가자가 보호자를 만나는 것을 확인할 것
8. 비상전화
   주관단체 : 234-5678

그림 10-2. 프로그램 안전관리계획 양식

제 11 장

운동부상과 처치

1. 운동부상의 종류와 특성
2. 운동부상의 발생원인
3. 운동부상의 예방조치
4. 운동부상의 처치법
5. 운동과 관련된 일반적 통증의 처치

스포츠 활동을 하는 과정에서 나타나는 것은 좋은 효과만 얻는 것이 아니다. 때로는 좋지 않은 결과를 얻게 되는데 그 중 두드러지는 것이 스포츠 상해인 것이다. 현명한 경기자는 자기가 하는 스포츠 활동에서 돌발적으로 발생하는 사고를 예방하는 문제를 염두해 두고 있어야만 하고, 지도자들 또한 선수들에게 운동상해의 예방에 대한 철저한 지도를 해야 할 것이다. 이런 일은 비단 운동선수들에게만 국한되는 것이 아니며 운동에 참가하는 모든 일반인들도 각자의 소질이나 흥미에 따라 즐거움을 얻기 위해서는 스포츠 활동 중 일어날 수 있는 부상에 대한 예방방법을 알고 있어야 한다.

1. 운동부상의 종류와 특성

운동상해는 흔히 오진하기 쉽다. X-ray촬영을 하지 않으면 의사라 할지라도 골절이나 탈구 또는 염좌를 구별하기 매우 힘들며 특히 내부 손상의 경우는 더욱 진단하기가 어렵다. 머리를 다쳐서 뇌진탕이 된다든지, 눈에 부상을 입거나 신장에 타격을 받는 등 그리 흔한 경우는 아니지만 아주 치명적인 손상을 입는 경우도 있다.

하버드 대학의 Augusts Thorndike박사는 20여년 동안 7,090건의 운동상해의 사례들을 조사하여 〈표 11-1〉과 같이 그 종류를 분류하였으며, 이 모든 운동상해는 염좌(sprain)와 타박상(bruise)에 의하여 기인된다고 발표하고 있다.

표 11-1. 운동상해의 종류와 빈도

순위	상해 종류	사례수
1	염좌(aprain)	1,612
2	근타박상(muscle bruise)	1,016
3	좌상(strain)	885
4	골절, 탈구(fracture, dislocation)	738
5	타박상(bruise)	570
6	화증 및 감염(Infection)	546
7	잡상	512
8	관절타박상(Joint bruise)	430
9	역상 및 찰과상(laceration, abration)	415
10	내부상해	366

염좌는 근육, 근막, 인대, 건 등이 과도하게 신장됨으로써 그 섬유가 부분적으로 끊어지거나 찢어지는 상태를 말한다. 그 원인은 대부분 외부로부터 작용하는 힘에 의한 것이며 때로는 수축근과 이완근의 일시적인 비협조로 발생하는 경우도 있다. 좌상은 외부로부터의 힘에 의하여 살갗의 손상 없이 주로 피하조직에 손상이 생기는 것을 말하며 일반적인 소견은 염좌와 흡사하다.

또한 스포츠 종목별로 흔히 발생할 수 있는 운동상해의 종류를 살펴보면 〈표 11-2〉와 같다.

표 11-2. 경기 종목에 따른 운동상해

농 구	발목관절 염좌, 손가락 겹침, 아킬레스건 단열, 무릎관절 염좌
배 구	손가락 겹침, 손목관절손상, 발목 관절 염좌, 요통
야 구	손가락 겹침, 발목관절 염좌, 팔꿈치와 어깨의 점액낭염, 요통
축 구	하퇴 및 발목 좌상, 발목관절 염좌, 무릎 관절 염좌
탁 구	요통, 손가락 겹침, 발목관절 염좌
테 니 스	발목관절 염좌, 무릎관절 손상, 아킬레스건 단열, 비골 골절, 요통
핸 드 볼	손가락 겹침, 발목관절 염좌, 아킬레스건 단열,
육상경기	발목관절 염좌, 무릎관절 손상, 아킬레스건 단열, 비골 골절, 요통
체 조	상완골 골절, 전완골 골절, 요골 골절, 발목관절 염좌
수 영	요통, 경추골절 및 탈구, 머리부위 좌상
씨 름	쇄골 골절, 흉부 좌상, 상완골 골절, 경골 골절
유 도	어깨부위 좌상, 쇄골 골절, 요통, 흉골 골절, 무릎관절 손상
검 도	아킬레스건 단열, 팔꿈치 좌상, 쇄골 골절, 흉부 좌상
태 권 도	고관절 염좌, 슬관절 염좌, 견관절 탈구, 손가락 골절, 뇌진탕
스케이트	얼굴 좌상, 하퇴 좌상, 뇌진탕, 발목관절 염좌
스 키	발목관절 염좌, 무릎관절 손상, 전완부위 좌상
자 전 거	쇄골 골절, 무릎관절 손상, 전완부위 좌상
승 마	뇌진탕, 머리부위 좌상, 쇄골골절, 요통
볼 링	요통, 손목 관절 염좌, 테니스 엘보, 무릎 관절 염좌 등

1) 뼈의 운동부상

뼈는 고형질이기 때문에 다른 조직보다는 상해가 적으나 타박상(bruise)이나 골절(fracture) 및 골단부상(epiphyseal injury) 등은 자주 볼 수 있다. 뼈는 신경과 혈관의 공급을 위해 싸여 있는데 근육이나 피하조직에 의해 두껍게 보호되지 못하고 쇄골과 경골들의 뼈는 타박을 받았을 때에 대부분의 힘이 골막에 흡수된다. 그 결과 골막내에 부종이나 출혈이 생기게 되는데 이것을 뼈의 타박상이라 한다. 골막에는 광대하게 신경이 분포되어 있기 때문에 이때 심한 통증을 느끼게 된다. 그러나 이와 같은 증상이외에는 모든 기능이 정상적으로 작용한다. 타박상의 경우 24~48시간은 활동을 중지해야 하며 완치기간은 약 3주 정도가 걸린다.

골절은 모든 스포츠 활동에서 일어나는데 큰 타격을 받았을 때 그 타격이 피하조직이나 근육층 또는 골막에서 흡수되고도 많은 외력에 의하여 뼈가 부러지는 것을 말하며 활동을 중지하고 깁스를 하면 다른 이상 없이 완치되는 비교적 치유가 쉬운 상해이다. 그러나 지나친 피로에 의해서 골절이 되는 경우도 있는데 이런 경우는 치유기간이 길뿐만 아니라 다른 후유증을 수반하기도 한다.

2) 관절과 인대의 운동부상

뼈와 근육에 의해서 신체의 운동이 일어나지만 실제로 작업을 담당하는 것은 관절이다. 따라서 관절은 어느 부위보다도 상해의 종류가 상당히 많다. 그 중 흔히 볼 수 있는 것은 외상에 의한 일출(traumidic sffusion), 출혈성 관절증(hemarthrosis), 염좌(sprains), 탈구(dislocation), 활액낭염(bursits) 등이 있다. 관절에, 특히 관절포내에 경미한 외상을 입으면 관절 자체가 긴장이 풀려 느슨해지고 활액낭이 쪼그라들고 활액이 과도하게 많아진다. 이렇게 되면 관절이 늘어나고 부종을 가져오게 되는데 이것을 붕대로 압착을 하고 활동을 제한하면 수일내에 회복이 되나 만일 상처가 반복해서 재발하면 외과적인 치료를 받기까지는 계속적인 부종의 증상을 보인다.

출혈성 관절증은 외상에 의한 일출보다 좀 더 심각한 관절상해로서 극심할 때는 관절의 활액막이 찢어지고 관절내에 피가 가득 차게 된다. 그러므로 출혈성 관절증은 관절내에 빠르게 퍼지고 압력으로 관절이 늘어나고 심한 통증을 수반하게 된다. 만일 출혈이 계속되어서 관절이 팽창하면 혈액을 흡입해서 고통과 팽창을 방지해야 한다. 출혈성 관절증이 생기면 즉시 냉찜질을 하고 붕대 압착을 해서 출혈을 제한시키고 48시간 정도는 활동을 억제해야 한다.

관절의 염좌는 인대나 뼈의 상해를 말한다. 이것은 관절이 정상 동작 범위를 넘는 강제적인 동작에 의해서 일어난다. 이 상해의 정도는 인대의 긴장이 풀리는 것부터 완전히 단절되는 상해까지 있는데 인대의 중간보다는 뼈와 부착되는 양쪽 끝에서 많이 일어난다. 이는 흔하지는 않지만 부분적인 부종이나 피하 출혈이 생기는데 통증과 무력증으로 활동의 제한을 받게 되기 때문에 관절의 불안정 상태가 된다. 대부분의 경우 치료가 요구되지는 않지만 활동만은 제한해야 되며 심한 상해일 경우에는 3~6주 동안 고정시켜야 한다.

관절의 탈구는 염좌와 같이 정상 활동 범위 이상으로 활동할 때 관절와에서 관절두가 빠져나가거나 관절면이 서로 떨어져 나가는 것을 말하며 이때 인접한 신경이나 혈관에 상해를 입게 되면 증세가 심각해진다. 탈구의 치료는 우선 전위된 관절면을 제 위치로 맞추는 관절 수정을 하고 수반된 다른 상해 즉 염좌와 신경 및 혈관 상해를 치료하고 고정시켜 활동을 억제한다.

활액낭염은 활액낭에 염증이 생기는 것 혹은 과민해서 부종이 생기거나 약해지는 것을 말하는데 이것은 때로는 박테리아에 의해 활액낭에 염증이 생기는 경우도 있으나 일반적인 것은 해부학적 구조상 과도한 사용에 의한 활액낭의 기능적 자극에 의한 결과이다.

감염에 의한 활액낭염들은 그것들이 국부적인 열, 부종과 인접해 있는 임파돌기의 부종이나 연약 등 감염의 일반적인 성격들이 수반되기 때문에 대개 동일시된다. 활액낭염의 치료는 감염된 부위를 고정시킨 후 흡인하고 더운찜질을 해야 한다. 매일 반복 흡인에 의해서도 쉽게 낫지 않거나 활액낭에 고름이 차기 시작하면 활액낭 절개 수술을 해야 한다.

3) 근육의 운동부상

근육은 활동 중 제한범위 이상으로 사용되었을 때 이상을 일으키게 된다. 근육의 상해는 근육내에 들어있는 신경 및 혈관분포나 결체 조직층에서 흔히 일어난다. 대체로 근육 상해의 증상은 마비, 허약증세, 소모증 경련 및 경직 등이다.

계속적인 반복 운동에 의해 근육이 피로해서 활동을 중지한 후에도 계속해서 근육이 수축상태에 있는 것을 경직이라 한다. 이것은 근육이 활동 시 수축과 이완이 반복되어야 하는데 수축된 상태에서 이완이 되지 않고 근섬유가 뭉쳐 있는 것을 말한다. 이런 경우는 운동을 계속할 수가 없으며 피로를 회복해서 수축된 근육의 길이가 재조정 된 후에야 다시 운동에 참여할 수 있다.

경직된 근육의 처치 방법은 바늘 같은 것으로 경직된 부위를 찔러서 갑작스러운 통증을 준 다음 서서히 활동을 시켜서 근육의 길이가 이완되었을 때 본래의 길이로 조정하는 것이다. 근육의 경직은 운동이 끝날 때 격렬한 활동 상태에서 갑자기 끝내지 말고 서서히 근육을 풀면서 끝내고 휴식시에는 몸을 바르게 함으로써 예방할 수 있다.

근육통(myalia)은 근육에 심한 통증을 수반하는데 근조직에 염증이 생기는 근염과 관절 부근의 근육속에 결체조직의 염증을 일으키는 섬유염에 의해 생긴다. 근염과 섬유염은 동시에 발생되는데 이러한 이상들을 류마티즘이라 한다. 류마티즘의 염증이 생길 경우는 운동을 하려해도 심한 통증으로 말미암아 운동에 참여할 수 없고 보다 과학적이고 정밀한 치료를 받아야 한다.

위의 문제들과는 달리 근활동에 서서히 영향을 미치는 증상으로 근의 영양실조와 근무력 등이 있다. 이것은 그 원인과 처치방법이 확실치는 않지만 근의 영양실조는 남성에게 흔히 나타나며 서서히 이상 상태를 이루게 된다. 근 무력증에 걸리면 근육이 쉽게 피로하게 되는데 그것은 평활근의 근신경 집합점에서 충격에 의한 손상 때문이다.

근 소모증은 근 섬유의 둔화를 의미하는데 근섬유가 정상적인 길이보다 줄어든다. 이것이 정상적으로 되기 위해서는 운동을 중지하고 6개월에서 2년 정도 휴식을 취해야 한다.

4) 건의 운동부상

건의 상해는 그리 흔하지는 않다. 그러나 건에 선재질병이 있거나 기능적인 마모가 많을 때 단절이나 파열, 건염 들의 상해를 입게 되는데 건의 단절은 근육을 허용범위 이상으로 수축시킬 때 근육과 건의 집합점이나 부착되어 있는 뼈로부터 분리되어 나오는 경우를 말하는 데 건의 단절된 근육은 부분적으로 혹은 전체적으로 그 기능을 상실하게 된다.

예를 들면 야구선수가 손가락의 말절골에 붙어 있는 굴신건이 단절되면 말절골을 펴는 능력을 상실한다. 건의 단절이 심한 경우는 접합 수술을 해야 한다. 부분적인 파열이 되었다면 우선 출혈과 부종을 제한하기 위해 냉찜질을 하며 붕대압착을 해야 한다. 그리고 3~4주간의 치료기간에 건의 수축을 피하기 위해 그 근육을 이완된 상태로 두어야 한다.

2. 운동부상의 발생원인

스포츠 활동은 그 자체가 본질적으로 흥미로운 것이기 때문에 하면 할수록 더욱 흥미가 더해져 어떠한 흥분감을 수반하게 되며, 이러한 현상은 점차적으로 주의력을 감소시키고 판단력을 잃게 하며 자기능력을 과신하게 하여 사고의 원인으로 작용한다. 스포츠 활동 중 운동상해를 입게 되는 사고원인의 근원을 살펴보면, 크게 내적 원인과 외적 원인으로 구분된다.

내적 원인으로 인한 상해는 지나친 훈련, 즉 부적당한 운동 상태(운동 부하), 미흡한 기술, 부적합한 훈련 방식 등으로 인하여 발생하는 상해이며, 개개인의 신체적 특성과 정신적 성격상의 특성에 연관되어 있다. 외적 원인으로 인한 상해는 선수나 스포츠인 자신이 아닌 타인이나 운동환경과 같은 외력에 의한 상해를 말하는 것으로 실제 운동종목, 운동 방법, 제반 여건 및 보호장비에 연관되어 있다. 그리고 상대방과 직접 신체접촉이 없는 종목은 주된 상해 발생 원인이 내적 원인이며, 신체 접촉이 많은 종목일수록 외적 요인에 의한 발생률이 높다.

1) 기술 부족과 훈련 부족

사고상해는 일반적으로 연습 부족시에 많이 발생한다. 예를 들면, 볼을 잘 받지 못하고 놓친다거나, 손가락을 삔다거나, 또는 타인과 충돌사고를 일으킨다거나 하는 것은 근신경 지배력의 미발달, 또는 퇴화에서 기인되는 현상이다. 그러나 연습을 계속적으로 하게 되면 숙련도는 높아지고 속도에 대한 감각이 조정되어 근활동이 정확하게 된다. 따라서 피로가 감소되고 효율도 높일 수 있게 된다.

스포츠의 모든 종목은 나름대로 특색 있는 전문적인 기술이 필요하여 이 기술을 습득하려면 장기간의 훈련을 필요로 한다. 이러한 훈련이 부족하고 기술이 미숙할 때 스포츠 상해를 가져오기 쉽다. 결국 운동상해는 기술의 미숙에서 기인하는 것이므로 연습에 의하여 숙련도를 증대시켜 사고의 방지에 힘써야 될 것이다.

스케이트를 처음 배우는 사람은 얼음판에 자주 넘어져 좌상을 입기 쉬우며 자전거를 처음 배우는 사람은 넘어져 찰과상을 입기 쉽다. 이러한 상해는 반드시 미숙한 초보자에게만 발생되는 것이 아니라 프로 선수라고 하더라도 장기간 운동을 쉬다가 갑자기 기술이나 체력을 발휘하려고 할 때 흔히 상해를 가져오게 된다. 이는 장기간의 훈련 중단으로 근력이 감퇴되거나 몸무게가 증가되거나 신경과 근육의 기능이 저하된 것을 무시하고 자신의 능력을 과신하여 발생하는 상해로 역시 훈련 부족과 기술 부족에서 발생되는 것이다.

2) 과도한 훈련과 피로

선수 자신의 체력으로 견디어 내기 어려운 훈련을 계속하면 심신의 피로가 누적되며 이런 경우, 근육계통은 물론이고 골격, 순환, 신경계통 등이 피로 상태가 되어 중추신경의 통합작용이 저하되거나 지연이 생기고 사고력과 판단력이 흐려져 즉각적인 수의적 운동기능이 저하될 뿐만 아니라 반사적 운동기능마저 저하되므로 상황변화에 적응하지 못해 상해를 입기 쉽고 특히 과로 상태에서는 골절이 쉽게 생긴다.

훈련을 지나치게 하면 신체는 과로하게 되며 이 과로는 근육계, 순환계, 신경계 등 모든 조직과 기관에도 동반되어 정신적 피로와 육체적 피로가 함께 오게 된다. 과로하면 중추신경의 통합작용이 저하되고 반사운동 기능도 저하되어 격변하는 상황에 알맞은 신체운동이 어렵게 되어 외상을 받기 쉽게 된다.

3) 과도한 긴장

경기를 앞둔 선수는 반드시 승리해야 한다는 책임과 강박관념을 갖게 되며 좋은 기록을 내야겠다는 심리적 부담과 의무감에 사로잡혀 너무 긴장함으로서 그 영향이 근육에 전달되면 근육이 필요이상으로 긴장하게 된다.

기록경기나 선발 경기 때 선수들이 평소의 실력을 발휘하지 못하고 실수하여 다치거나 자신의 페이스를 잃고 경기에 임하다가 부상당하는 예를 흔히 볼 수 있다. 이러한 정신적 육체적인 과도한 긴장은 몸이 굳어지는 결과를 초래하여 상해의 요인이 될 수 있다.

4) 주의 산만

심리적으로 불안하거나 심적 부담이 있는 개인적인 일이 있을 때는 다른 생각에 빠져들게 되거나 주의가 산만해져서 상해를 입기가 쉽다. 이러한 상태에서는 불의에 닥치는 외력을 적절하게 대처하지 못함으로서 상해를 입는다. 이와 같은 주의 산만으로 오는 상해는 시합이나 기록경기 때 보다 연습도중에 발생되기 쉽다.

5) 준비운동 부족

일반적으로 준비운동은 운동기관의 생리적 기능을 증가시키는 역할을 한다. 즉 근육의 온도 상승, 모세혈관의 확장, 심폐기능의 증가 등으로 운동기능의 증가를 가져올 뿐 아니라 전문 기술발휘에 긴요한 신경소통 작용, 모든 근육의 긴장도 및 시간적 경과가 원활하게 되어 근 수축의 과부족이 되지 않게 하는 역할도 한다. 따라서 준비 운동이 부족하게 되면 기교를 요하는 신체 운동이 원활하지 못하여 상해를 받게 될 수 있다.

6) 반칙행위와 난폭 행위

경기에서 경기자가 경기 규칙을 위반하거나 난폭한 경기를 하게 되면 예기치 못한 외력이 가해져 상해를 받게 된다.

7) 기구 장비, 시설 및 환경의 결함

스포츠 용구는 기능이 우수하고 안전성이 높고 사용하는 사람에게 적합해야 한다. 아이스하키 스틱이 약하여 부러진다면 상해의 기회가 많아질 것이며 어른이 사용하는 야구 방망이를 어린이들이 사용한다면 상해의 위험이 커질 것이다. 라켓의 손잡이가 굵으면 테니스 엘보가 될 위험이 높고 스키화가 커서 발이 약간이라도 놀게 되면 염좌나 골절의 원인이 될 수 있다. 따라서 장비나 운동기구의 선택이 승패와도 연관될 뿐 아니라 스포츠 상해의 예방에도 큰 몫을 차지한다는 것을 알 수 있다. 또한 경기장의 시설이나 환경의 결함도 큰 영향을 미치게 된다. 운동장에 흩어져 있는 돌이나 유리조각과 같은 위험물이 있을 때도 중대한 신체상해나 외상을 가져올 수 있다.

스포츠 상해는 이외에도 많은 인자가 개재되어 발생되므로 이를 예방하려면 모든 원인 조건부터 제거하여야 한다. 따라서 모든 체육인이나 의사, 과학자는 어떠한 운동 종목에서 상해가 자주 발생되며 언제, 어떻게 발생되는지를 탐구하여야 할 것이다. 그리하여 새로운 운동기술을 개발하고 경기규칙을 개정하며 운동시설의 개선 및 운동용 기구도 개량해야 한다. 그리하여 보호용구의 이용이나 사전 신체검사의 실시에 따르는 주의환기 그리고 안전성을 지향하는 경기 운영상의 관계를 선택한다면 스포츠 상해의 예방에 획기적인 성과를 거두게 될 것이다.

8) 트레이닝 방법의 결함

스포츠 외상의 가장 많은 원인은 훈련을 지나치게 시키는 것이다. 훈련에만 열중하다 보면 신체에 나타나는 경고 증상을 무시하는 경우가 있다. 그것은 근육, 관절, 뼈에 발생되는 지속적인 통증이다. 이때는 일시적으로 휴식을 취하게 하면 되겠지만 그렇지 못하고 계속 스트레스를 가하면 결국에는 상해를 받게 된다.

이러한 과훈련 증후군은 일반적으로 3기로 분류한다.

제1기 : 강도 높은 훈련 중에만 통증이 생긴다. 이때는 단기간에 치유 가능한 기간이다.

제2기 : 훈련 중에는 물론 훈련이 끝난 후에도 지속적으로 통증을 느낀다.

제3기 : 휴식 중에도 통증이 있는 상태로서 장기간의 치료기간을 요하게 되는 시기이다.

트레이닝 방법의 문제로서 운동량을 너무 빨리 증가시키거나 강도를 너무 빨리 증가시킬 때 그리고 새로운 훈련법을 너무 갑자기 적용시킬 때 손상 받기 쉽다. 이러한 이유는 지도자가 조급한 훈련성과를 기대할 때 발생되기 쉽다.

9) 신체구조의 이상

골격이나 신체조건상의 이상상태는 근육, 건, 골관절, 근막이나 인대에 더 많은 스트레스를 가하여 외상을 빈발하게 한다. 예를 들어 편평족과 같은 발의 골격이상은 족궁, 족관절이나 고관절, 요추부에 부상빈도를 높인다. 아치가 높으면 족부에 피로 골절을 일으킬 수 있는 위험성이 높으며 슬관절 외측에 통증을 유발시킬 수 있다.

3. 운동부상의 예방조치

스포츠 상해는 내외적으로 예방과 처치가 필수적인데 특히 상해의 예방이 그 선결과제이며 그러한 점에서 상해의 원인을 제거하여 최소한으로 줄이는 것이 요구된다. 운동선수는 운동 상해에 가장 직접적으로 접하는 당사자로 선수 자신은 충분한 몸풀기, 지나친 승부욕의 절제와 기술의 숙달 등 운동자 자신이 스스로 상해로부터의 몸을 보호하는 방법을 터득하고 자신의 운동 용구 등의 개인 장비를 잘 정비하여 상해를 최소화하는데 주의를 기울여야 한다.

스포츠 참여자의 상해는 지도자의 지도 능력에 의해서도 영향을 받는데 지도자는 기능의 숙지 속달에만 치중하지 말고 선수들의 개인적인 현재의 상태나 생활주변의 상황이나 습관 등을 지도함에 주의를 기울여야 하며 지도자의 권위의식이나 명예욕 충족을 위해 지나친 승부욕을 절제하여야 한다.

일반적으로 스포츠 상해의 예방을 위하여 다음과 같은 사항을 들 수 있다.

1) 경기참여 전의 신체검사

연중무휴 훈련과 경기만 하는 것은 스포츠 외상 발생을 기다리고 있는 바와 같다. 비시즌에는 반드시 정기적인 신체검사를 시행하여야 한다. 신체검사를 하는 데는 다음의 목적이 있다.

- 체격 결함이나 부적당한 컨디션을 찾아내어 부상의 기회를 줄인다.
- 신체의 약한 부위, 불균형 부위를 인지하도록 하여 교정하도록 한다.
- 신체적 문제점에 대하여 경기에 참여할 수 있는 안전한 방법을 모색하도록 한다.

선수들의 경우에는 경기 시즌이 시작되기 최소한 1개월 전에 신체검사를 시행하여 도출된 문제점을 교정할 수 있는 시간적 여유를 가져야 한다.

2) 컨디션 조절

신체의 전신 컨디션을 최상으로 유지시킴으로써 운동수행능력을 향상시킬 수 있다는 것은 두말할 나위가 없는 진실이다. 그리고 좋은 컨디션은 부상의 위험을 줄게 하고 부상을 당해도 가볍게 생기고 부상후의 재활도 빠르게 하여 선수 생활로의 복귀가 조기에 가능하게 된다. 경기 시즌전의 컨디션 조절운동을 시행하여 경기 중 슬관절 부상빈도를 훨씬 줄일 수 있으므로 컨디션 향상 계획은 매우 중요한 부상예방의 기본이 된다. 컨디션 조절에 포함되는 내용으로는 근력, 근지구력, 유연성, 민첩성, 평형성, 조정력, 심폐지구력 등이다.

3) 보호장구

부상예방을 위한 보호대들의 사용은 처음 운동을 시작하는 어린 나이 때, 그리고 평소 훈련시에도 고루 선택되어 항시 착용하는 습관이 필요하다. 경기 중에만 착용하거나 성인이 되어 사용하려면 불편하게 느껴 경기에 지장을 초래할 것으로 우려한 나머지 그 사용을 기피하여 부상예방의 기회를 줄임으로 평소 착용 훈련도 필요하다. 또 신발과 복장의 특수제작, 헬멧, 관절 보호대, 치아보호기, 장갑 등으로써 부상예방에 기여할 수 있다.

그리고 보호장구의 관리유지도 매우 중요하다. 경기나 연습 후 땀에 저리거나 여러 다른 물체에 오염된 상태를 그대로 방치한 후 착용하면 피부 등에 감염 등을 유발하여 위생상 매우 좋지 못하게 되고 파손된 보호장구를 개선하지 않고 착용하거나 체격에 맞지 않는 장구 사용으로 인한 자체 부상의 가능성도 있음을 알아야 할 것이다.

4) 안전 점검

경기장 시설이 안전하게 만들어 졌는지 또는 안전장치를 충분히 시행하였는지를 면밀히 조사하여야 한다. 그리고 안전 점검에는 시설이외에 스포츠 용품 자체가 안전한가를 점검해야 한다. 체격이나 규격에 맞는지도 조사한다.

5) 보조 예방기법

배구 선수들이 손가락에 사용하는 반창고나 족관절 염좌 등을 예방하거나 부상경력을 가진 족관절을 보호하기 위하여 테이핑을 실시한다. 이 테이핑은 어느 관절이나 근육의 손상 예방을 위해 사용이 가능한 것으로서, 널리 이용되고 있다.

또 슬관절 전면, 골반부나 견관절 외측에 이용하는 보호대도 부상 예방에 한 몫을 하게 되면 대퇴부 또는 전완부 근육 손상에 밴드를 하는 것도 유익한 방법 중의 하나이다.

6) 정신적 관리

운동선수들이 갖고 있는 정신적, 육체적 문제점을 파악하고 해결해 주기 위한 노력은 부단히 이뤄져야 하며 때로는 부상에 대한 공포 또는 부상이 더 악화되지 않을까 하는 공포에서 벗어나게 해줘야 한다. 이러한 공포감이 있거나 피곤한 정신상태에서는 부상의 위험이 높아진다.

팀웍이 잘 이뤄진 팀에는 부상이 적다. 따라서 팀웍을 위한 정신적 관리는 매우 중요하다. 단체를 조화 있게 이끌기 위해서 구성원들 간의 인간관계, 구성원과 주장, 감독간에 원활한 관계유지가 되도록 배려해야 한다. 선수를 하나의 사회인으로 인정하고 육성하는 것은 스스로의 책임감과 자신의 건강관리 능력을 함양하는 길이다. 선수를 하나의 스포츠 기구로 착각하고 훈련과 경기에만 집착하는 것은 육체적, 정신적 부상의 근본 원인이라 할 수 있다.

7) 위생

충분한 수면을 취하고 완전한 휴식을 갖는 것은 정신적, 육체적 피로에서 벗어나 부상예방의 지름길이다. 그리고 운동선수에게 공급되는 영양, 식사관리는 무엇보다도 중요하다. 경기나 운동전의 식사, 1주일 전의 식사, 평소의 식사 등이 구분되어 과학적으로 공급되어야 하고 수분 등의 공급도 경험적 공급에서 탈피하여 과학화되어야 한다.

또 운동선수들은 땀을 많이 흘리기 때문에 특히 운동 후 몸을 청결히 씻는 것은 통상적인 일이다. 그러나 땀에 젖은 복장, 보호장구 등의 관리는 허술한 편이다. 땀에 젖은 것을 방치하면 곰팡이 등이 서식하게 되고 피부질환의 원인이 될 수 있다. 발가락, 서해부 등의 위생관리도 동일하다. 손, 구강, 두발의 위생관리는 특히 해외 경기시 환경변화에서 오는 질병을 예방하는데 필요한 기본상식이다.

8) 외상의 분석 및 상태 파악

선수들에게는 의외로 잠재외상들이 많이 있어서 이들이 도출될 수 있도록 관심을 가져야 한다. 선수들이 지도자에게 육체적 문제점을 언제나 제시할 수 있도록 배려해야 한다. 외상의 발견 시에는 현 상태를 정확히 판단하고 진단되도록 해야 한다.

아무리 사소한 부상이라 하더라도 정밀한 원인 분석과 이의 시정 그리고 치료는 더 큰 부상을 예방하고 또 다른 부상을 예방하는데 기여한다. 그리고 치료

후 복귀시기를 결정하는데 신중을 기하고 복귀 후 단계적 적응 훈련기간 동안 주의하여 관찰하는 것을 잊어서는 안된다.

9) 응급처치

모든 스포츠 외상에 대한 적절한 응급처치는 더 큰 부상으로 발전되는 것을 막아주며 치료기간을 단축시켜 준다. 이를 위하여 응급처치를 위한 처치기구, 용품 및 약품의 완벽한 준비가 필요하다. 또 긴급 시 즉시 활동할 수 있는 응급처치 팀의 구성 역시 필요한 사항이다. 또 부상 발생 장소에서의 현장 처치가 효과적으로 되도록 응급처치 교육 등이 되어 있어야 한다. 예들 들어 RICE요법 즉 R(Rest), I(Ice), C(Compression), E(Elevation)의 기본상식 등을 선수나 지도자, 의무요원 누구나 할 수 있도록 교육해 두는 것이다.

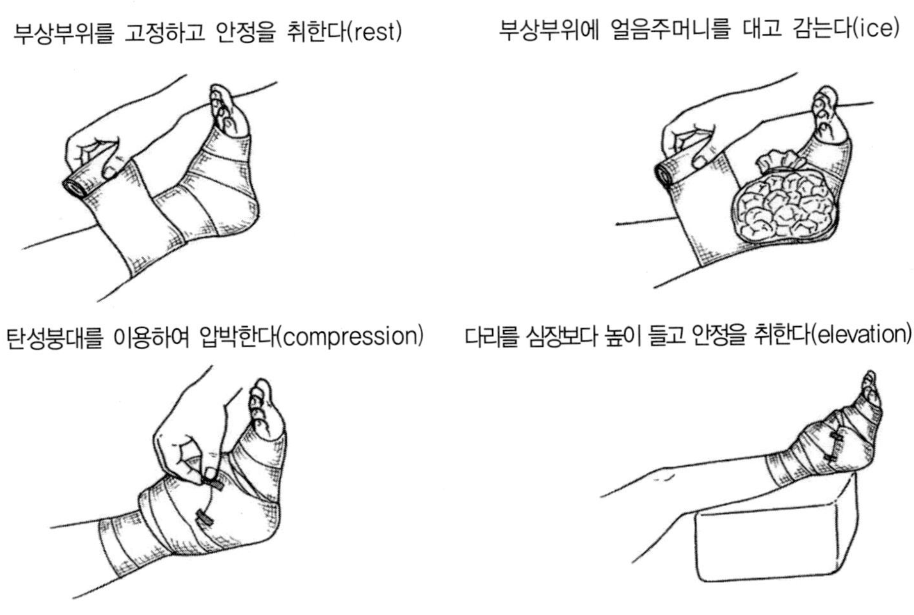

그림 11-1. RICE요법

10) 재활

재차 손상되는 것을 예방하고 손상부위를 강화하는데 재활만큼 효과적인 것은 없다. 손상의 특성과 경기종목의 특성, 개인 특성에 맞는 재활이 과학적으로 적용되어야 한다.

11) 환경조건 수집 처리

해상, 산악, 공중에서의 수시로 변하는 환경조건에 대한 정보를 수집하여 대비해야 한다. 지리적 조건의 변화, 시차변화, 문화의 변화 등에 대하여 평균적인 정보수집보다는 최악의 조건과 최상의 조건에 대해서도 수집하여 대비해야 한다.

12) 기타 건강상의 위험요소

건강상의 문제가 갑자기 큰 위험을 야기할 수 있다. 이에 연관되는 것으로, 심폐기능의 이상을 초래하는 질환, 감염, 빈혈, 생리, 임신, 약물, 알코올, 담배, 비만증 등이 운동시 건강상의 유의점으로 지적되고 있다. 아무리 좋은 운동으로 몸을 단련하였어도 단 한 번의 부상으로 모든 것이 허사가 될 수 있기 때문에 부상 예방을 위한 과감한 투자와 관심은 아무리 강조하여도 지나치지 않을 것이다.

4. 운동부상의 처치법

1) 염좌

관절에 급격한 외력의 작용이나 생리적인 관절의 가동영역을 벗어난 움직임의 결과로 생긴 변화를 염좌라고 한다. 이러한 염좌는 관절 자체는 정상적인 상태로 있으나 관절에 심한 통증을 동반한다. 단지 관절낭이 늘어났을 경우에는 금새 통증이 가라앉는다. 그러나 관절낭, 인대의 찢어짐이나 그 이상의 손상을 수반할 때에는 통증이 계속된다. 또한 상해를 입으면 관절 내의 출혈로 인하여 부어오르게 되고 인대의 파열 또는 골절의 경우는 암적색의 피하출혈을 일으킨다.

(1) 증상

염좌를 입으면 관절을 구성하고 있는 연부 조직, 즉 뼈를 연결하고 있는 인대, 피하 조직 등의 일부가 파열되어 내출혈이 발생한다. 이로 인해 관절의 부음, 통증, 압통으로 인하여 관절의 운동 제한이 뚜렷하게 나타난다. 증상으로는

• 상해 후 일정 시간이 지나면 붓게 되는데, 이는 관절 전체보다는 부분적으로 나타난다.

• 염좌를 당한 방향으로 움직이면 통증을 심하게 호소한다.

• 인대가 단열한 부위와 일치해서 압통을 강하게 느낀다.

• 인대의 단열, 피하조직의 단열로 인한 부음현상 때문에 관절의 운동 제한이 인지된다.

(2) 처치법

• 침착하게 염좌의 상태를 관찰한다.

• 심리적 안정을 취하게 하고 관절의 골격 이상이 인지 될 때에는 교정요법을 실시한다.

• 탄력 붕대 및 스포츠 테이프를 이용하여 상해 부위를 압박시켜 내출혈을 방지한다.

• 환부를 냉각시켜 통증과 내출혈을 감소시켜 부음을 방지한다.

주로 염좌는 상해 후 48시간 이후는 환부의 냉각을 중지하고 혈액 순환을 증대시키기 위한 온찜질을 실시하고 이 시기부터는 마사지에 의해서 환부의 출혈이 증대할 위험이 적으므로 마사지를 행해도 좋다. 마사지를 할 때는 염좌 부위를 손으로 압박하고 고정하여 주위 근육 부위부터 행한다. 주로 상해 후 1주일 후부터 마사지를 실시하고 환부에 대해서 조심스럽게 행한다. 상해후 3주일이 지나면서 부터는 관절의 운동을 시작하고 가볍게 문질러 주는 마사지와 함께

약한 스트레치도 병행한다.

관절의 가동 영역이 작고 움직임이 나쁘다고 해서 무리하게 움직이지 않도록 하는 것이 좋고 스스로 관절의 움직임을 도와주는 부드러운 스트레치가 좋다. 관절의 움직임이 원활해지고 부종도 빠지면 염좌된 관절 전체와 환부에도 강하게 마사지를 실시하고 특히 상해 부위에 중점적으로 행한다. 이러한 마사지는 혈액 순환의 촉진으로 부종의 감소와 단열 부위의 회복을 촉진하는 역할을 한다.

2) 타박

스포츠에서 타박은 직・간접적으로 외부의 물리적인 힘에 의한 작용이 피부, 피하조직, 관절에 부상을 가져온 것으로 타박은 피하의 모세 혈관이 파열되기 때문에 내출혈로 인한 부종이 생긴다. 그리고 근육내에 혈액이 고이거나 응고되는 수도 있다. 타박 부위는 자색을 나타내며 통증과 함께 압통을 느끼게 된다.

(1) 처치법

염좌와 같이 안정, 냉각, 압박, 고정을 하여 국소의 출혈을 최소한으로 줄이는 것이 최선의 방법이다.

상해 후 2일째부터 마사지를 하되 타박 부위는 압박하고 주위 근육에 대해서 경찰마사지를 행한다. 상해 후 1주일 정도가 되면 부은 것이 소실된다. 그러나 통증이 남아 있는 예가 있다. 이러한 통증의 발생 원인은 타박으로 생긴 피하조직 부상이 그 주위와 유착하고 있기 때문인 것이다. 이때에는 마사지를 국소 부위뿐만 아니라 보다 폭넓고 세밀하게 행하는 것이 좋다.

(2) 피하 혈종

타박으로 인한 부음이 1주일 정도 지나도 빠지지 않으면 피하, 근육, 관절 내에 다량의 혈액이 고여 있는 것으로 마사지만으로 제거가 어려움으로 침을 이용한 부항이나 외과적인 수술을 통해서 제거시키는 것이 좋다. 그리고 따뜻한 물을 이용해서 온찜질을 행하여 혈액의 흐름을 돕고, 스트레치와 마사지를 병행하여 회복을 도모한다.

3) 근육 단열

근육 단열은 일반적으로 근섬유의 일부 또는 전부가 끊어진 상태를 말하며 근육이 갑자기 수축하였을 때 일어나기 쉬우며 때로는 심하게 긴장하고 있는 경우 외력에 의해 발생한다. 심한 경우 내출혈이 생긴다. 중증인 경우에는 단열 부위를 봉합하지 않으면 안된다.

(1) 증상

단열을 일으키면 급격히 통증을 느끼고 달리기, 뜀뛰기 등의 동작을 못하거나 스피드가 현저하게 감소하고 걸음을 걸어도 통증을 호소하는 예도 있다.

• 압통 – 일정한 부위에 강하게 나타난다.

• 운동시 통증 – 상해 부위의 근육을 신전하는 동작을 취하면 강한 통증을 호소하고 수축하여도 마찬가지이다.

(2) 처치법

염좌, 타박과 마찬가지로 안정, 냉각, 압박, 고정을 하고, 48시간 이후에는 냉찜질을 그만두고 온찜질을 시작한다. 상해 2일째부터 마사지를 실시하고 1주일 정도는 상해부위에 압박을 하고서 주위근육에 대해서 마사지를 행한다. 마사지는 우선 상해부위에 대해서 구심성으로 행하고 전체에 걸쳐 행한다. 공동근과 길항근에 대해서도 충분히 실시한다.

주로 상해 후 1주일째부터 조금씩 움직여가면서 가벼운 운동과 목욕을 실시하고 목욕시 탕속에서 스트레치 등의 가벼운 운동을 적극적으로 행한다. 충분한 치료로 움직여서 통증이 없어지면 조깅 정도의 가벼운 연습을 실시하면서 서서히 운동 부하를 증가시켜 준다.

4) 골절

충돌, 비틀림 등에 의해 외부로부터의 충격이 뼈에 직접 또는 간접으로 가해져서 골조직의 연결이 끊어진 상태를 골절이라 한다. 그리고 외부의 힘뿐만 아니고 운동에 의한 수축력에 의해서도 나타날 수 있다.

(1) 증상

전신 증상은 체형, 안색, 몹시 추은 듯 떨거나 구토, 호흡, 체온의 변화가 온다. 상해 부위의 증상은 부음, 피하출혈, 변형되거나 전위, 단축 등이며, 골절이 되면 대다수의 경우 부러져서 골편이 전위하게 된다.

(2) 처치법

전위한 골편을 원래의 위치가 되돌리고 움직이지 않도록 고정한다. 골절 치료는 정복 후 고정에 의한 순서로 행하여야 하고 수술과 수술을 하지 않는 방법으로 나누어지는데 두 가지 다 정복 고정이 필수적이다.

골절된 뼈가 완전히 붙을 때까지 일정 기간 고정이 행해지는데 그 고정 기간은 부위에 따라 다소의 차이가 난다. 골절의 완치에 걸리는 일수는 골절부위에 따라 대략 〈표 10-3〉과 같이 소요된다.

표 11-3. 골절의 완치 일수

부위	일수	부위	일수
손가락	2주일	비골	5주일
늑골	3주일	상완골	6주일
쇄골	4주일	하퇴골	8주일
요골	5주일	대퇴골	12주일
척골	5주일	경골	7주일

깁스를 풀면서 바로 마사지를 행한다. 주목적은 관절의 움직임과 상해 부위의 혈액순환을 증진시켜 정상으로 회복시키는 것으로 적극적인 마사지와 운동법, 스트레치 등을 사용하여 실시하는 것이 좋다. 깁스를 풀고 난 후 마사지를 하거나 스트레치 운동을 행하면 통증을 호소하는데 무리하지 말고 부드럽게 행하여 회복을 도모하는 것이 좋다.

5) 탈구

탈구는 관절 고유의 생리학적 가동영역을 넘어선 상태로 운동부하가 작용하여 관절이 어긋나는 것을 말하며, 주로 직·간접적으로 힘이 가해져서 관절을 구성하고 있는 골단이 서로 어긋나서 관절막이 찢어진 상태를 말한다. 탈구는 염좌와 같은 원인으로 일어나지만 정도의 차이는 더 심하다.

(1) 탈구의 종류

- 완전 탈구 - 육안으로 봐서 골두가 전부 밖으로 나온다.
- 불완전 탈구 - 관절의 일부가 접촉되어 있는 것이다.

(2) 진단

상해의 동기를 물어본 후 변형을 본다. 변형의 판별이 곤란할 때는 다른 방법으로 행한다. 탈구 후 1, 2시간 후면 완전히 부어오르며 변형이 나타나지 않는다. 이때 촉진을 행한다. 관절이 튀어나와 고정되어 있으면 탈구로 판단하면 된다. 이러한 진단을 위해서는 골절과 탈구의 정확한 감별이 중요하다.

다음 〈표 11-4〉는 탈구와 골절의 증상을 구분하여 나타낸 것이다.

표 11-4. 탈구와 골절의 증상

증상/구분	골절	탈구(脫臼)
변형	골장축에 변화가 발생	관절축에 변화가 발생
통증	심한 통증 호소, 뼈를 맞추면 다소 감소	골두가 이상치에서 만져진다.
촉진	골절선의 촉지	골두가 이상치에서 만져진다.
발열	흡수열이 발생하는 일이 많다.	발열하지 않을 때가 많다.
일혈	조기에 명확하게 나타난다.	늦게 일어나므로 명확하지 않는다.
압박증상	드물게 나타난다.	때때로 나타난다.
연령	조기에 명확하게 나타난다.	청·장년이 많다.
X선 촬영	뼈의 연결이 차단되어 나타난다.	관절이 일탈하여 나타난다.

(3) 처치법

정복을 즉시 행하여 원래 위치로 돌아오면 변형이 없어지고 통증이 적어진다. 정복이 정확하게 되면 탄력 붕대나 테이프를 이용하여 고정을 시킨다. 탈구를 정복해서 3~4주간 경과 후 고정을 풀고 운동을 행한다. 마사지는 이 시기에 행하여 관절의 움직임을 정상으로 회복시키는 것을 목적으로 하기 때문에 여러 가지 방법을 함께 행하는데 이때 따뜻한 물로 찜질로 병행하는 것도 필요하다.

6) 관절의 통증

야구, 투척, 체조, 테니스, 배구, 유도 등의 많은 종목에서 상해의 발생 빈도가 높은 관절의 통증에는 여러 가지 원인을 생각할 수 있으나 어느 원인이라도 스포츠로 인한 예에서는 처치의 필요성을 느낀다. 증상으로는 삐걱하고 관절부위에 오는 심한 통증과 관절 주위의 부기 또는 관절 부분을 누르면 통증이 있다. 심한 경우에는 탈구 및 골절을 일으키는 경우도 있다.

(1) 어깨관절의 처치법

어깨를 움직여 보면 운동을 할 수 없는 가동 제한이 일어난다. 이 가동 제한은 견갑골과 주관절이 관계하고 있다.

• 팔을 앞으로 올릴 때의 통증 - 옆으로 누운 자세를 취하게 하고 쇄골 하부를 압박해서 상완을 뒤쪽으로 움직여 주면 통증은 제거된다.

• 상완을 옆으로 올릴 때의 통증 - 옆으로 누운 자세를 취하고 상완 결절부를 잡고서 상완을 앞쪽으로 움직이면 통증은 억제된다.

• 상완을 옆으로 들어 올릴 때의 통증 - 옆으로 누운 자세를 취하고 양손 엄지를 어깨의 가장 바깥쪽에 양손 가락을 모아서 압박하고 상완을 옆으로 올려 앞쪽으로 급속히 당기면 통증은 억제된다.

• 상완을 내전 했을 때의 통증 - 앉은 자세에서 상완골 윗부분 중앙의 움푹 패인 곳을 압박하고 반대쪽 어깨의 손목을 잡아당기면서 팔을 내전 시키면 통증은 억제된다.

• 상완을 회전 했을 때의 통증 - 옆으로 누운 자세를 취하게 하고 겨드랑

이의 앞쪽 근육을 잡고서 고정을 하여 내전 시키면 통증은 억제된다.

• 주관절이 굽으면서 오는 통증 - 부상자의 척골소두, 요골소두 사이를 압박해서 고정하고 앞 팔을 좌우로 선회시키면서 잡아당기면 통증은 억제된다.

• 상완을 반대쪽 어깨 쪽으로 둘렀을 때의 통증 - 앉은 자세에서 상완을 수평 앞으로 올려 견갑골 뒤쪽으로 압박하고 반대쪽 어깨로 잡아당기면 통증은 억제된다.

위와 같이 조정 후에 마사지를 실시하면 좋다. 주로 어깨 주위의 근육에 대해서 부드럽고 가볍게 문질러 주는 경찰과 근육을 잡고 압박해 주는 유열을 이용해 마사지를 행하고 압통 부위에 대해서 특히 세밀하게 행한다.

(2) 주관절의 처치법

• 외상과의 통증 - 반듯하게 앉게 하고 척골소두와 요골소두 사이를 압박해서 손목을 잡아당기면 통증은 억제된다.

• 내상과의 통증 - 반듯이 앉게 하고 겨드랑이 뒤쪽 근육을 잡아 고정시키고 앞 팔을 잡아당겨 주면 통증은 억제된다.

(3) 손목 관절의 처치법

손목관절의 전, 후, 좌, 우 각 부위의 압통이 인지된다. 연습 전후에 마사지를 행하고 연습중에는 테이프를 이용하여 테이핑을 하고 운동을 하는 것이 좋으며 마사지는 압박과 경찰을 병행한 후 조정 요법과 강화 운동을 행하는 것이 좋다.

7) 허리의 통증

요추는 척추의 기부로서 흉추와 선추 사이에 있어서 흉곽과 골반을 연결하고 있으며 5개의 추골로 되어 있다. 이로 인하여 요추는 체간중 가장 중요한 지지성이 요구되고 있는 한편 운동성도 경추 다음으로 크다. 척추중 요추의 추골은 전후경, 좌우경이 모두 폭이 넓고 단단하다.

요통은 스포츠인 뿐만 아니라 전체 인구의 80%가 경험하고 있으며 통증을 유발하는 원인은 여러 가지로 들 수 있다. 생활에서 오는 습관, 운동 중 무리한

동작, 준비운동 부족, 충격 등이 통증을 호소하게 한다. 이러한 요통을 크게 분류하여 보면

- 뼈에 이상이 있는 경우 – 척추 분리증, 척추 미끄럼증, 압박, 골절
- 연골에 이상이 있는 경우 – 추간판 헤르니아
- 근육과 인대에 이상이 있는 경우 – 요부 염좌, 요부통
- 선장 관절에 이상

(1) 척추 분리증

척추 분리증은 추체를 연결하고 있는 관절 돌기의 일부가 골성을 잃고 뼈 대신 섬유성 조직으로 이어지고 있는 상태를 말한다. 오래 서 있으면 허리가 나른해지고 통증을 느끼며 앉아 있어도 똑같은 증상을 호소하며 잠을 자고 일어나도 뻐근한 감을 느낀다.

요추 4, 5번 위쪽에 압통이 있으며, 급성기의 통증이 강할 때에는 연습을 쉬고 안정을 유지한다. 자세 유지나 근력 강화, 마사지, 교정술을 통하여 통증 소실을 꾀한다. 어느 정도 통증이 가시면 연습을 시작하는데 처음부터 무리한 운동은 삼가는 것이 좋으며 점차적으로 운동량을 증가시켜가며 운동을 하도록 하고 휴식시 안정된 자세로의 휴식과 운동 후 저녁에는 매일 1시간 정도로 온찜질을 하는 것도 매우 좋은 방법이다.

(2) 요통증

근육이거나 인대가 요통의 원인이 되고 있다고 생각되는 질환을 말한다. 무거운 것을 들거나 어떠한 것을 들어 올릴 때 허리가 아픈 것은 근육이나 인대를 다쳤기 때문인 경우가 많고 주로 발작적으로 통증을 호소하는 것, 어느 사이엔가 아파지기 시작했다는 것 등 여러 가지 경우이다. 대체로 하지의 증상은 없고 압통은 뼈에 인지된다.

처치는 신전의 자세를 취하고 안정을 취하며 약 3주일 정도 안정하고 마사지, 찜질을 행하고 허리 근육의 근력 강화 운동을 실시한다.

8) 슬관절의 상해

슬관절은 신전한 자세에서 대퇴골과 하퇴골이 체간 구간의 체중을 지지하는 지각으로서의 하중 관절 기능이 있고 굴신 운동 및 굴곡 자세에서는 회선 및 운동 범위를 확대할 수 있으며 정적 안정을 유지하는 중요한 지렛대 역할을 하고 있다. 슬관절의 상해는 종목에 따라 다르지만 대체로 스키, 농구, 조깅, 레슬링, 체조, 배구 등의 순으로 나타나고 있다.

(1) 관절낭 좌상

이것은 직접적인 외력의 작용으로 발생한 관절낭 특히 관절 내막의 손상이며 가끔 관절 연골이나 슬개건 주위의 지방체, 관절낭의 손상도 발생한다. 증상은 무릎에 통증을 호소하고 그대로 경기나 운동을 했을 경우 압통, 가벼운 기능 저하, 때로는 내출혈 및 능력 저하가 일어난다. 처치로는 냉각, 압박을 행하고 48시간 후에는 온찜질을 행하며 마사지도 환부 주위부터 행한다.

(2) 반월판 부상

부상의 빈도가 높은 상해로 여성보다 남성에게 많으며 축구 선수에 많이 나타난다. 회전, 착지 등의 특수한 상황에서 많이 발생한다. 한번에 반월판이 잘리기보다 누적에 의한 경우가 많다. 축구, 유도, 배구, 농구, 야구, 투창, 체조 등에서 주로 볼 수 있다. 처치는 냉각, 압박, 부기제거 그리고 관절내 출혈이 증가할 경우 2, 3주간 고정을 행하고 대퇴근 강화 운동, 마사지, 물리 치료를 병행한다.

5. 운동과 관련된 일반적 통증의 처치

1) 근육통

오랫동안 운동을 하지 않았던 사람이 급하게 운동을 한 경우나 이제까지 운동을 하고 있던 사람이 운동 강도를 변경한 다음날일 경우가 많다. 증상으로 갑자기 허리가 삐끗하여 움직일 수 없는 경우 헤르니아 보다는 근육통일 경우가 많으며 하퇴 삼두근이나 대퇴 사두근 등에 일어나는 대부분은 근육통이다. 근육통은 급격한 근활동이나 과잉 신전에 의해 일어나는 근의 염증성 변화에 의한 것이라고 알려져 있으나 하루나 이틀 정도면 통증이 소실되기 때문에 특히 걱정할 필요는 없다. 가벼운 통증일 경우에는 운동을 중지하지 않고 계속하는 면이 오히려 결과가 좋을 수도 있으므로 통증에 따라서 운동량을 일시적으로 줄이던가 아니면 1~2일 정도 중단하는 것이 좋다.

2) 관절통

달리기 등이 운동을 시작하여 1~2주간 지났을 때쯤 서서히 일어나는 다리의 관절통은 뼈나 관절에 과부하가 반복하여 가해짐에 따라 일어나는 것이다. 관절통의 경우에는 운동을 중단하고 한층 더 가벼운 운동부터 시작하는 것이 좋다. 무릎이나 족관절의 통증이 재발하는 사람은 운동종목을 변경하여 하지의 관절에 대한 부하가 가장 가벼운 사이클과 수영을 하는 것이 바람직하다. 운동 중에 돌발적으로 일어나는 하지의 통증은 염좌, 근육의 부분단열, 건단열, 골절 등에 의한 것이 많다. 이와 같은 경우에는 안정을 원칙으로 한다. 처치를 잘못하면 후유증이 남을 위험이 있으므로 정형외과의 진료를 받는 것이 좋다.

3) 비복근 경련

비복근 경련은 장딴지의 운동 신경의 기능이 급히 상승할 때 근육이 굳어 있게 되면 근육이 강하게 수축하면서 장딴지에 쥐가 나서 참을 수 없이 고통스럽게 된다. 다시 말해서 무리한 걸음걸이나 또는 격심한 운동을 하거나 수영 등을 하다가 갑자기 근육의 경련증이 오는데 주원인은 과로, 충분한 몸풀기 부족, 기온변화 등이 원인이다. 이는 비교적 근육이 많이 있는 곳에 흔히 일어나는 증상이며 근육에 지나친 운동량이 주어질 때 근육 파열의 예비 신호로서 근육 자신 스스로가 방어 작용을 일으키는 현상이다. 건강한 사람이나 약한 사람에 관계없이 일어난다. 이런 증세에는 경련된 부분을 이완시킴으로써 통증을 해결한다.

- 발끝을 90도 각도로 세우고 스트레칭은 2~3분간 한다.

• 복와위 상태에서 경련된 부분을 명완법, 강완법, 압박법 등으로 마사지한다.

• 더운 물 찜질을 약 5분 정도 실시한다.

• 약 5분간의 휴식을 취한 후 천천히 보행하여 운동 강도가 낮은 것부터 실시하고 재차 경련이 일어나면 운동을 중단하고 2~3일 휴식을 취하면 된다.

4) 운동 초기의 고통

운동을 생활화하지 않던 사람이 운동을 시작하면 5분 이내에 고통스러워 운동을 계속할 수 없는 경우가 가끔 일어난다. 이러한 현상을 호흡순환계에 의한 산소 운반 기능이 충분히 높아지기 전에 일어나는 현상이다. 이러한 현상이 일어나면 일단 운동을 중지하고 휴식을 취한 다음 보다 가벼운 운동을 시작하는 것이 좋다.

5) 앞가슴의 동통

운동중에 흉골의 심부에 중압감이나 통증을 느끼는 일이 있다. 여기에는 찬 공기가 기관지를 자극하여 일어나는 기관지통과 심근의 산소 부족에 의한 협심증이 있다. 협심증이 일어나는 사람에 대하여 종래에는 운동이 해롭다고 하였으나 현재에는 특별한 경우를 제외하고는 동통이 일어나지 않는 범위 내에서 하는 것이 오히려 치료적 효과가 있다는 견해가 많다.

6) 복통

달리는 중에 잘 일어나는 측복부의 동통은 장내 가스의 축적에 의한 것으로서 알려져 있다. 장내 가스는 음식물의 장내 발효에 의해 발생하는 것이나 또는 탄산음료에 의한 것 등이 있다. 장내 가스의 양에는 개인차가 있고 또한 가스가 많다고 반드시 복통을 일으키는 것은 아니다. 복통이 일어났을 경우에는 달리는 것을 중지하고 보행으로 바꾸면 자연적으로 나아진다. 소화가 잘 되는 음식물을 섭취하여 위장을 정비하고 매일 아침에 배변을 하도록 하고 탄산음료를 삼가는 등의 주의가 필요하다.

7) 비출혈

코피의 원인은 여러 가지가 있는데, 첫째, 외상으로 코의 타박이나 충돌 또는 두부에 심한 충격으로 일어나는 경우가 있으며, 둘째, 증후성으로 일어나는 경우는 대개 심장, 간장, 고혈압, 동맥 경화로 인하여 비출혈이 되는 수가 있고, 셋째, 몸에는 아무런 이상이 없는데도 무리한 업무에 시달려서 무척 피로감에 있을 때에도 코에도 피가 흐르는 것을 볼 수 있다. 이런 것을 자발성 비출혈이라고 하는데 어린 시절에 자주 일어나는 것이 특징이다. 다시 말해서 전술한 원인 등으로 혈관이 확장되어 찢어져서 코피가 나는 것이다. 또는 모세 혈관이 넓고 깊게 찢어져서 후비강의 출혈인 때에 많은 양이 쏟아진다. 이런 증세가 일어나면 두중, 안목충혈이 오므로 심할 때에는 전문의의 진단이 필요하다.

비출혈시 일반적으로 적용할 수 있는 응급처치 방법은 다음과 같다.

- 거즈를 이용하여 일단 멈추게 한다.
- 코의 중간을 모지와 식지로 잡고 지압을 한다.
- 코의 중간에 얼음을 찜질을 한다.
- 목의 후두부에 움푹 패인 곳(아문)을 지압한다.
- 코피 나는 쪽 코의 경동맥을 살며시 잡아서 약 5초 동안 압박을 가한다.
- 코피가 멈추지 않으면 전문의의 진료를 받는다.

8) 늑간 신경통(담・결림)

늑간 신경은 척추 신경에서 앞가슴에 이른다. 늑간 신경통이란 강하게 아픔을 느끼는 것을 말하는데, 척추 근육의 이상으로 늑막의 유착 등이 늑간 신경통의 원인이 된다. 확실한 원인이 있는 것과 신경성으로 오는 것도 있다. 다시 말해서 일에 시달린 피로가 남아 있을 때나 신경쇠약인 사람이 격심한 운동으로 상체를 무리하게 비틀거나 무의식중에 갑작스럽게 호흡을 할 때, 특히 흡기시에 많이 일어나며, 무거운 중량 운동을 할 때 웃거나 장난기가 섞인 자세로 호흡 조절을 하지 않을 때에 흔히 일어나는 증상이다.

이런 증상이 일어나게 되면 심호흡만 하여도 걸리며, 큰소리로 말만하여도 통증이 온다. 이런 증세가 유방의 높이를 중심으로 하여 옆구리에 있으면 참을 수 없이 괴롭다. 이럴 때에 열이 있거나 엑스 선상에 이상이 있으면 전문의의 진찰이 필요하겠지만 그 외에는 가벼운 늑간 신경통이라 믿어도 틀림없을 것이다. 이를 보고 흔히 담이 결린다고 하는데, 등과 가슴에 더운 찜을 10분간하고, 사지 마사지를 정성들여 하며, 다음에 장압으로 지긋하게 눌러 주고, 천천히 호흡을 조정한다. 특별히 주의할 것은 늑간은 지압을 금한다.

(1) 자율 요법

상반신을 일으켜 휴식 호흡을 하면서 가슴의 상하 운동을 5-6회 정도 되풀이하여 아픈 쪽의 신경을 신장시켜주면 효과적이며, 급히 서둘지 말고 여유를 가지고 치료함이 좋다.

(2) 기타의 요법

통증이 있는 옆구리를 위로하여 눕혀 더운찜질을 하고, 경혈의 순서에 따라 장압으로 경압과 쾌압으로 다스린다(일일 3회 정도가 효과적이다).

참 고 문 헌

강상조, 안문용, 원영두(2000). 코치론. 서울: 도서출판 대한미디어.

고성경, 최건식(2000). 고혈압-비만인 중년 여성의 심혈관질환 위험 지수에 대한 연구. 대한스포츠의학회지, 18, 168-175.

고성경(2001). 스포츠의학. 서울: 도서출판 홍경.

고영완(1997). 체력평가와 운동처방. 서울: 도서출판 홍경.

구해모(2001). 코치의 의사소통 기술 향상을 위해(Ⅱ): 의사소통 기술의 향상. 스포츠과학, 78, 54-65.

국민생활체육협의회(1992). 국민체력향상프로그램: 요약집.

국민생활체육협의회(1993). 생활체육 프로그램 순회지도 사업운영 지침서.

국민생활체육협의회(2002). 생활체육지도자를 위한 프로그램 지도서 Ⅱ.

국민체육진흥공단 체육과학연구원(2002). 1급 생활체육지도자 연수교재.

김경수(1995). 한국 사회체육의 활성화 방안. 한국사회체육학회지, 제4호.

김경숙(1993). 사회체육 프로그램의 구성과 추진방향. 한국사회체육학회 제4회 학술세미나, 91-131.

김경숙(1994). 사회체육 실기지도자의 전문성 추구 및 발전에 관한 연구. 한국여성체육학회지, 제10권.

김경숙(1994). 사회체육학과 교육과정 방향탐색에 관한 연구. 한국체육학회지, 제33권 제2호.

김경숙(1996). 사회체육지도자의 사회적 기대와 역할에 관한 연구. 한국사회체육학회지, 제6호.

김귀봉 외 2인(1990). 스포츠 지도론. 서울: 한국학술자료사.

김귀봉 외 2인(1994). 사회체육지도론. 서울: 도서출판 대경.

김민수(1996). 사회체육지도론: 사회체육프로그램의 실제. 서울: 교학연구사.

김병식(2000). 스포츠경영학. 서울: 도서출판 대한미디어.

김상홍(1991). 사회체육지도론. 서울: 교학연구사.

김상홍 외 1인(1994). 스키의 과학적 지도와 실제. 서울: 도서출판 대경.

김성수(1995). 운동과 건강. 서울: 도서출판 대경.

김숙자(1991). 현상학적 관점에서 본 한국 사회체육. 한양대학교 대학원 박사학위논문.

김숙희 외 2인(1982). 영양과 성장 유지. 서울: 이화여자대학교출판부.

김양종(1990). 사회체육의 기능적 특성과 역할에 관한 연구. 한양대학교 대학원 박사학위논문.

김영준(1998). 스포츠의학. 부산: 세종출판사.

김영표, 최경식, 윤진환(2001). 쉽게 배우는 응급처치. 서울: 도서출판.

김영호(1998). 건강교육과 건강증진: 건강한 21세기의 준비. 서울 : 홍경출판사.

김영호(1998). 건강교육과 건강증진. 서울: 도서출판 홍경.

김용길(1990). 사회체육론. 서울: 도서출판 현문사.

김정연 외 1인(1998). 내 몸에 맞는 운동방법. 서울: 도서출판 홍경.

남종헌(1992). 각국의 생활체육정책에 관한 비교연구. 세종대학교 대학원 박사학위논문.

대한보건학회(1998). 건강생활을 위한 보건소식.

대한적십자사(2009). 응급처치법.

문화관광부(1998). 생활체육프로그램 안내: 건강하게 생활합시다.

박문환(1996). 평생체육론. 서울: 도서출판 대경.

박영희 외 2인(1997). 성장, 성숙 운동발달. 서울: 도서출판 홍경.

박윤빈(1992). 한국 사회체육의 발전방향 정립에 관한 연구. 명지대학교 대학원 박사학위논문.

백 광(1992). 스포츠 안전학. 서울: 도서출판 나남.

사회체육지도론 편찬위원회(1991). 사회체육지도론. 서울: 교학연구사.

삼성경제연구소(1997). 스포츠와 경영: 이기기 위한 리더쉽. 연구보고서.

손석정(1997). 스포츠와 법. 서울: 태근문화사.

손승권 외 2인(1995). 21세기를 대비한 체육·운동·스포츠. 서울: 홍경출판사.

송기성(1995). 체육지도자의 법적 사고 향상을 위한 연구. 제33회 한국체육학회 학술발표회 논문집, 229-234.

송기성(1998). 체육지도자의 법률적 의무에 관한 연구. 한국체육학회지, 10, 413-427.

송석영, 박주환, 이영숙(1988). 스포츠심리학 개론. 서울: 도서출판 명진당.

송은섭, 최종인, 김백윤(2004). 스포츠안전학. 서울: 도서출판 태근.

신응섭 외 5인(2000). 리더십의 이론과 실제. 서울: 학지사.

신지숙(2001). 스포츠 리더십이 운동선수들의 동기와 만족에 미치는 효과. 중앙대학교 대학원 박사학위논문.

심창섭(2000). 정신·신체건강과 운동처방. 서울: 도서출판 홍경.

안응남(2000). 경기력향상을 위한 운동영양학. 서울: 도서출판 홍경.

안창식 외 2인(2003). 스포츠의학개론. 서울: 웅보출판사.

양재용, 김홍수, 변영신(1998). 사회체육개론. 서울: 형설출판사.

오윤진(1994). 리더쉽론. 서울: 일선출판사.

오일영(1999). 스포츠조직 관리론. 서울: 도서출판 대한미디어.

위성식(1993). 사회체육학개론. 서울: 도서출판 대경.

위성식(1993). 사회체육지도자의 위상. 한국사회체육학회지, 창간호, 113-121.

위성식 외 2인(1991). 사회체육활동의 구성방법론. 서울: 한국학술연구사.

위성식 외 1인(1994). 사회체육 프로그램구성의 이론과 실제. 서울: 도서출판 대경.

윤인호(1989). 체육학습지도법. 서울: 교학연구사.

윤진환(1997). 보건 위생론. 서울: 도서출판 홍경.

이강옥, 송경용, 노언필(2001). 21c 리더십의 새로운 패러다임. 서울: 무역경영사.

이기철(2001). 스포츠 집단에서의 변형적·수단적 리더십이 조직유효성에 미치는 영향에 관한 연구. 한국체육학회지, 10(2), 65-73.

이배익 외 8인(1997). 운동발달. 서울: 도서출판 홍경.

이상효(2001). 체육행정·경영의 이론과 실제. 서울: 도서출판 금광.

이상효, 유희형(2002). 건강·스포츠 프로그램을 위한 지도방법과 리더십. 서울: 도서출판 금광.

이순천 외 5인(1998). 스포츠 심리학의 기초. 서울: 도서출판 금광.

전엄봉 외 5인(1997). 운동생리학. 서울: 도서출판 홍경.

전태원(1993). 생활체육과 운동처방. 국민생활체육협의회.

정청희, 김병준(199). 스포츠 심리학의 이해. 서울: 도서출판 금광.

조성봉 외 7인(2000). 운동처방론. 서울: 도서출판 홍경.

채홍원(1997). 경기체력 트레이닝론. 서울: 형설출판사.

체육교육과연구실(1981). 생활체육. 영남대학교출판부.

한국사회체육학회(1996). 사회체육지도론. 서울: 교학연구사.

한경희(1991). 생활체육. 서울: 한양대학교출판원.

한경희(1994). 사회체육지도자 양성제도에 관한 연구. 한구사회체육학회지, 제3호, 111-120.

한경희(1996). 사회체육 행정관리. 서울: 도서출판 금광.

한경희, 유연식(2001). 사회체육 행정관리지도론. 서울: 교학연구사.

한상덕(1993). 사회체육 지도자의 사회적 기능과 역할에 관한 연구. 한국사회체육학회지, 창간호.

한성일 외 5인(1987). 사회체육. 서울: 동화문화사.

한왕택(1997). 컴퓨티 스포츠론. 서울: 도서출판 태근.

한이석(1994). 사회체육 운영론. 서울: 형설출판사.

한이석(1995). 사회체육의 이해. 서울: 경운출판사.

Alter, M. J.(1998). Sport stretch. -2th ed. Champaign, Il: Human Kinetics. 79-311.

American College of Sports Medicine and American Diabetes Association Joint Statement(1997). Diabetes Mellitus and Exercise. Med. Sci. Sports Exerc. 29 : i -vi.

American College of Sports Medicine: Position statement on the recommended quantity and quality of exercise for developing and maintaining fitness in healthy adults. Med. Sci. Sports Exerc.

Angela, Lumpkin(1994). Physical Education and Sport: A Contemporary Introduction, Mosby-year book, Inc.

Anton, J. Geesink(1996). Popularization of Sport for All, 6th World Sport for All Congress.

Bass, B. M.(1990). Bass & Stogdill's handbook of leadership(3rd ed). New York: Free Press.

Belcastro, A. N. & Bonen, A.(1975). Lactic acid removal rates during controlled and uncontrolled recovery exercise. J. Appl. Physiol., 39:932-936.

Bergeron, J. D., & Wilson, H.(1985). Coaches guide to sport injuries. Champaign, Il: Human Kinetics.

Bruce, L. Bennet(1984). Comparative Physical Education and Sport. Lea & Febiger

Philadelphia.

Bucger(1984). Recreation for society : Today's Society. New Jersey: Prentice Hall.

Clarke, D. A.(1985). An analysis of lawsuits based on student injuries in public school physical education and athletic program in the United States from 1980 to 1984. University of Oregon Microform Publications.

Coakly, J. J.(1990). Sport in society : Issue and Controversies. The C. V. Mosby Company.

Darcy, P.(2001). ACSM'S resource manual for guidelines for exercise testing and prescription. -4th ed. 3-16.

Deborah, A. Wuest(1995). Foundations of Physical Education and Sport. Mosby-year book, Inc.

Dougherty, N. J., Auxter, D., Golderger, A. S., & Heinzmann, G. S.(1994). Sport, physical activity, and the law. Champaign, Il: Human Kinetics Publishers.

Ezmerli, N. M.(2000). Exercise in Pregnancy. Prim. Care Update Ob. Gyns. 7: 260-265.

Hellriegel, D., Slocum, J. W., Jr., & Woodman, R. W.(1989). Organizational Behavior. New York: West Publishing Co.

Ivancevich, J. A., Szilagyi, A., Jr., & Wallace, M. Jr.(1977). Organization behavior and communication. Scott: Foresman and Company.

Jee, S. H., Ohrr, H., & Kim, I. S.(1999). Effects of Husbands' Smoking on the Incidence of Lung Cancer in Korean Women. International Journal of Epidemiology. 28: 824-828.

Jafferies, S. C.(1985). Sport law study guide. Champaign, Il: Human Kinetics.

Kenneth, S. Clark(1989). You can be a leader. Champaign: Sagamore Publishing, 1-35.

Kraus, R.(1984). Recreation and Leisure in Modern Society. Glenview, Il: Scott, Foresman.

Lawrence, P. F., & Rorsch, J. W.(1969). Organizations and environment. MA: Harvard University Press.

Marten, R.(1990). Successful Coaching. Champaign, Il: Leisure Press.

Nygaaed, G., & Boone, T.(1981). Law for physical educators and coaches. Salt Lake City: Brighton Publishing Company.

Palm, Jurgen(1980). Sport for all is a world-wide movement, Keynote Address Presented at the Trimm & Fitness International Conference. Toronto, Canada.

Pender, N. J.(1996). Health Promotion in Nursing Practice. Connecticut: Appleton & lange.

Pollock, M. L., & Wilmore, J. H.(1999). Exercise in Health and Disease: Evaluation and Prescription for Prevention and Rehabilitation. 3rd ed. W.B. Saunders. Philadelphia.

Prentice, W. E.(1999). Rehabilitation techniques in sports medicine. -3th ed. New York: McGraw-Hill Company, 2-12.

Robbins, S. P.(1983). Organization theory. Englewood Cliffs, New Jersey: Prentice-Hall, 465.

Russel, R. V.(1986). Leadership in Recreation, St. Louis: Times Mirrow/Mosby College.

Russel, R. V.(1986). Introductor's Manual to Accompany Leadership in Recreation, St. Louis: Times Mirrow/Mosby College.

Sharp, L. A.(1990). Sport law. National Organization on Legal Problems of Education Monograph Series, 1-8.

Walther, Troeger(1996). Sport for all Movement and Global Harmony, 6th World Sport for all Congress.

Walton, R., & Dutton, J.(1969). The management of interdepartmental conflict: A model and review. Administrative Science Quarterly, 14.

Wolfe, K.(1988). Volunteerism Newsletter, Northern, Colorado: Sclerosis Society of Colorado, 5, 1.

Wuest, D. A., & Bucher, C. A.(1999). Foundation of physical education and sport. Dubuque, LA: McGraw-Hill.

저 자 소 개

문 병 일

이학박사

전남대학교 문화사회과학대학 교수

■ 저서

레저스포츠 안전교육론 (2008년)

사회체육 지도 방법론

인쇄 | 2011년 8월 25일
발행 | 2011년 8월 30일

저자 | 문병일
발행 | 김윤수
발행처 | 전남대학교출판부

등록 | 1981. 5. 21. 제53호
주소 | 500-757 광주광역시 북구 용봉로 77
전화 | (062) 530-0571～3
팩스 | (062) 530-0579
홈페이지 | http://altair.chonnam.ac.kr/～cnup

값 15,000 원

ISBN 978-89-7598-940-7 (93690)

이 도서의 국립중앙도서관 출판시도서목록(CIP)은 e-CIP홈페이지(http://www.nl.go.kr/ecip)와 국가자료공동목록시스템(http://www.nl.go.kr/kolisnet)에서 이용하실 수 있습니다.
(CIP제어번호: CIP2011003536)